教师教育综合技能训练丛书

幼儿园游戏活动指导

主　编　李妙兰　王阿丹　冼胜佳
副主编　罗　偲　吴月明　卢嘉倩　林小萍
参　编　朱　玲　袁　劲　陈洪樱　柯小耘

广东高等教育出版社
Guangdong Higher Education Press
·广州·

内容简介

本教材从幼儿教师所需的幼儿游戏知识和技能出发，全面介绍幼儿游戏的分类与发展，幼儿园环境创设以及幼儿园常见的各种类型游戏的组织与指导、观察与评价等知识和技能，重点突出介绍角色游戏、结构游戏、表演游戏、智力游戏、体育游戏、音乐游戏等内容，还扩展介绍了语言教学游戏、亲子游戏、民间游戏等，以帮助读者多维度地了解学前幼儿游戏。本书的特色在于将实训具体化，各类游戏都从四个具体实训项目入手开展实训活动。此外，还突出幼儿教师资格考试内容，实行教考一体化模式。

本书可作为高职高专院校学前教育专业学生的教学用书，也可作为学前教育相关从业人员的参考书和培训用书。

图书在版编目（CIP）数据

幼儿园游戏活动指导 / 李妙兰，王阿丹，冼胜佳主编. —广州：广东高等教育出版社，2022. 8（2024. 8 重印）

（教师教育综合技能训练丛书）

ISBN 978-7-5361-7264-7

Ⅰ. ①幼… Ⅱ. ①李… ②王… ③冼… Ⅲ. ①游戏课 – 学前教育 – 教学参考资料 Ⅳ. ① G613. 7

中国版本图书馆 CIP 数据核字（2022）第 109922 号

YOU’ ERYUAN YOUXI HUODONG ZHIDAO

幼儿园游戏活动指导

出版发行	广东高等教育出版社 地址：广州市天河区林和西横路 邮编：510500　　营销电话：（020）87553335 网址：www.gdgjs.com.cn
印　　刷	广州市友盛彩印有限公司
开　　本	787 mm × 1 092 mm　1/16
印　　张	18.75
字　　数	480 千
版　　次	2022 年 8 月第 1 版
印　　次	2024 年 8 月第 2 次印刷
定　　价	49.00 元

前　言

21世纪，自《国家中长期教育改革和发展规划纲要（2010—2020年）》《国务院关于当前发展学前教育的若干意见》颁布以来，我国学前教育得到前所未有的重视。学前教育呼唤高素质的专业教师。新时期的幼儿教师，不但要有高尚的职业道德素养、广博的专业知识，而且要具有精湛的专业能力。教育部2012年2月颁布的《幼儿园教师专业标准（试行）》明确指出，“游戏活动的支持与引导能力”是幼儿教师必须具备的七大专业能力之一，立足于这一现实需要，我们于2013年编写出版了《学前儿童游戏技能实训与指导》一书，读者反映良好。伴随着学前教育事业的快速发展，幼教的理论与实践发生着日新月异的变革，2018年中共中央、国务院颁发了《关于学前教育深化改革规范发展的若干意见》，广东省为深入贯彻落实《中共中央、国务院关于学前教育深化改革规范发展的若干意见》精神，于2020年4月启动了“学前教育科学保教示范工程”，由广东茂名幼儿师范专科学校作为指导单位，茂名市第一幼儿园领衔实践的幼儿园游戏活动项目——“幼儿园自主游戏的实践研究”（项目编号：2020XQXKCB37）有幸成功立项。所以，我们决定在吸取一线幼儿园实践经验的基础上，联合一线优秀教师合作进行编写修订，使其更好地为学前教育服务。

经过大家的努力，《幼儿园游戏活动指导》一书在《学前儿童游戏技能实训与指导》的基础上，结合学科前沿发展，吸纳新成果，主要在以下方面进一步丰富完善。首先是在内容上进行了增加、调整。一是增加了“幼儿游戏环境创设”“其他游戏”这两章内容，使全书内容更加全面。二是把原教材第一章的“学前儿童游戏的概念”与“学前儿童游戏的特点”整合为一节“认识幼儿游戏活动”，把“学前儿童的分类”改为“儿童游戏的分类与发展”，以使学习者更好地认识不同年龄儿童游戏的发展及其分类。把原教材第一章的“游戏对学前儿童发展的意义”改为“幼儿游戏的多元价值”，增加了“游戏与幼儿”部分来阐述游戏是幼儿的需要、是幼儿的权利、是幼儿的学习和工作，在此基础上，除了论述“游戏对幼儿发展的价值”外，增加了“游戏对幼儿园教育的价值”，使学习者通过本章的学习，更加全面认识关于幼儿游戏的特点、分类、价值等基本理论。三是在角色游戏、结构游戏、表演游戏、智力游戏、体育游戏、音乐游戏等章增加了“观察与评价”内容，与原来放在“概述”中的“组织与指导”部分，单独列为一节“××游戏的组织指导与观察评价”，使内容安排更加合理。并对“××游戏技能实训”部分进行了拓展和具体化，细分成若干个“实践与训练”，大大丰富了实训的内容，增强了可操作性。其次，重新进行了框架的设计和内容的梳理，呈现出全新的面貌。

本书贯彻落实课程思政建设要求，以培养高职学前教育专业学生核心素养“游戏活动的支持与指导能力”为目标，依据夯实理论、理实结合、强化实操的设计原则编写，以切合高职高专院校学前教育专业培养应用型人才的培养目标，满足一线幼儿教师日常工作之需。

在本书的编写过程中，我们力图体现以下特点：

（1）全面性。本书从幼儿教师所需的幼儿游戏知识和技能出发，全面涉及幼儿游戏的分类与发展、价值、环境创设，幼儿园常见的各种类型游戏的组织与指导、观察与评价等知识和技能。重点突出角色游戏、结构游戏、表演游戏、智力游戏、体育游戏、音乐游戏的介绍。

（2）实践性。“幼儿园游戏活动指导”是学前教育专业的双证融通核心课程，有较强的应用性和实践性。本书对环境创设及幼儿园常见的各种类型游戏，均设置“案例与评析”及“技能实训”模块，引导学生将所学的相关理论运用到实际的情境中，进行分析与实际训练，实训部分每一训练项目有实训目标、内容与要求等，以解决游戏指导中“怎么做”的问题，使本书的操作性得到全面细致的落实。此外，结合高职高专院校学前教育专业学生的实际需要，本书突出幼儿教师资格考试内容，针对幼儿教师资格笔试与面试考点提出具体要求和练习题目，实行教考一体化模式，以期在幼儿教师职业技能的培养上有所创新和突破。

（3）直观性。本书每章均设置了学习目标，让学生一开始就对该章的学习任务一目了然。且每章以案例导入，文中在相应的知识点配上相应的图片和案例，图文并茂，直观易懂，有效地激发了学习者的学习兴趣。

本书由长期从事幼儿教育理论工作的高校教师与一线优秀教师联合编写，是校企合作研发的成果结晶。由广东茂名幼儿师范专科学校的李妙兰、王阿丹、冼胜佳担任主编，广东茂名幼儿师范专科学校的罗偲、吴月明、卢嘉倩、林小萍担任副主编，广东汕头幼儿师范高等专科学校的朱玲、茂名市第一幼儿园的袁劲、茂名市第二幼儿园的陈洪樱、茂名市第一幼儿园的柯小耘参编。具体编写分工如下：第一章（冼胜佳、朱玲），第二章（王阿丹），第三、第四章（李妙兰），第五章（李妙兰、吴月明、卢嘉倩），第六章（罗偲），第七章（罗偲、吴月明），第八章（罗偲、袁劲、卢嘉倩），第九章（王阿丹、林小萍、陈洪樱、柯小耘）。全书的框架设计和统稿工作由李妙兰负责。

在编写本书过程中，除了茂名市第一幼儿园提供的案例和图片外，我们也参考了其他同行编著的教材、论文和论著的相关内容，引用或借鉴了一些优秀案例和图片，在此表示最诚挚的感谢。由于编者水平有限，本书难免有疏漏之处，恳请各位同仁和读者批评指正。

李妙兰

2022 年 6 月

目　录

第一章　幼儿游戏概论

学习目标

1. 知识目标

（1）了解游戏的概念和基本特征。

（2）了解幼儿游戏的分类与发展；理解游戏与儿童的关系；掌握幼儿游戏的多元价值。

2. 技能目标

（1）能运用游戏的相关理论分析幼儿的各种游戏行为。

（2）能解决幼儿游戏中的基本问题。

3. 素质目标

（1）能认识到幼儿游戏对幼儿发展和幼儿园教育的重要性，产生对游戏理论学习的浓厚兴趣。

（2）形成重视组织与指导幼儿游戏的意识。

案例导入

一次幼儿园公开课上，教师为达到某个教学目标设计了一个非常精彩的游戏，孩子们玩得很开心，这节公共课因教学形式新颖而得到了听课人员的一致好评。但活动结束后，两个小朋友聊天：“老师的游戏终于玩完了，该玩我们的游戏了。”

（资料来源：丁海东．幼儿园游戏组织与指导［M］．长沙：湖南大学出版社，2019：55）

思考题：案例中教师设计的游戏是不是幼儿游戏？幼儿游戏具有什么特征？

第一节　认识幼儿游戏活动

游戏是古今中外的一种古老的活动现象，伴随着人类发展的每个阶段。游戏不仅活跃于幼儿的世界，而且也存在于成人的生活中。从婴孩的自在玩耍打闹、青年的冒险探秘，到成人棋牌娱乐，甚至年逾古稀老翁的幽默笑谈，都体现了游戏在现实生活中存在的广泛性及其独特的魅力。

游戏伴随着幼儿的发展，幼儿在游戏中得到成长。《幼儿园教育指导纲要（试行）》指出，游戏是幼儿的基本活动。游戏与幼儿的生活、学习息息相关，研究幼儿的游戏，推动着人们不断理解幼儿游戏的性质、价值，也积极地影响着幼儿教育中运用游戏的策略和方式。但由于传统价值观念的影响和社会历史条件的局限，游戏一直被认为是与幼儿的学习不相融的，即使到今天，仍然有人认为“游戏不就是玩吗”。

因此，厘清人们对游戏的认识，全面了解幼儿游戏的含义和本质，以树立正确的幼儿园游戏观具有重要意义。

一、幼儿游戏的基本概念

（一）游戏的词义

游戏的字面意思是游乐嬉戏。

汉语中对“游戏”一词有几种表达方式。主要有“游”“戏”“遊”“嬉”等。“游”与“遊”可以通用，但两字有细微差别。“游”字的含义多与水有关，《诗经·邶风·谷风》中说：“就其浅矣，泳之游之。”这里的“游”就是生物的一种活动，其动作的发生是在水面。游与水的这种关系表明“游”是指一种随意、自如的身体活动。而“遊”的本义是行走、远行，引申为游历、游玩、闲暇无事的意思，也被看作是一种学习的方式。

“戏”主要是玩耍活动。凡是能使人开心、娱乐的事情，都可以称为“戏”。《韩非子·外储说左上》曰：“夫婴儿相与戏也，以尘为饭，以涂为羹，以木为胾，然至日晚必归饷者，尘饭涂羹，可以戏而不可食也。”这里记载的是“过家家”游戏。“戏”同“嬉”，“嬉”是“戏”的方言变体，表示言笑游乐之意，其特征是自我娱乐，所以两字常连用。“嬉戏”两字更接近于现代的“游戏”的含义。但在古代，“嬉”往往带有贬义，被看作是妨碍学业的事情。

首先将“游”和“戏”两字合用，在战国时期的历史文献中即已出现，如《韩非子·难三》中载有：“管仲之所谓言室满室，言堂满堂者，非特谓游戏饮食之言也，必谓大物也。”就现代汉语的理解，作为合成词的游戏基本上保存了“游”和“戏”的语义，我们日常所言的游戏也指的是随意的玩耍活动。

英语中与游戏相关的有“game”和“play”两词。其中“game”一词多指有规则的竞技活动，与汉语中的“博弈”“博戏”等词相仿。而“play”则有“玩”的含义，与现代汉语中通行的“游戏”一词意义相同。英语中更有“fun”一词蕴含了多种“乐趣（fun）”之意。把“游戏（game）”“玩（play）”和“乐趣（fun）”联结起来，便构成游戏品质的素描：“游戏”是饶有趣味的玩乐活动；“玩”是游戏的具体行为；“乐趣”是从游戏中得到的体验和情感。

（二）幼儿游戏的基本概念

自德国著名教育家福禄培尔首次公开强调游戏在幼儿教育中的重要价值以来，更多的研究者对游戏进行了研究，并基于各自的研究角度而对游戏概念做了不同的阐述：

福禄培尔认为，游戏是幼儿潜在本能的表现，是幼儿内部存在的自我活动的表现。

美国心理学家布鲁纳认为，游戏是这样一种活动，在其中形成和完善在定向的基础上对行为的心理调节。

苏联心理学家艾里康宁认为，游戏是在真实条件之下，借助想象，利用象征性的材料，再现人与人的关系的活动。

我国学者黄人颂认为，游戏是“幼儿喜爱的、主动的活动，是幼儿反映现实生活的活动”①。

在《教育大辞典》中，游戏被定义为“适合幼儿年龄特点的一种有目的、有意识的通过模仿和想象，反映周围现实生活的一种独特的社会性活动”②。

综合以上观点，幼儿游戏就是幼儿自主调控的、非真实性的、能带来愉悦体验的活动。

可以从下面几个方面理解幼儿游戏的内涵。

1. 游戏是幼儿有目的、有意识、积极的反映活动

俄国著名教育家乌申斯基指出：游戏就是活动，这种活动的性质是自觉的、有意识的、有目的的。福禄培尔认为：“游戏是人而不是动物的活动。”这就是说，游戏是人的活动，人是有意识的、有语言的。人类有了语言，人类的活动就具有了意识性和目的性。人是社会的人，具有社会性。幼儿出生以后，就生活在丰富多彩的现实生活中，他们在与成人交往的过程中认识了许多事物，学到了许多知识，积累了许多经验。幼儿为满足自己生理和心理方面的需要，他们把在现实生活中获得的知识、经验和印象，通过语言和行动在游戏中反映出来。在游戏中幼儿积极地构思，选择游戏内容，确定游戏主题、角色，发展游戏情节，实现自己的目的和愿望。

① 黄人颂．学前教育学［M］．北京：人民教育出版社，1988：235.

② 教育大辞典编撰委员会．教育大辞典：第2卷［M］．上海：上海教育出版社，1990：218.

2. 游戏是幼儿对现实生活的反映

游戏的主题、内容，都不是幼儿凭空想出来的，也不是幼儿主观臆造的，更不是幼儿头脑里固有的，而是对周围现实生活的反映。在日常生活和活动中，幼儿看到许多事物和现象，如人们的劳动、人的行为、人与人之间的关系等。于是，在游戏中他们常常把印象最深刻和最感兴趣的事情和现象反映出来，如：幼儿喜欢模仿爸爸妈妈的语言和动作，模仿司机、医生。人的思想、意识是人脑对客观现实的反映。幼儿游戏是幼儿对自己的生活和经历的反映，有什么样的生活，就有什么样的游戏。因此，现实生活是幼儿游戏的源泉，游戏是现实生活的反映。

3. 游戏是幼儿在假想的情境中反映周围生活

幼儿在游戏中反映现实生活不是原封不动地再现，不是简单、机械、被动地反映，而是通过想象，积极、能动、再造性地反映。幼儿凭着自己的生活经验，借助想象，运用游戏材料和玩具，用新的动作方式，创造性地反映现实生活。正如艾尔康宁指出：“人类游戏是在直接的真实活动的条件之下，再造人与人之间的社会关系的活动。”如幼儿开商店游戏、娃娃家游戏、开医院游戏等都是幼儿通过模仿和想象，以人代人，以物代物，在假想的情境中创造性地反映现实生活的。

小案例

“我就是那只死鸭子！”

一天，4 岁的小姑娘在厨房看见了放在案板上的一只已经处理好、准备烹饪的鸭子，她很替那只鸭子难过。傍晚时分，爸爸走进书房发现小姑娘身体直直地躺在地上，双手紧贴身体放着。书房里暗暗的，没有开灯。爸爸问：“你怎么啦？为什么躺在这儿？”小姑娘说：“我就是那只死鸭子！”

（资料来源：刘焱．幼儿园游戏与指导［M］．北京：高等教育出版社，2012：26）

4. 游戏是幼儿主动的、自愿的、愉快的活动

游戏符合幼儿生理和心理发展的需要和发展水平，是适应幼儿内部需要而进行的。幼儿期正处在身心迅速发展时期，他们的体力日趋增强，思维能力、想象能力有了一定的发展，语言交往能力和活动能力也逐步提高，对周围的事物感兴趣，对活动感兴趣，在游戏活动中积极、主动，表现出他们的能力和实现自己的愿望，从创造和成功中获得愉快。正如心理学家柳布林斯卡娅所说：“正是这种把以前获得的印象组合成新的创造物的可能性，正是这种对自身力量的考虑，是游戏使儿童产生巨大愉快的源泉。”① 游戏能满足幼儿的需要，能给幼儿带来极大的快乐和满足。因此，游戏是幼儿主动的、自愿的、积极的、愉快的活动。

① 黄人颂．学前教育学［M］．北京：人民教育出版社，1988：3.

5. 游戏是幼儿的主要活动

游戏是幼儿最喜欢的活动。他们每天除了吃饭、睡觉、盥洗等活动以外，大部分时间都在游戏，他们的学习、劳动都离不开游戏，他们做的每一件事都带有游戏的色彩。对于他们来说，游戏就是生活，而生活就是游戏，正如苏联教育家马卡连柯所指出："在童年时期，游戏是一桩正当的事，儿童甚至在重要工作的时候，也应当经常做游戏。儿童对游戏非常爱好，应当满足这种爱好，不仅应当使儿童有游戏时间，而且还要把游戏渗透在儿童的整个生活里。儿童的整个生活也就是游戏。"① 这就是说，游戏在幼儿生活中占有重要的地位，游戏是幼儿的主要活动。

二、幼儿游戏活动的基本特征

（一）幼儿游戏与成人游戏的区别

成人游戏与幼儿游戏一样都有游戏的本质特征。但幼儿游戏与成人游戏相比，有以下几方面的不同。

1. 游戏在各自生活中的地位不同

在成人生活中，工作是最主要的日常生活。成人的生活包括各种政治、经济和文化等方面的社会活动。游戏作为一种重要的娱乐方式，可以有效排解成人来自生活中的各种紧张与不安的情绪。虽然游戏在成人生活中不可或缺，但它仍然只是成人生活中相对次要的部分。

而在幼儿的生活中，游戏是主要的或基本的活动形式。对幼儿来说，游戏即生活。游戏甚至可以说是幼儿除了日常生活以外的几乎全部生活内容。

2. 游戏的内容不同

成人游戏多为强调规则游戏，带有一定的民族传承性和突出的竞技色彩。在游戏中，成人往往更看重游戏技巧，追求技巧的娴熟，因而成人游戏有较多紧张惊险的刺激因素。

而幼儿游戏的内容一般是反复操作玩具、互相追逐以及在假想的情境中扮演角色，游戏的玩法多为隐性规则的自然游戏和规则性不强的游戏，在游戏中获得的更多是本能性和原始性的乐趣体验，直接来自生理的舒张，属于机体生机的绽放。

3. 游戏的驱动力不同

成人游戏的内部动机，来自于间接的动机更突出。成人往往会为了达到某种游戏以外的目的，例如联络人际感情来进行游戏性活动，因而成人的游戏往往带有更多间接性内驱力的功利性。

而幼儿游戏的驱动力则是直接内在的。幼儿很少为了游戏以外的因素，例如"为

---

① 转引自：王春燕，舒婷婷．对话共生：游戏与幼儿园课程的整合［J］．幼儿教育，2021（1）：3.

赢得游戏外的什么”去游戏，基本上是“为了游戏而游戏”。

4. 游戏的价值功能不同

尽管成人依然富有好奇心，但是，对于成人来说，游戏已不再有探索、求知、发育身心的功能。

而游戏对于幼儿身心的成长和发展来说，则具有至关紧要的作用，游戏中丰富的探究、审美趣味，对幼儿具有非常重要的自我教育意义。这是成人游戏和幼儿游戏最大的区别。

（二）幼儿游戏活动的基本特征

根据成人游戏与幼儿游戏的区别，再从游戏本身所具有的性质来看，幼儿游戏活动有以下几个特征。

1. 游戏活动的自主性

自主性是幼儿游戏的主要特点。幼儿从事游戏，是出于自己的兴趣和愿望，由于游戏形式、材料和过程符合他们身心发展的要求，使他们对游戏产生兴趣，主动去进行游戏。在游戏中，幼儿的各种活动几乎没有什么限制，他们可以自主地充分活动，从中得到快乐并得到发展。在幼儿游戏中，自愿和自主是个重要条件，游戏的形式、材料以及游戏的开始、结束都应由幼儿自己掌握，按照他们自己的意愿、体力、智力来进行。游戏如果由教师精心安排，幼儿被动地参加游戏，那么就失去了自主性。只有充分尊重游戏者的意愿，发挥游戏者的主动性，才是真正的游戏（见图 1–1）。

图 1–1　沙坑游戏

2. 游戏活动的兴趣性

兴趣性是游戏自身固有的特性，每种游戏都含有趣味性。正是游戏的这一特性，给幼儿的精神和身体带来舒适、快乐，使他们喜爱游戏。游戏的兴趣性通过游戏的内容、游戏的形式、游戏的情节反映出来。兴趣性是游戏的必要条件，因为有趣味才能

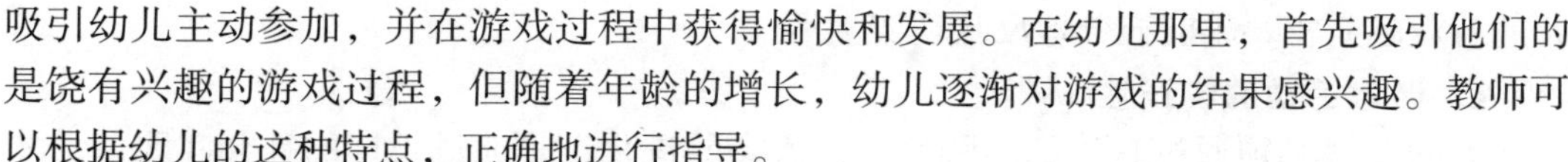

吸引幼儿主动参加，并在游戏过程中获得愉快和发展。在幼儿那里，首先吸引他们的是饶有兴趣的游戏过程，但随着年龄的增长，幼儿逐渐对游戏的结果感兴趣。教师可以根据幼儿的这种特点，正确地进行指导。

3. 游戏活动的虚构性

游戏是反映生活的活动，但不是真实生活的原样翻版。通常称游戏为“玩”，游戏是“假装的”，“不是真的”，这是游戏不同于其他活动的又一重要特点——虚构性。游戏中幼儿通过扮演角色，模仿成人的语言动作，利用各种象征性游戏材料反映现实生活中的人和事以及相互之间的关系。如扮演妈妈照顾小孩、扮演警察抓坏人、扮演司机开车等，这些活动是幼儿在假想的情境中反映现实生活来满足他们的愿望和要求。游戏中的角色、情节、游戏行动、玩具和游戏材料，均有明显的虚构性（见图 1–2）。

图 1–2　烧烤游戏

4. 游戏活动的社会性

有人把幼儿游戏同小动物嬉要等同起来，这显然是不对的。幼儿游戏活动和小动物嬉要有着本质的区别：幼儿是社会的人，他们有思想、有意识，他们不仅能积极地认识世界，而且能积极地反映世界。幼儿的游戏是对社会的反映，是一种社会性的活动。而小动物不同，动物对外界刺激的反映是纯粹的生物性反映。小动物玩要、抓咬等动作，都是一种本能反应，这些动作是单调、简单的重复。动物只能消极地适应环境，只有人才能通过社会性活动积极地影响环境和改造环境。

由于时代不同，社会生活条件不同，幼儿的游戏内容也就不同。不同历史时期，幼儿游戏的主题不同，所扮演的角色和游戏的情节就不相同。如“娃娃家”游戏，不同社会“娃娃家”的内容和情节不同。过去幼儿玩“娃娃家”游戏情节很简单，只是妈妈抱孩子、哄孩子，而现在幼儿玩“娃娃家”游戏，不仅有妈妈哄孩子，还增加了妈妈带孩子去医院看病、妈妈送孩子上幼儿园、爸爸领孩子逛公园等情节。幼儿的社会性主要反映在幼儿的各种构成因素和内容上，人类的社会生活越丰富、越文明，幼儿的游戏越充实，越能充分地反映现实生活。

5. 游戏活动的实践性

人的发展必须通过具体的实践活动，人类的进化正是通过长期的社会实践活动才实现的。幼儿由于能力的限制，不可能参加成人的社会实践，但发展又需要实践，于是便采用游戏的形式。游戏是非常具体的活动，在游戏中有角色、有动作、有语言、有玩具材料，幼儿在游戏活动中通过练习发展自身的各种能力，如动作协调能力、语言交往能力、心理活动能力，并不断地积累有关生活的知识经验，使自己逐渐走向社会化。这就体现了幼儿游戏的实践性。

正是因为游戏是幼儿自主的、有兴趣的，同时又是虚构的和具体的实践活动，体现了社会性，游戏才为幼儿所喜爱，并能有效地促进幼儿的发展。教师在实际工作中应当充分理解游戏的这些特征，才能把握好指导游戏的分寸，使游戏发挥最大的教育作用。

第二节　儿童游戏的分类与发展

游戏的历史源远流长，伴随着人类社会的产生而存在。古今中外的儿童游戏种类丰富多彩，花样百出，可以满足任何儿童、任何季节、任何场所的需求。儿童心理和教育专家们也一直在从不同的视角对儿童游戏进行研究，试图对丰富多彩的游戏进行分类，以更好地了解儿童游戏，认识不同年龄儿童游戏的发展。

一般来说，儿童游戏主要有以下几种典型的分类方法。

一、按照儿童对游戏的体验形式分类

美国心理学家比勒根据他对儿童游戏的研究，提出了儿童在游戏中的体验有时是主动的，有时又是被动的，他将游戏划分为以下几种。

（一）机能游戏

机能游戏是学前儿童早期的常见游戏，这种游戏主要是通过看、听、尝、闻、触摸等刺激儿童的多种感官，同时，儿童通过反复做某种动作或重复某种活动以获得快感。如：3～12个月的婴儿的追声寻源游戏；刚刚学会爬高的孩子，不断地从椅子或桌子上爬上爬下。机能游戏是2岁前儿童的典型游戏，2岁后有减少的倾向。在这种游戏中占优势的心理成分是机能性快感。

（二）想象游戏

想象游戏又叫模仿游戏，是儿童根据自己的想象以再现模仿成人生活、劳动为

主要内容的游戏。如：像公交车售货员一样对“乘客”说话，模仿妈妈的口吻对“宝宝”说话，等等。想象游戏2岁左右开始出现，在这种游戏中占优势的心理成分是想象与模仿。

（三）欣赏游戏

欣赏游戏又称接受游戏，是儿童通过视觉和听觉手段欣赏图画、电视、故事而获得乐趣的游戏。欣赏游戏大约2岁出现，但幼儿对所见所闻的理解直到4～5岁才会出现。

（四）制作游戏

制作游戏又叫结构游戏，是指儿童运用积木、泥团、插塑、纸、沙等材料进行的造型，并欣赏自己的创造成果的活动。制作游戏2岁左右开始出现，4～6岁出现得最为丰富。

二、按照儿童认知水平发展阶段分类

从儿童认知的不同发展阶段及其各阶段认知特征在游戏中的不同体现，对游戏类型进行划分即是游戏的认知分类。瑞士心理学家皮亚杰是儿童认知发展阶段理论和研究的先驱者，也是从儿童认知发展角度对游戏进行分类的首创者。他认为儿童在不同的认知发展水平上，便会出现不同水平、不同类型的游戏。具体有以下几种分类。

（一）感觉运动游戏

感觉运动游戏又称机能游戏、练习性游戏，这类游戏主要由简单的重复动作或运动组成。如：婴幼儿偶然一次可以打开或盖上瓶盖后，便可能产生一种前所未有的快感，这种快感使其反复地打开或盖上瓶盖；婴幼儿在上下楼梯过程中的快感使其反复上下楼梯。这些游戏背后的动因在于感觉运动器官在运动过程中获得的快感，是0～2岁幼儿常玩的游戏。

（二）象征性游戏

象征性游戏又叫想象游戏或假装游戏，是儿童以模仿和想象扮演角色，完成以物代物、以人代人为表现形式的象征过程，并反映周围现实生活的游戏形式。如：幼儿把勺子当电话或拿木棍当马骑，自己充当妈妈、医生或司机的角色，等等。这是儿童游戏最典型的形式，占的时间也最长，从幼儿阶段一直延伸到小学。

（三）结构性游戏

结构性游戏是儿童玩得最多的游戏之一，是指儿童通过组织物体或材料使之呈现出一定的形式、结构的活动。如：幼儿用积木搭建动物、高楼模型，用沙筑碉堡，用雪堆雪人，等等。结构性游戏发生在 2 岁左右，在幼儿阶段呈增加趋势。

（四）规则性游戏

规则性游戏是指 2 个或 2 个以上的儿童构成的群体，通过遵守该群体共同制定或其他群体制定的规则进行的活动。如：幼儿以走、跑、跳等活动为游戏内容的体育游戏，以唱歌、跳舞等为内容的音乐游戏。规则性游戏主要在儿童四五岁以后发生。

三、按照儿童社会性发展水平分类

儿童的游戏发展过程往往能够表现出儿童社会性发展规律。美国心理学家帕顿根据对儿童游戏实践的研究，发现儿童在游戏中的社会性参与水平因个体及其年龄的不同而不同。因此将儿童游戏归纳为以下六种类型。

（一）无所事事或偶然行为

在这个阶段，婴幼儿年龄小，他们往往不是在玩或在游戏，其行为没有目的性。如：婴幼儿注视碰巧引起兴趣的事物，在椅子上爬上爬下，玩弄身体，有时会偶然注意出现在他视野内的人物，行为具有很强的随机性。

（二）旁观行为

幼儿几乎自始至终都是其他儿童游戏的旁观者，观看其他幼儿的游戏，而不去主动地参与到游戏中去。旁观的行为有可能是游戏，也可能不是游戏。

（三）独自游戏

独自游戏是婴幼儿时期游戏的主要特点，是指婴幼儿的注意力集中在自己的玩具上或专注自己的操作活动，不在意别人的游戏。在独自游戏中，幼儿出现的言语行为，或指向自己的游戏，或指向两人游戏以外的行为动作。

（四）平行游戏

平行游戏是 3 ~ 4 岁儿童游戏的主要特点，是指幼儿各自操作和旁边幼儿相同或相似的玩具，相互之间存在模仿玩具玩法的行为及相应的言语交流，但不与其他幼儿交流。这种游戏幼儿间没有合作行为，一个人离开后，另一个人还会继续玩下去。

（五）联合游戏

联合游戏是 4 岁以后儿童游戏的主要特点，是指两名或多名幼儿在一起进行相似的活动，相互之间可能存在自发配合的动作，但缺少共同目标及明确的分工与合作。

（六）合作游戏

合作游戏是儿童社会化程度最高的游戏。合作游戏开始于儿童中期，5 岁以后的合作游戏越来越多。合作游戏是指两名或多名幼儿在一起，根据共同的游戏主题，采取分工合作的方式游戏，共同计划和组织活动的目标、结果及材料的使用。

有研究者认为，“无所事事或偶然行为”和“旁观行为”并不是真正的游戏，因此，按照学前儿童游戏的社会性发展只是把游戏分为后四种。

四、按照游戏对儿童的教育作用分类

苏联学前教育注重按照游戏对学前儿童的教育作用进行分类，即把幼儿游戏分为角色游戏、结构游戏、表演游戏、智力游戏、体育游戏、音乐游戏等。我国的游戏分类受苏联学前教育理论的影响，在我国《幼儿园教育指导纲要（试行）》的规定和幼儿园实践中一直使用这种分类。所以，本书采用的是此种分类，后面章节将对这些种类的游戏重点展开。

（一）角色游戏

角色游戏是幼儿依据自己的兴趣和愿望，借助模仿和想象，通过扮演角色创造性地反映其生活环境、生活体验和生活感受的游戏。

小案例

俊伟今天是“娃娃家”游戏中的“爸爸”，在娃娃家里担任着主导地位。“妈妈，宝宝的肚子饿了，你去烧饭给他吃吧。”“爷爷，洗衣机里的衣服洗好了，你拿出来晒一晒吧。”过了一会儿，“爸爸”又带领全家到点心屋去买点心，去小舞台看表演，去糖果屋买糖果。这样来来回回跑了好几次，不一会儿，“爸爸”又大叫起来：“不好啦！我家厨房着火啦，消防车快点来呀！”

（资料来源：http://wenku.baidu.com，有改动）

角色游戏是幼儿期较典型的游戏形式，产生于两三岁，在学前晚期达到最高峰。角色游戏全面反映了游戏的特点，心理学家们研究幼儿心理时，也以角色游戏为主要标本。

（二）结构游戏

结构游戏是幼儿利用各种不同的结构玩具或结构材料（如积木、积塑、泥、沙等），构造物体形象，反映现实活动的一种游戏。

小案例

在中班主题结构游戏“开心乐园”活动中，幼儿们用雪花片、贝旺小当家及多变积塑等多种材料，搭建了大型滑梯、摩天轮、转椅、钻筒、跷跷板还有旋转木马等许多的游戏设施。

建构作品色彩鲜艳，造型美观，结构牢固，充分展现了幼儿们在组合与造型方面的功底。

（资料来源：http：//jsjxxx.shang.gov.cn，有改动）

结构游戏始于 3 岁左右，一般从简单的积木游戏开始，如建造房子、桥、汽车等。随着幼儿年龄的增长和认知水平、动作技能的发展，结构游戏也趋向复杂化、多样化，并常常出现在扮演角色的游戏中。

（三）表演游戏

表演游戏是指根据故事或童话等文学作品的内容和情节，通过扮演角色，运用语言、动作和表情进行表演的一种游戏形式。如幼儿演出的童话剧、木偶剧、歌舞剧和皮影戏等。见图 1–3 所示。

图 1–3　表演游戏

（四）智力游戏

智力游戏是根据一定的智育任务设计的，以智力活动为基础的一种有规则的游戏。它以生动有趣的游戏形式，使幼儿在自愿和愉快的情绪中增进知识，发展智力。

智力游戏包括听觉游戏：分辨声音特征、判定声源方位的游戏；视觉游戏：分辨颜色、分辨图形的游戏；触觉游戏：触觉辨物、分类、造型、动作的游戏；注意力游戏：发展注意稳定性、提高注意分配能力的游戏；记忆游戏：再认、再现游戏；想象、创造游戏及发展思维能力和操作能力的游戏。

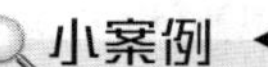

小案例

蒙上幼儿的眼睛，并将他们排成一路纵队，教师手持一只小铃，在幼儿的前、后、左、右各方向摇动，要求幼儿根据铃声的方位改变行走的方向，或跟着铃声走。

（资料来源：http：//wenku.baidu.com，有改动）

（五）体育游戏

体育游戏是根据一定的体育任务设计的，由身体动作、情节、角色和规则组成的一种活动性游戏。

小案例

幼儿围成圆圈，师幼共同有节奏地念儿歌："切、切、切西瓜。我们的西瓜香又甜，要吃西瓜切开来。"与此同时，教师边走边有节奏地在幼儿拉手处做切西瓜状。儿歌念完时，教师的手停留在哪两位幼儿中间，这两位幼儿就把手放开，拉着其余幼儿的手往圆心跑，表示西瓜被切开了。此时，大家做吃西瓜状，游戏继续。

（资料来源：http：//rj.5ykj.com/html/7563.htm）

（六）音乐游戏

音乐游戏是幼儿在音乐伴奏或歌曲伴唱下所进行的游戏。

小案例

中班音乐游戏：战胜大灰狼

在音乐伴奏下，"小白兔"和"兔妈妈"到草地上玩。（活动开始）

第一遍音乐：幼儿扮演小白兔跟"兔妈妈"边自由表演动作边学唱歌曲。（重复音乐数遍）第二遍音乐："小白兔"跳到草地上随音乐节奏"吃青草""采蘑菇""做游戏"。（重复音乐数遍）第三遍音乐："老狼"随音乐来到草地上，"小白兔"迅速逃跑、躲闪。（重复音乐数遍）教师扮演老狼，并捉住"小白兔"。

教师带领幼儿游戏的同时，提醒幼儿感受不同的音乐，并表现动作。

"兔妈妈"表扬"小兔子"，提出刚才游戏时出现的问题（即遵守游戏规则），以及出外游玩的要求。（如果遇到大灰狼怎么办？）带幼儿做第二遍游戏。

教师扮演老狼，捉住"小白兔"。

鼓励幼儿想办法救小同伴，激发幼儿团结精神，并表现成功的喜悦。

和"兔妈妈"一起唱歌，回家。

（资料来源：http：//y.3edu.net/zbys/8132.html，有改动）

音乐游戏是以帮助幼儿发展音乐听觉，培养节奏感、掌握节奏、学唱歌曲、习得舞蹈为目的的游戏。音乐游戏是学前儿童艺术启蒙教育的重要途径。

以上六种游戏又可以分为创造性游戏和规则性游戏两类。其中，角色游戏、结构游戏、表演游戏因为儿童在游戏中的自由度较大，自由创造的空间也较大，因而称为创造性游戏。智力游戏、体育游戏、音乐游戏因为在游戏中儿童必须严格按游戏规则开展游戏活动，自由度较小，自由创造的空间也较小，因而称为规则性游戏。

此外，除了根据上述四种依据进行分类，还可根据其他分类方法，如根据儿童游戏中的交往对象不同，可分为亲子游戏、师幼游戏、同伴游戏等；根据儿童在游戏中涉及的学习内容不同，可分为语言游戏、数学游戏、美术游戏等。

由于游戏本身具有复杂性和多样性，尽管以上游戏的分类方法、分类角度和分类标准各自不同，但是所包含的具体的游戏种类却有很多重叠和交叉之处。如：有的游戏是两种游戏成分的融合；有的游戏既是角色游戏又是体育游戏；有的游戏既是结构游戏，又带有表演游戏的成分。所以很难用一种方法将全部游戏进行科学合理的分类。

第三节　幼儿游戏的多元价值

著名人类学家阿什利·蒙塔古认为，健康的儿童期是健康的成年期的先声。他认为，为了防止“心理硬化”，在生命的所有时间里，都需要游戏，即继续去欢笑、歌唱、跳舞、恋爱、尝试和探索。因此可以说，游戏造就了健康的儿童，同时游戏使我们的人生更丰富，更富有弹性，充满乐趣，并在游戏中获得发展。

一、游戏与幼儿

（一）游戏是幼儿的需要

幼儿期被明确定为游戏期，最根本的理由是幼儿的需要，这也是游戏发生的内在动机。

由著名心理学家马斯洛的需要理论可知，人类的需要是一个多维度、多层次的结构系统，同样，幼儿的需要也是由低到高、有层次之分的。首先是生理需要，基本的生存需要和安全需要的满足是幼儿游戏的前提；其次是身体活动的需要、认知的需要，这是幼儿好动、好奇的主要原因；再次是社会交往、归属和爱、尊敬和认可、自我实现的需要，游戏中的幼儿被伙伴群体认可和接纳，获得归属感，融入他最初的社交团体。游戏充满了活动性、创造性、挑战性，在各种游戏活动中，幼儿也在不断提高对自己、对外界的掌控力，获得更多的自由、自主的能力，获得价值感。所以说，多种需要激发了幼儿游戏，游戏让幼儿的需要得到满足，需要的满足又带来了快乐，快乐成为反复游戏的强化剂，固化为幼儿对游戏的兴趣，快乐和兴趣作为游戏的积极情绪体验进一步支持幼儿去游戏。

1. 游戏是幼儿身体活动的需要

幼儿身体发展需要活动，在游戏中，幼儿可以自由变化动作，或者任意重复感兴趣的单一的动作，这样，幼儿身体各器官处于积极的活动状态。各种不同的游戏，活动量大小不同，身体活动的部位不同，这些活动不仅促进了幼儿的神经、心脏、呼吸、骨骼、肌肉、消化等的发育，而且可以发展幼儿的基本动作。

2. 游戏是幼儿认知活动的需要

理解环境和影响环境是幼儿基本的心理需要，可以使幼儿保持良好的心理水平。幼儿在游戏中，可以通过自由地操作物体，对感兴趣的物体进行探究，获得对周围世界的新体验，或者根据自己的意愿模仿和创造性再现现实生活，这都可以使其理解环境和影响环境的心理需要得到满足。所以，游戏是幼儿认知活动的需要。

3. 游戏是幼儿社会交往活动的需要

游戏是幼儿与人交往的主要手段，在游戏中，幼儿体验最初的人际关系，体验爱与关怀，体验自尊与自信，获得尊重和认可，体验归属感，所以，游戏可以满足幼儿社会交往的需要。

幼儿的需要滋生了游戏的动机，而游戏过程中游戏动机的实现又满足了幼儿的需要，如此循环往复，幼儿的需要在游戏中不断地得到满足，成为游戏强大的动力，也成为幼儿快乐的源泉。

（二）游戏是幼儿的权利

游戏是幼儿正常的需要，游戏理所当然地成为幼儿正当的权利，并得到尊重和保护，保障幼儿游戏的权利是文明社会的基本标志，是现代教育促进儿童健康、和谐、全面发展的基本策略。

1. 幼儿拥有游戏的权利

1959 年 11 月 20 日，联合国大会通过了《儿童权利宣言》，明确了各国儿童应当享有的各项基本权利。1989 年 11 月 20 日，联合国大会通过了《儿童权利公约》（以下简称《公约》），1990 年 9 月 2 日正式生效。《公约》规定了世界各地所有儿童应该享有的数十种权利，其中包括最基本的生存权、全面发展权、受保护权和全面参与家庭、文化和社会生活的权利。《公约》还确立了 4 项基本原则：无歧视、儿童利益最大化、生存和发展权以及尊重儿童的想法。《公约》第 31 条明确提出“儿童有权享有休息和闲暇，从事与儿童年龄相宜的游戏和娱乐活动，以及自由参加文化生活和艺术活动”。1998 年 8 月召开的世界儿童教育大会的主题就是保护儿童游戏的权利。

我国的《未成年人保护法》《幼儿园工作规程》（以下简称《规程》）《幼儿园教育指导纲要（试行）》（以下简称《纲要》）《3—6 岁儿童学习与发展指南》（以下简称《指南》）等一系列文件法规也就游戏作为儿童的权利问题做出了明确的规定。例如

《规程》自 1989 年的《幼儿园工作规程（试行）》，到 1996 年的正式《规程》施行，再到 2016 年 3 月开始实施的新《规程》，都强调幼儿园教育应该贯彻“以游戏为基本活动，寓教育于各项活动之中”的教育原则。

尽管幼儿拥有游戏的权利已被政府及广大教育专业工作者认可，然而在现实生活和教育实践中，受传统教育和教育功利主义的影响，“业精于勤荒于嬉”的思想一直存在，很多成年人还是认为幼儿的游戏是无用的玩，幼儿的游戏权利并没有得到足够的认可和保障。幼儿园教育和家庭教育都急于教授幼儿知识和技能，忽略了幼儿基本的发展特点和需要，忽略了游戏对于幼儿成长的关键意义。

2. 保证幼儿游戏的时间

保障幼儿游戏的权利，首先应该保障幼儿有游戏的时间。幼儿的时间不应该被学习和作业侵占，成人的价值观念和竞争压力不应该过早地转嫁到幼儿身上。无论在家庭中，还是在幼儿园中，幼儿一天中的主要时间应该用来游戏，而不是用来学习，这也是学前期教育和学龄期教育的主要区别之一。

3. 保障幼儿游戏的条件

幼儿的游戏需要空间、设施设备和玩具材料等物质条件的保障。幼儿的健康成长应该得到全社会的关注，给予幼儿游戏全面的物质保障，综合解决幼儿活动场地不足、游戏设施不普及、玩具材料不足、安全不过关等问题。

4. 给予幼儿自由游戏的选择权

幼儿教育工作者和家长需要进一步更新教育理念，正确处理作为自由自主存在的游戏和作为教育手段存在的游戏的关系，让游戏不再负载太多的教育意图，让幼儿有自主游戏的权利和机会，让幼儿的游戏真正轻松愉快起来，还幼儿的童年为游戏的童年。

（三）游戏是幼儿的学习和工作

在传统的观念中，游戏与学习、工作是相互对立的，我们信奉“业精于勤荒于嬉”，怕幼儿“玩物丧志”，所以，我们希望幼儿严肃而认真地对待学习。诚然，对于成年人而言，游戏与学习、工作是不同的，游戏是自愿、自由、愉快的活动，而工作则是我们的义务，具有一定的强制性、功利性。在成人的生活中，工作是第一位的，游戏是第二位的。

对于幼儿而言，游戏和工作有时候很难区分，两者没有明显的界限，可以相互转化，这里所指的“工作”，就是幼儿的学习，是幼儿获取新经验的主要手段。在幼儿的活动中，游戏中有工作的成分，工作中也会含有游戏的成分。同样一个活动，对于一个幼儿来说是工作，而对于另一个幼儿来说，可能就是游戏。对于同一个幼儿而言，同样的活动，在不同的阶段，可能是游戏，也可能是工作。

对于幼儿游戏和工作的关系，陈鹤琴曾明确指出：游戏就是工作，工作就是游戏，幼儿除了睡眠和饮食之外的所有活动几乎都是游戏，幼儿通过游戏活动使自己的肢体动作、学习经验、技能等获得发展。

二、游戏对幼儿发展的价值

游戏是儿童童年生活最重要的活动，儿童在游戏中生长，在游戏中发展自我生命的力量。在《儿童世界（上）》中，有这样一段话："儿童在游戏中成长。他们学习如何使用肌肉，他们发展使视觉与动作协调的能力，他们还发展控制自己身体的意识。儿童在游戏中学习，他们发现世界是个什么样，他们自己又是怎样的。他们习得新的技能，了解运用这些技能的恰当场合。他们'尝试'生活的各个不同方面。儿童在游戏中成熟。他们在游戏中重现现实生活，借以对付各种复杂、矛盾的感情。"儿童在游戏中成熟，在游戏中获得多方面的发展。

（一）游戏与幼儿身体发展

1. 游戏能促进幼儿身体生长发育

幼儿时期正处于身体快速发育的阶段，游戏活动可以给幼儿提供大量的刺激，促使其身体器官的发育生长。另外，游戏中的幼儿可以获得快乐、满足的情感，这些都对幼儿的身体生长具有良好的促进作用。还有自然环境的阳光、空气、水，都是幼儿成长不可缺少的要素，户外游戏可以为幼儿提供机会感受自然的滋养，并提高机体对环境的适应能力和对疾病的抵抗能力。

小案例

大班民间体育游戏活动时，全班幼儿在班主任老师的带领下玩起了扔沙包的游戏。在游戏圈里的幼儿时而左右躲闪、跑跳，时而静止不动，时而抱成一团，动作很敏捷；游戏圈外的两名扔沙包的幼儿也很欢快，左右移动，寻找目标。这场游戏活动持续了 40 分钟，幼儿和教师都玩得酣畅淋漓，衣服都被汗水浸湿了，活动结束时幼儿之间还在热烈地讨论刚才的游戏。

（资料来源：李珊泽，刘路，黄雪．幼儿园游戏设计与指导［M］．重庆：西南师范大学出版社，2019：27）

2. 游戏能促进幼儿肢体动作和运动能力的发展

户外的运动性游戏，为幼儿提供了追逐奔跑、攀爬、跳跃活动的机会，可以锻炼其大肌肉群的活动能力，发展其肢体动作的协调性、灵活性、平衡性，强健体魄。室内的操作类、交往类、语言类、表演类、益智类等游戏给幼儿提供了发展小肌肉群的运动能力的机会，如搭积木、串珠串线等可以锻炼幼儿手部小肌肉动作的协调性和灵活性，发展其精细动作。见图 1–4 所示。

图 1–4　串珠串线游戏

（二）游戏与幼儿认知发展

1. 游戏促进幼儿感官的发展

蒙台梭利十分重视感官教育，她认为对幼儿感官教育概念的形成必须依赖感官的操作练习，各类游戏，尤其是操作类游戏可以为幼儿提供感官练习的机会，发展其感知觉的能力，为智力发展奠定良好的基础。

另外，游戏可以为幼儿提供大量的感知觉练习，即平衡感的学习。缺乏平衡感的协调，会使大小肌肉和其他身体感官互动不佳，造成幼儿笨手笨脚、好动不安、注意力不集中等问题，并影响其语言能力、运动协调和左右脑均衡发展的进度，出现学习缓慢的现象，即所谓的感觉统合失调。见图 1–5。

图 1–5　过桥游戏

2. 游戏促进幼儿语言的发展

游戏中有交往，幼儿会产生语言交流的迫切愿望，所以游戏会引发幼儿积极的语言交流。而且游戏中的具体情境和游戏情节，会成为幼儿运用语言的刺激物和源泉。反之，语言是游戏的一个重要组成部分，语言的发展也会促进儿童游戏的发展。

3. 游戏促进幼儿思维的发展

思维能力是智力的核心，是获得新知识的必经途径。但是，思维活动不是凭空产生的，它是通过实践，在积累大量感性经验的基础上加工而成的。游戏可以为幼儿提供大量的实践操作的机会，为其思维的发展储备足够的感性经验材料，从而促进其从直觉行动思维向具体形象思维过渡，并引发幼儿抽象逻辑思维的萌芽。

游戏还可促进幼儿解决问题能力的提高。在游戏中，幼儿会不断遇到各种问题，这些问题既有来自认知上的，也有来自材料的、来自交往的，这需要幼儿开动脑筋去想办法解决，促使幼儿在游戏中多次尝试，不断寻找解决问题的策略。

4. 游戏促进幼儿创造力的发展

游戏中的幼儿是自由自在、充满想象力、天马行空的自然之子。维果茨基认为是游戏创造了幼儿的最近发展区，因为在游戏中，幼儿最喜欢创造和变化，一根小棍、一块石头和瓦片……任何材料都可以在幼儿的游戏中有无数的变化。同样一个游戏，他们可以玩很多天，甚至几年，每一次却都不同，都会有新异的变化。幼儿自己也在游戏中实现自己的梦想，可以“上天”，也可以“入地”，变成任何一个现实中或者想象中的角色。

（三）游戏与幼儿社会性发展

幼儿发展与成熟的过程，是从一个自然人成长为一个社会人的过程，即其社会化发展的过程。游戏是幼儿主要的社会性交往活动，促进其良好的社会性发展，帮助幼儿适应集体生活，建立良好的同伴关系，更好地生存和发展。

1. 游戏有助于幼儿良好自我意识的发展

良好的自我意识是健康人格的重要组成部分。心理学研究表明，幼儿 1 岁左右开始有自我感觉，2 ~ 3 岁开始意识到自己的存在，自我意识开始萌芽，但这种自我意识是以自我为中心的。幼儿只有在与别人的交往，尤其是同伴的交往中，才会慢慢“去自我中心化”，意识到自己和他人的关系及自己在群体中的地位。如在角色游戏中，幼儿可以在角色扮演中体会其他人的存在和情感，学会站在别人的角度考虑问题，逐渐理解和接受别人的不同，使其自我意识发展到较高阶段，并慢慢发展起自我力量。

小案例

抢玩具

小班和托班的儿童往往会以自我为中心，在他们的意识中以为“我喜欢的东西就是我的”，因此在同伴相处中常常出现一些纠纷。托班的娇娇正想拿玩具柜上的毛绒小熊玩，苗苗跑过来，一把夺过小熊，娇娇毫不示弱地想夺回来，两人开始争抢玩具，边抢还边说：我的，我要玩的……这时老师过来模仿小熊的声音说：“你俩把我弄痛了，咱们一起过家家好吗？”娇娇马上喊：“我当妈妈！”苗苗接着说：“我要当爸爸！”刚才还争抢玩具的两个人很快就进入到爸爸、妈妈的角色中，一人小心翼翼地抱着小熊轻轻爱抚，一人给小熊喂饭、喂奶。

（资料来源：董旭花．幼儿园游戏［M］．北京：科学出版社，2017：14）

2. 游戏有助于幼儿学习社会性的交往技能，建立良好的同伴关系

交往能力是一种重要的社会生存和发展技能。幼儿园是幼儿的第一个“小社会”，在这个“小社会”里，幼儿要学习适应集体生活，学会遵守群体规则，还要学习与同伴的交往，以确立自己在群体中的地位，建立良好的同伴关系。

在游戏中，幼儿因为年龄小，自我中心倾向比较突出，自控力比较差，他们之间经常会出现争抢玩具、争抢角色、相互碰撞，甚至打人、推人、咬人等行为，这些行为都会导致游戏无法进行，或者自己被排除在游戏之外。在幼儿园，老师会适当介入，辅助幼儿解决某些冲突，并引导幼儿慢慢学会协商、谦让、轮流、等待、分享、合作等良好的交往技能和交往品质，使幼儿的交往能力不断提高。

游戏本身具有社会性特征，规则是游戏的重要组成部分，无论是外显的游戏规则，还是内隐在角色行为中的规则，都要求幼儿适当控制自己的行为，与群体活动相协调。

（四）游戏与幼儿情绪情感发展

1. 游戏可以使幼儿有更多积极的情绪情感

积极的情绪情感是指愉快、高兴、满足、平和、感动、放松等。因为游戏是自由自主的活动，幼儿可以自由掌控环境、自由选择玩伴、自由选择玩具和材料、自由进入自己假想的世界，所以，游戏可以给幼儿带来极大的满足感，让幼儿完全放松自己，平和而专注地投入到自己感兴趣的游戏活动中去。如图 1–6 所示。

2. 游戏可以帮助幼儿转移和宣泄消极情绪

生活中我们经常会看到一个号啕大哭的幼儿拿到一件玩具后就破涕为笑，兴致勃勃地玩起来，忘记了刚才的不愉快，所以说游戏可以帮助幼儿转移和宣泄消极情绪。

在游戏中，幼儿还可以通过角色扮演和假想，克服紧张和焦虑的情绪。例如：幼儿会模仿爸爸、妈妈的样子训斥小宝宝，以此转移来自父母严加管教带来的不良情绪；幼儿喜欢在医院游戏中扮演医生的角色，通过给别人打针，发泄自己对医生和打针的恐惧心理。在游戏中，幼儿可以运用适宜的方式表现自己的情绪、情感而不被否认，还可以在角色中学会控制自己的情绪，提高自控力。目前，游戏作为幼儿情绪障碍调节和治疗的手段，已经得到比较广泛的认可。

图 1–6　搭桥游戏

三、游戏对幼儿园教育的价值

1. 游戏是幼儿园课程的重要组成部分

游戏与幼儿园课程的关系是双向、互动的，一方面，课程可以生成游戏，另一方面，游戏可以生成课程。说到底，游戏与幼儿园课程是密不可分的，游戏是幼儿园课程的灵魂，它可以使幼儿园课程更生动活泼、更贴近幼儿、更具有灵性。缺少了游戏，幼儿园课程便不能称为幼儿园的课程。

2. 游戏是幼儿园的基本活动

无论是《规程》还是《纲要》，都强调游戏应成为幼儿的基本活动，但在实践中仍然存在重教学轻游戏，或者重视教学游戏，忽视幼儿自主游戏的现象。幼儿自主自发的游戏和教师组织的教学游戏在幼儿园应该具有同等重要的作用，两者共同构成幼儿园的基本活动。

幼儿自主自发的游戏是本体意义上的游戏，是幼儿最喜欢的游戏。这种游戏虽然缺少明确的发展目标，但它却凝聚着发展的全部趋势。经常参加这类游戏，有助于幼儿的心理健康和个性的和谐发展。因此，幼儿园必须给予幼儿充分开展这类游戏的机会。

教师为实现特定的教育目标而选择、创编的游戏，有助于促进幼儿有目的、有计划的发展。但为了求得更好的发展效益，减轻幼儿的负担，教学游戏应该尽可能活泼有趣，使其更适合幼儿。

3. 游戏是幼儿园教育的主要途径和方法

因为游戏更符合幼儿的心理需要和认知特点，所以，幼儿园教育教学应该更多地采用游戏的形式，即教育教学游戏化，从而体现寓教于乐的基本原则。

●思考与练习

1. 什么是游戏，它具有怎样的内涵？

2. 区别于成人游戏，幼儿游戏活动的基本特征有哪些？

3. 儿童游戏主要有哪几种典型的分类方法？从各种分类中认识不同年龄儿童游戏的发展。

4. 游戏对幼儿发展的价值表现在哪些方面？

5. 游戏对幼儿园教育的价值有哪些？

第二章　幼儿游戏环境创设

学习目标

1. 知识目标

（1）理解幼儿游戏环境的概念和作用。了解幼儿室内游戏环境的影响因素及学前儿童玩具的分类。

（2）掌握幼儿游戏心理环境和游戏物质环境的创设要求。

（3）掌握玩具投放的基本要求。

2. 技能目标

（1）能根据幼儿年龄特点和活动室具体情况创设室内游戏区。

（2）能根据幼儿年龄特点和户外场地具体情况创设户外游戏区。

（3）能根据幼儿年龄特点和玩具投放要求投放适宜的玩具材料。

3. 素质目标

（1）产生对幼儿游戏环境创设的浓厚兴趣。

（2）形成重视幼儿游戏环境创设的意识。

（3）形成利用废旧材料创设游戏环境的意识。

案例导入

赶圩，对于陈大镇的幼儿来说并不陌生。幼儿园的所在地每月逢三和八都是赶圩日。有的幼儿便根据自己的兴趣和经验，玩起了“陈大圩街”的游戏。在宽敞的走廊上，幼儿自己设计圩街。他们结合已有经验，开设了“服装店”“食品超市”“糖饼屋”等。开设这些店铺，需要服装、食品等材料。教师并没有一开始就为幼儿准备材料，而是有意地造成材料“缺乏”，让幼儿在游戏中“出现问题”。当幼儿向教师求助时，教师引导幼儿自己去收集各种适用的材料。幼儿商量在班级区域里设置各种加工区来制作买卖的物品，于是，“食品加工店”“扎染房”“棉花糖厂”等加工区相应产生了。为了游戏的发展，幼儿收集的材料也越来越丰富——农村特有的稻草制作插棉花糖的架子，树叶经过捶打染制服装图案，用各类卡纸、皱纹纸、报纸团制作的“水果”或“蔬菜”，用松果、树枝环绕做成的垂吊鹦鹉……当幼儿对一些材料失去兴趣时，他们还会在旧的材料上寻找和挖掘新的玩法，或将材料重新组合与搭配。于是，圩街的“商品”越来越丰富，幼儿游戏的兴趣越来越浓厚。

思考题：你认为教师的做法对吗？教师应如何帮助幼儿创设适宜的游戏环境？

幼儿游戏环境是幼儿开展游戏活动的条件的总和。根据环境的空间布局，幼儿游戏环境可分为室内游戏环境和室外游戏环境；根据环境的性质划分，幼儿游戏环境包括了物质环境和心理环境。幼儿游戏环境的创设是教师根据幼儿的年龄特点、游戏水平和个别需要，对整个游戏环境进行精心规划，包括游戏基本条件的提供、游戏空间的布置、游戏材料的提供、游戏氛围的营造等，是一个由物到人、由宏观到微观的完整生态系统的整合。

《幼儿园工作规程（试行）》中明确指出：“应因地制宜地为幼儿创设游戏条件（时间、空间材料）。”创设良好的幼儿园游戏环境是开展幼儿园游戏的必要条件，也是提高教育有效性和游戏自主性的重要手段，更是满足幼儿学习方式和互动方式的重要途径。因此，要实现学前儿童游戏促进幼儿全面发展的教育功能，就必须创设良好的游戏环境，并对各种游戏活动加以组织和指导，以实现游戏活动、教学活动和生活活动的有效统合。

第一节　幼儿游戏心理环境创设

一、幼儿游戏心理环境的定义

幼儿游戏心理环境是幼儿游戏环境的重要组成部分，主要指存在于幼儿游戏活动过程中，并对幼儿心理发生影响的环境。幼儿游戏心理环境是一种心理氛围，即学前儿童在游戏过程中感受到的是民主还是压制、是自由还是束缚；也是一种人际关系，包含了师幼关系、同伴关系、同学关系、家园关系；还是一种幼儿园文化，是幼儿园长期形成的共同的价值观念和行为方式，存在于幼儿园教育工作者的观念和行为中，物化于幼儿园的物质环境中。良好的学前儿童游戏心理环境应该为学前儿童游戏的开展营造一个轻松、愉快和安全的游戏氛围，在师幼之间、幼儿之间和教师之间建立平等、友好和信任的人际关系。

二、幼儿游戏心理环境创设的意义

（一）创设良好的游戏心理环境有利于幼儿游戏兴趣的激发

游戏性体验，即幼儿在游戏中获得的“自由的”“自主的”“愉快的”主观感受和心理体验，是所有游戏不可或缺的重要心理成分，也是幼儿乐于参与游戏的力量之源。而这一游戏性体验的获得必须以和谐的班级游戏氛围、良好的人际关系为根本保障。民主、自由、和谐的班级游戏心理环境给幼儿以鼓励、包容和尊重，让他们不必担心教师的压制、同伴的侵犯以及游戏以外的奖惩，从而更关注游戏活动的本身和过程，并从中获得快乐和兴趣，形成一种越自由和谐越乐于参与的良性循环。

（二）创设良好的游戏心理环境有利于幼儿游戏水平的提高

研究表明，与成人建立亲密依恋关系的幼儿有更好的交际以及与环境互动的能力，也体现出更高的游戏能力和游戏水平。其原因在于，当幼儿从游戏环境中感受到的是被接纳、被信任和被尊重时，他们会更自信、更有安全感，更能激发自主性和创造性，促使他们积极地探索物质环境，了解物体的特性并用其来开展各种游戏活动。而在压抑、紧张的心理氛围中，幼儿只能成为被动的接受者和消极的参与者，不利于游戏活动的开展和游戏水平的提高。

（三）创设良好的游戏心理环境有利于幼儿自我意识的形成

幼儿期是自我意识发展的关键期，主要依赖于成人的评价和反馈形成对自己的看法，建立自我意识。也就是说，幼儿在环境氛围里接收到怎样的信息，他就会认为自己是怎样的人，甚至是变成怎样的人。尊重、自由和肯定的游戏氛围作为心理环境的重要组成部分，在某种程度上说直接影响着幼儿的“自我”能否被发掘、发展和完善。所以，欣赏的、鼓励的、接纳的游戏心理环境以及高反馈的人际关系对幼儿自我意识的发展至关重要。

（四）创设良好的游戏心理环境有利于幼儿心理健康发展

为幼儿创设一个安全、温暖、信任的游戏环境，不仅是幼儿游戏有效开展的条件，也是幼儿心理健康发展的保证。良好的游戏心理环境具有安全性、和谐性和愉悦性等特征，这样的游戏氛围不至于让幼儿紧张和焦虑，也降低了他们对失败和犯错的担忧，满足了幼儿对心理安全和心理自由的需要，激发了幼儿积极的情感体验。

（五）创设良好的游戏心理环境有利于幼儿社会关系的建立

在游戏活动中，幼儿需要与他人进行交流和沟通，比如向教师提出游戏意愿和要求、与幼儿协商游戏的玩法和规则等。和谐、平等且愉悦的交往氛围，不仅有利于幼儿游戏活动的顺利开展，也影响着幼儿与人交往的行为范式的形成，逐渐掌握人与人之间的交往规则，助其建立其他的社会关系。比如未来的师生关系、同学关系、同事关系等。

三、幼儿游戏心理环境创设的要求

（一）建立和谐平等的师幼关系

相互尊重、相互信任、相互平等的师幼关系，在幼儿心理安全和心理自由的形成中起着关键作用。《纲要》指出：要“建立良好的师生、同伴关系，让幼儿在集体生活中感到温暖、心情愉快，形成安全感、信赖感”。这不仅有利于幼儿游戏活动的开展，还有利于教育作用最大限度的发挥，促进幼儿全面发展。

教师首先应热爱幼儿，尊重幼儿，树立正确的儿童观。充分了解幼儿的发展特点和兴趣爱好，语气、表情、姿态、动作等都应包含对幼儿的尊重和信任。用心关注每个幼儿的个别需求和不同的发展速度和节奏，使其保持良好的情绪状态。其次，教师应正确定位自己的角色，采用适宜的游戏指导策略，创设游戏条件、关注幼儿的游戏需求、观察幼儿的游戏状态，充当好幼儿游戏的支持者、参与者和合作者的角色。比如：当幼儿在游戏中表现出创造性行为时，教师应用动作、表情、眼神和语言等方式表示肯定，不吝啬给予幼儿更多的鼓励和更多的自由；对幼儿不遵守游戏规则或不当的行为，教师应首先调整自己的游戏指导工作，及时关注幼儿的游戏兴趣、更换或增加材料、调整和变更场地、重述游戏规则等，而不能只是本末倒置地用高压方式纠正幼儿的行为；等等。

（二）形成友爱互助的同伴关系

同伴关系是人际关系的重要组成部分，建立良好的同伴群体是幼儿游戏心理环境创设的重要内容。同伴之间年龄相近、兴趣相投、水平相当，较易形成一种自由宽松的氛围，让幼儿在其中充分表现自我、发现自我和肯定自我。

教师首先应为幼儿提供充分的交往机会，在游戏和生活活动中，通过大家一起来“给小蚂蚁搬家”、“妈妈”的角色需要轮流扮演、加入别人的游戏必须获得邀请等，引导幼儿学会交流、合作、轮流和协商，学会站在他人的立场上思考。即使在交往过程中出现了问题和矛盾，教师也给予幼儿适当的时间和条件，引导幼儿尝试自行处理，提高其人际交往能力和问题解决能力。其次，教师应多信任幼儿、鼓励幼儿、肯定幼儿和表扬幼儿，让幼儿更多地体验“与人一起玩”的快乐、“帮助别人”的成就感以及“大家一起做”的力量等，使他们感受到集体生活和同伴交往的优势，增强其集体感和归属感。

（三）培养团结互信的教育合作关系

幼儿阶段是儿童对环境影响最为敏感的时期，其中的任何人、事、物都可能被幼儿关注、模仿甚至内化。教师之间的相互关心、相互信任和友好合作，潜移默化地影响着幼儿的行为和观念，也为其提供了与人交往的技能和范式，逐渐学会与他人平等地对话、有效地沟通、友好地合作。反之，漠不关心甚至是针锋相对的教育合作关系，会让教育效果大打折扣，甚至适得其反。所以，学前儿童游戏心理环境创设中，教师应注重自身群体人际关系的建立，为营造温馨和谐的心理环境的同时，也为幼儿提供人际交往的榜样和示范。小至配班教师之间，大致群干之间、家园之间都应该互相信任、彼此支持，共同为幼儿创设一个良好的心理环境。

（四）形成良好的幼儿园风气

园风是幼儿园长期形成的、存在于所有教职员工之中的共同的价值观念和行为方式。良好的园风具有积极的约束力和强大的凝聚力，对幼儿的身心发展有着潜移默化的影响，是幼儿园精神环境的重要内容之一。尽管各幼儿园的园风建设因文化传统、教育理念和办园宗旨等因素影响而不尽相同，但都需要依托于幼儿园完善的规章制度和高效的管理方式，以形成常规的工作秩序、和谐的人际关系，增强幼儿园全体人员的责任感和凝聚力；还得益于正面教育和师德教育的开展，发挥典型的示范作用；还必须以整洁美观的幼儿园物质环境为基础，使师幼都在美化的环境中受到文明友好、互信互助的感染并得到启迪。

第二节　幼儿游戏物质环境提供

所谓幼儿游戏物质环境，即开展幼儿游戏所需要的游戏时间、游戏场地、游戏材料等。幼儿游戏物质环境的创设可分为室内环境的创设和室外环境的创设，具体如下。

一、幼儿游戏室内环境的创设

规划室内游戏空间主要是对室内空间结构进行合理安排，以满足不同游戏类型及不同发展水平幼儿的需要。室内游戏环境创设需注重以下几个影响因素。

（一）空间密度

空间密度即幼儿在室内环境中所占的人均空间大小，也就是室内游戏空间的拥挤指数。空间密度会影响幼儿的游戏行为和游戏质量。研究表明，游戏空间过大，易引发幼儿的粗暴行为且不利于合作行为的出现；游戏空间过小，则会引发幼儿更多的冲突行为，不利于游戏的顺利进行。我国认为，为幼儿提供的室内空间为每位幼儿不少于 2 平方米为宜；国外规定，幼儿园室内游戏空间必须达到 1/25 平方英尺（约等于 2.3 平方米），认为这样的空间密度是最低的限度。史密斯和康洛利对幼儿游戏环境的研究表明：每个幼儿平均拥有 2.3 ~ 4.64 平方米的可利用空间是室内环境的理想标准，每个幼儿平均拥有低于 2.32 平方米的空间会诱发更多的攻击性行为和散乱行为的增加，拥挤的物质空间会诱发教师更多的指导性行为，限制了幼儿进行社会性交往的机会。

（二）空间规划

小型分隔区比大型游戏场地更容易产生高质量的游戏活动。用玩具陈列柜或家具将室内游戏场地进行分隔，形成多个全封闭或半封闭区域，既可降低嬉戏打闹行为的出现，又能帮助幼儿更专注于自身游戏，还可促进幼儿安全游戏心理的形成。空间分隔时需要注意的是：区域最好是半封闭的，贴墙创建并开口朝向中间，以利于教师进行游戏观察；分隔物最好低于幼儿身高，方便幼儿看到玩具所在，增加游戏的兴趣。

沃尔林通过个案研究，总结了室内环境创设的方法，具体如下：

第一，如果希望降低跑及粗野的游戏，可用分隔物或家具把开放的空间隔起来。

第二，在教室内画出清楚的线路。

第三，将有冲突的角落分开，如吵闹的和安静的；将互补的角落放在一起，如娃娃家、积木角。

第四，运用分隔物及家具将不同的游戏角落清楚地划分出范围。

（三）游戏区的建设

游戏区是教师根据幼儿的年龄特点和教育目标，将较大的游戏区域分隔成不同类型的游戏区域，以助幼儿更易产生高品质的游戏活动。根据不同游戏类型的特性以及幼儿游戏特点的要求，在创设室内游戏区时可根据以下步骤进行。

第一，定数量，即确定游戏区的数量。有研究指出，各游戏区以容纳 6 ~ 8 人最佳。为确保所有幼儿在同一自主游戏时间都有进区机会，需根据班级人数确定游戏区的数量。但并不是游戏区数量越多越好，过多的游戏区不利于幼儿游戏专注力的维持，还易导致各区人数过少，妨碍合作和交往的行为出现。

第二，选区域，即选择室内游戏区的类型。幼儿园教育的目标和任务是促进幼儿获得体、智、德、美、劳全面发展，所以不同功能倾向的游戏区要设置齐全。一般来说，幼儿园室内有角色区、建构区、益智区、美工区、图书区等五大常设区角。此外，游戏区的类型还需要考虑幼儿年龄特点和兴趣需要。比如，小班需掌握必要的生活技巧和动作能力，可设置生活区、操作区等；中班具有强烈的语言表达需要，可设置表演区、语言区等；大班幼儿乐于自我探索和创新，可设置科学区、观察区等。而角色游戏作为幼儿园最常见最典型的游戏形式，也应根据年龄段的不同而有所差异。如图 2–1。

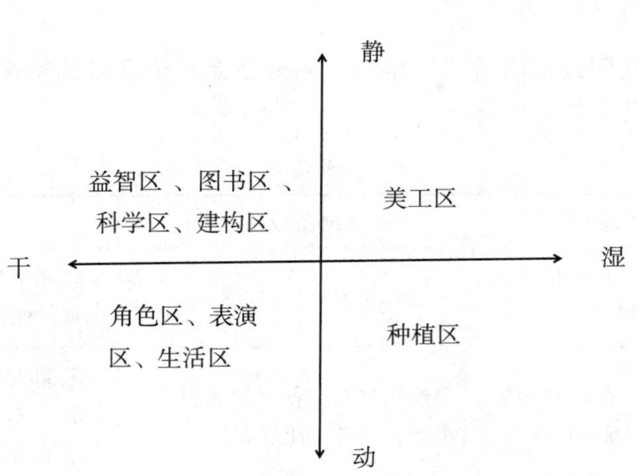

图 2–1

第三，择地点，即确定游戏区在活动室的具体位置。游戏区的布局需考虑不同游戏类型的特性以及活动室的实际结构。遵循“同质互惠，异质相离”的原则，以产生相互激发的效果。

第四，投材料。投材料时需要考虑幼儿的年龄水平和兴趣需要以及教育任务，不同年龄需要不同类型、不同难度，甚至不同大小的材料，而不同的教学内容也必须变更不同的材料。同时，不同游戏区还具备着特殊的必备设备。比如，建构区必备托盘、语言区必备椅子等。见表 2–1。

表 2–1

年龄	游戏材料的数量	游戏材料的结构	原因
3 ~ 4 岁	种类少，数量多	以高结构材料为主，辅以少量低结构材料	小班幼儿处于平行游戏阶段，喜欢模仿且以动作思维为主
4 ~ 5 岁	种类增加，数量减少	加入大量低结构材料，辅以高结构材料	中班幼儿出现联合游戏，开始喜欢创新，但游戏水平仍然有待提高
5 ~ 6 岁	种类多，数量少	以低结构材料为主，辅以少量高结构材料	大班幼儿偏爱竞争性游戏和创造性游戏，具有较高的游戏水平

第五，立规则，规则是游戏得以进行的保障，是游戏过程中必须遵守的要求。它不同于教师期望，也不是越多越好，否则容易消耗幼儿对游戏的兴趣。比如，在游戏区规则中经常出现“乐于合作”“多动脑筋”等要求，这是教师的期望，而不是游戏得以进行的保障，所以不宜成为游戏的规则。此外，不同类型的游戏区域具有不同的要求，应考虑该区的特性建立不同的规则。比如，语言区需规定“一次只能拿一本书”，但却不能在角色区提出这一要求。

综上所述，在创设室内游戏区角时，需要考虑各个区角的特性以及需要，进行合理安排。具体见表 2–2。

表 2–2

游戏区	场地要求	必备设备	必备规则
角色区	宽敞，人流量较大，远离安静区	仿真儿童家具和材料	限制人数，爱护玩具，收拾玩具，保持整齐
建构区	宽敞，有地垫消音，可考虑与角色区相邻	建构材料，便于取放材料的小篮、小桌、托盘等	限制人数，爱护玩具，收拾玩具，不破坏他人作品，在规定范围内建构
表演区	宽敞，远离安静区	表演舞台，表演道具（手偶、指偶、头饰、面具等），简易灯光，摄影道具	限制人数，爱护玩具，收拾玩具，保持整齐
美工区	宜设于安静区，方便取水	桌子，展示台，绘画工具，手工工具，艺术作品图鉴	限制人数，爱护玩具，收拾玩具，节约材料，小心剪刀
益智区	宜设于安静区，可考虑与建构区相邻	益智材料，托盘	限制人数，爱护玩具，收拾玩具，保持安静，一次拿一种材料
语言区	宜设于安静区，光线充足	桌子，书架，舒适椅子，地垫，图书	限制人数，保持安静，爱护图书，一次拿一本书
科学区	宜设于安静区，光线充足	观察台，操作台，科普图书，科学实验小装置等	限制人数，爱护材料，收拾玩具，一次拿一种材料，观察记录
生活区	宽敞，可考虑与角色区相邻	仿真生活材料，托盘，地垫	限制人数，爱护玩具，收拾玩具
休闲区	安静，温馨	休闲的椅子或小房子	限制人数，保持整洁

二、幼儿游戏室外环境创设

室外游戏是幼儿园游戏的重要组成部分，它是幼儿接触大自然的重要方式，也是促进师幼互动的有效手段。

（一）室外游戏环境的内容

根据《城乡建设环境保护部、国家教育委员会托儿所、幼儿园建筑设计规范》规定，托儿所、幼儿园外游戏场地应满足下列要求：

（1）各班必须设置面积不小于 60 平方米的专用室外游戏场地，且各游戏场地之间宜采取分隔措施。

（2）应有全园共用的室外游戏场地，其面积不宜小于以下公式计算值：室外共用游戏场地面积（平方米）=180+20（N–1）（注：180、20、1 为常数，N 为班数）。

（3）室外共用游戏场地应考虑设置游戏器具、30m 跑道、沙池水池和贮水深度不超过 0.3m 的戏水池等。

（4）幼儿园宜有集中绿化用地面积，并严禁种植有毒、带刺的植物。

图 2–2　幼儿园室外游戏场地

如图 2–2 所示。

（二）室外游戏环境的创设要点

室外游戏环境是幼儿与自然、幼儿与自己以及幼儿与同伴的互动与互感之所，户外游戏场地的创设，不仅要符合相关建筑行业规范，还应考虑环境心理学、幼儿生理学、幼儿心理学等方面的因素，创设出适合幼儿身心全面发展的室外游戏场地。

小案例

（1）2004 年 5 月 13 日上午，小飞的班主任带领全班孩子在幼儿园进行户外活动。在孩子们玩耍过程中，有孩子用力晃动铁制玩具荡船，荡船摇摆着撞到了小飞右腿上，幼儿园将小飞送到了医院，并通知了家长。小飞先后在市人民医院和集团总医院住院治疗，后经法医鉴定为右股骨骨折，构成九级伤残。

（2）放学后，一名小男孩蹦蹦跳跳地向幼儿园里的滑梯奔去。他敏捷地爬上滑梯，带着满脸笑容从滑梯上滑下来。然而，就在那一瞬间，只听见一声惨叫，随着男孩滑向地面，滑梯上满是鲜血。小男孩的臀部和大腿上被划开一条深深的口子，鲜血直流。等候在滑梯旁的母亲急忙抱起小男孩向医院奔去。事故发生后调查发现，原来是木制滑梯上的一根锈迹斑斑的钉子突露出了钉尖。

1. 游戏场地应安全健康

安全性是创设幼儿游戏场所的第一要点。针对室外游戏特点和幼儿的能力水平，需从以下几个方面保障幼儿安全：首先要注重地面的安全性，保证游戏场地无杂物和尖锐物体，确保大型器械下是（碎木屑、橡胶垫、草地等）弹性防摔地面。其次要注重游戏设备的安全性，保证其适合幼儿能力水平，且无毒、坚固结实、无安全隐患。

还要注重周边环境的安全性，空气流通、日照充足等。

小案例

某日上午10点左右，中一班的小朋友在李老师的带领下来到户外游戏场地。他们正排好队伍准备开展投掷球类的游戏。李老师正在向小朋友们强调户外游戏时应该注意的安全细节。这时，中二班的刘老师也带着自己班的孩子们来到了户外游戏场，为了让孩子们热身，刘老师带领着孩子们围着场地跑了起来。在这块小小的场地上，中二班跑步的孩子们围成的圈正好把中一班的孩子们圈在了中央，还挡住了中一班的投掷圈。无奈之下，中一班的李老师只好前去与中二班的刘老师交涉。李老师说："你们班跑步能不能把圈子跑大点？挡住我们班的投掷圈了。我们没法玩儿了。"刘老师回答道："孩子们跑来跑去队伍就乱了，越跑圈子越小，我也没办法。你等我们跑完了再玩（投球）吧！"

就在这时，小班的孩子们在老师的带领下也来到的游戏场地上。小班的弟弟妹妹开心地玩起了碰碰车、小木马。游戏场地上顿时喧闹起来。中一班的李老师看了看其他班里玩得正起劲儿的孩子们，无奈地对自己班孩子们说："今天我们不玩投球的游戏了，大家自由游戏，想玩什么就玩什么吧！"话音一落，中一班的孩子马上就散开来，寻找自己想玩的游戏器材。然而，游戏器材早已被其他班级占用得差不多了，仅剩下几个当作投掷圈的钻环了。几个孩子站在场地上看着其他小朋友开心地玩游戏，显得有些不知所措。然而李老师并没有过来询问和关心，只是站在场地旁和其他几位老师闲聊了起来。

由于游戏场地有限且未明确分区，导致了游戏场地混乱和空间不足等问题，教师开展游戏的积极性严重下降，选择了站在一旁闲聊而放弃了对幼儿游戏的支持和指导。

2. 游戏场地分隔成区

分隔成区的室外游戏场地更能促进幼儿开展不同类型的户外游戏活动。根据幼儿的年龄特点和全面发展需要，我国幼儿园较多地将幼儿园室外规划成玩沙区、玩水区、自然区、运动区、休闲区和活动材料区等游戏场地。用绿化带、围栏或者高低台阶等，将各个区域按照不同的游戏类型划分开来，以提高游戏质量。在游戏区划分时，需注意动态和静态区域的分隔，以降低相互的干扰性，比如将玩沙区和运动区尽量隔离；确保区域与区域间的自然转换，并形成同向回路，比如以串联的形式连接各个区域；严格将行道与车道区分开来，以确保幼儿的安全。如图2-3所示。

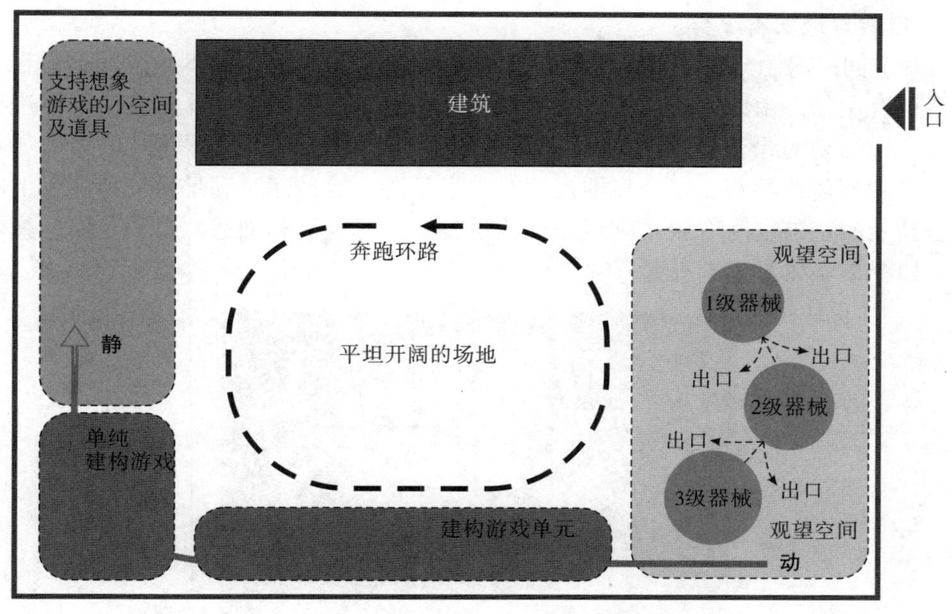

图 2–3

3. 游戏场地丰富多元

户外游戏区要全面考虑走跑、平衡、综合体能器械练习等多种运动形态的游戏形式，并辅以认知、规则等游戏。要考虑涉及不同游戏参与人数，如独自、平行和合作游戏。还要适合不同年龄和不同水平的幼儿需要，甚至是残障儿童的游戏需要，设置有挑战性的区域或设备，也创设无障碍游戏环境和区域。比如，"过桥"游戏中，可设置软桥和硬桥两条不同难度的线路，可设置盲道和可视道两条不同要求的线路，以确保适合所有的幼儿。

知识拓展

"无障碍环境"是未来游戏场地设计的关键。1990 年美国颁布《美国残障人法案（ADA）》强制要求游戏场环境必须符合所有残疾儿童的需求。2000 年 10 月，建筑和交通壁垒合规委员会（The Architectural and Transportation Barriers Compliance Boards）发布了有关新建和改造游戏区域的无障碍指导方针，成为《美国残疾人法案无障碍指南》（*The Americans With Disabilities Act Accessibility Guidelines*）的重要补充。该指导方针规定了在法律范围内，游戏区域在新建和变更时所需遵守的最低要求，例如为儿童铺设的游戏区路径应是平稳的，并采用经过测试认证的材料，以满足 ADA 法案的相关要求。

4. 游戏场地富有弹性

游戏空间的内涵分为“潜在单位”与“游戏单位”，当游戏材料增加时，潜在单位就变得很有用处。由此，在规划户外游戏场地时，需要我们为幼儿留有一个可进行大运动和合作活动的绿地或硬化地面，保证空间的弹性，供幼儿无限变化需要，如戏剧性游戏、大型建构游戏、组合型器械游戏、亲子游戏等，随时满足游戏和课程上的需要。若幼儿园室外空间有限，则可在游戏设备上进行改造和创造，以满足空间弹性的需要。如图 2–4 和图 2–5 所示。

图 2–4　仙田满大型木制楼梯游戏设备（源自仙田满《儿童游戏环境设计》）

（1）环树之屋

（2）天台活动区

图 2–5　日本富士幼儿园“环树之屋”和天台活动区

第三节 幼儿玩具材料的投放

小案例

自由游戏时间，3 岁的达达最喜欢的是进入生活区，捯饬安装工具箱。他总是用各种工具将各式螺丝拧紧拧松，将各类形状的木板拼起拆开，并为此感到乐此不疲。在一次种植活动中，需要将一片片木板拼接起来变成小树的篱笆，在大家都束手无策之际，达达拿起工具开始拼接起来。虽然是第一次使用真的工具，但达达并不吃力，没用多久就将篱笆拼接完成。达达通过工具箱游戏的操作，不仅掌握了各式工具的运用方式，也理解了大小、松紧、进出旋转的概念，还认识了各种几何形状，更获得了精选动作、创造力和问题解决能力的提高。

由此可见，玩具不仅是幼儿的亲密玩伴，也是幼儿游戏的物质基础，还是幼儿游戏水平得以提高的重要手段。所以给幼儿提供不同材质的玩具具有不同的象征意义。

一、幼儿玩具材料的分类

面对琳琅满目的幼儿玩具，不同的分类标准可将玩具分成不同类型的玩具。根据玩具材料的性质对玩具进行分类，可将其分为以下三大类。

1. 专门类玩具

专门类玩具是由设计者和生产厂家生产出来，专门供幼儿游戏的玩具类型。它符合幼儿的兴趣爱好，具有一定的教育指向性，且有实体玩具（如积木、小乐器、手偶、摇动汽车等，如图 2–6 所示）和虚拟玩具（如电子游戏）之分。

图 2–6

2. 自然类玩具

自然类玩具是指材料来源于自然界，被人们赋予游戏含义的玩具类型。面对富饶广阔的自然界，可供于幼儿游戏的材料非常之多，沙、石、泥、花、叶、木、水等结构简单，功能多样，用途广泛，操作性强，都可以成为幼儿游戏的对象，带给其无尽的欢乐和价值。对于自然界材料的开发和利用，在代代相传的生活里累积起了丰富的民间玩具，比如毽子、陀螺、秋千、弹弓等，这些虽然在制作上可能已被专业化，但其中所蕴含的历史印记和文化特点却不能被取代。如图 2–7 所示。

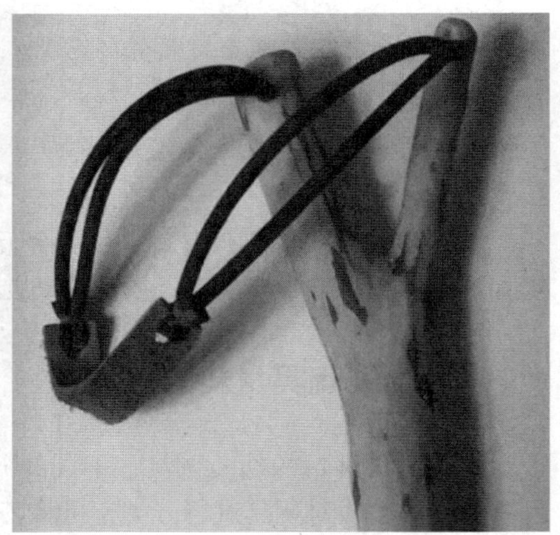

图 2–7

3. 生活类玩具

生活类玩具是指材料来源于生活的幼儿玩具，自制玩具是其最重要的表现形式。在生活中，当幼儿发现一个小牙刷头能够成为在铁盒上跳动的“小象仿各种小鸡、小猪……”的时候，他便建立了一种新的“图示”，不但增长着思维力、想象力和创造力，还有了很多的生活乐趣。所以，生活中的废旧材料在幼儿园游戏中占据着重要的位置。在各类游戏中都可以利用废旧物作为游戏材料，如：角色游戏中瓶盖可以当作钱币；体育游戏中废布条可以当作“捉尾巴”的尾巴；表演游戏中旧毯子可以成为翅膀；等等。幼儿可以根据自己的需要和兴趣以及材料本身的特点决定它的用途，利用和制作的过程就是促进幼儿分散性思维、想象力与创造力的过程，也是培养幼儿环保意识和节约意识的过程。如图 2–8 所示。

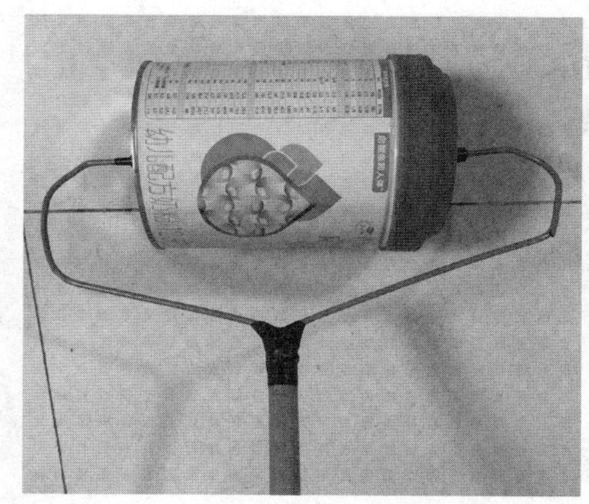

图 2–8

知识拓展

1. 关于儿童玩具的其他分类形式。

（1）按玩具的材料（即质地）分类：可分为金属玩具和非金属玩具（如毛绒玩具、塑料玩具、布制玩具等）；

（2）按玩具的结构分类：可分为成品玩具和半成品玩具；

（3）按玩具的功能分类：可分为智能玩具、形象玩具、健身玩具、科教玩具；

（4）按玩具与游戏类型的对应关系分类：可分为角色游戏和表演游戏的玩具、建构游戏的建构材料、体育游戏的玩具及器材、智力游戏的玩具等。

每一种玩具的分类都有其依据，把握好玩具分类的依据实际上就是掌握了玩具的概念和范畴。

2. 1992 年，原国家教委（现教育部）颁布了关于印发《幼儿园玩教具配备目录》的通知及其附件《幼儿园玩教具配备目录》的指导性文件，规定了幼儿园玩教具的具体内容有以下九大类：

（1）体育类：主要包括室内外大型活动器械和幼儿活动用的器材，共配备 23 种体育器材，能够满足幼儿园教学大纲中大、中、小班的体育教学任务。可供幼儿练习走、跑、跳、跃、钻、爬、攀登、投掷和平衡。

（2）构造类：主要包括堆积、接、插、拼、搭、穿、编等造型玩具共 6 种。

（3）角色、表演类：主要包括扮演各种角色、模仿动作等器具共 5 种。可供幼儿在游戏中学习、模仿各种事物，发展语言能力，增加幼儿间的感情交流，进行行为规范的教育。

（4）科学启蒙类（包括常识和数学教育内容）：主要是幼儿自己动手操作，演示力、重心，观察光和电的现象，还有磁性和齿轮玩具，观察和饲养用具，玩沙、玩水，供幼儿掌握空间、时间、形体，10 以内加减法运算，逻辑思维能力训练等教玩具共 29 种。给幼儿提供科学启蒙教育，丰富他们的认知内容，激发幼儿对事物探索的兴趣。

（5）音乐类：教师教学用的乐器和幼儿使用的打击乐器，共 15 种。每种乐器配备的件数是按能够完成一支打击乐曲而配备的。

（6）美工类：主要包括幼儿的剪、贴、粘、捏、画等用具共 7 种。

（7）图书、挂图与卡片类：主要是保证幼儿园完成教育任务的精助教材，共配 3 种。

（8）电教类：包括电化教育的软件硬件。根据各类园所的经济条件配备最基本的电化教学设备，共配 7 种。

（9）劳动工具类：主要是让幼儿自己动手进行种植、观察、饲养等活动，从小培养爱劳动的好习惯，共 6 种。

二、幼儿玩具材料的提供要求

根据幼儿园游戏活动的需要，及时增添游戏材料和玩具，指导幼儿正确使用、合理存放和选择玩具，是教师组织管理幼儿游戏的职责。

1．玩具应具备安全性

玩具伴随着幼儿的整个童年时光，好的玩具可以给幼儿带来快乐和成长，但劣质的玩具也可能成为伤害幼儿的元凶。为了最大可能地保护幼儿的安全和健康，在选择玩具时首先应注重玩具的安全性：玩具的生产厂家具有合法资格和合理的销售流程，坚决不选择“三无”玩具；玩具的表面不应含有甲醛、重金属等有毒的物质；玩具不具有锋利的边角，以防刺伤幼儿的身体。玩具的填充应选择不易外泄和不易掉毛的材质，以防填充物吸入幼儿咽喉或鼻腔；玩具大小应该适合幼儿的年龄特点，注意查看玩具说明书上的年龄标识。比如幼儿咽喉临界点是 3cm，购买雪花片时应考虑其大小规格。又比如选择骑乘玩具时应注意其重量和高度是否适合幼儿的身高。

知识拓展

玩具选择的安全标准

选择玩具应符合国家的标准。2003 年 10 月通过的《国家玩具安全技术规范》（GB6675—2003），与国际通用的玩具安全标准（ISO 8124）相符，于 2004 年 10 月 1 日强制实施。新标准在对 1996 年玩具安全标准的修订上，提出了以下具体要求。

第一，玩具生产的各项细化指标。

第二，关注不同年龄段儿童的平均能力和兴趣，严格区分不同年龄阶段儿童适合玩耍的玩具标准。将过去的“适合几岁”改变为“适合几个月的儿童使用”，使之更清晰、明确。

第三，对于 3 岁以下儿童使用的玩具，标准中还特别增加了安全要求——玩具中不得存在小于规定尺寸（约为人口大小）的易拆卸部件，以避免潜在的儿童将其误入口中造成堵塞和窒息的危险。厂商在醒目的地方要张贴年龄警告图标。

第四，首次要求玩具在出厂时要模拟测试各种可能受到的、可预见的滥用和损坏。

第五，规定玩具（含试用和免费赠送的玩具）的全部材料都要检测。用在玩具上的油漆、油墨、纸布和塑料等将全部纳入检验范围。

第六，对于儿童玩的滑板、秋千和吊架、绳索及系在横梁上的类似玩具，要附有必要的说明书，提供正确的安装方法、提醒定期进行检查和维修，并指出如果不进行维修，该玩具可能存在滑落或翻倒的危险。

第七，试用品、赠品也首次包括在标准中。

玩具标准是一个强制性标准，它的颁布，保证了玩具生产与购买使用中的安全。给购买玩具的消费者提供了判断玩具是否安全的依据。因此，在购买前一定要认真阅读玩具的外包装上的警示及使用说明。

2. 玩具应具备发展适宜性

幼儿玩具激发了幼儿游戏的动机，为幼儿游戏水平和各方面能力水平的提高创造了条件。为大力支持游戏活动的进程，游戏的结构、复杂性必须匹配于幼儿的年龄、经验和能力等。年龄较小的幼儿适宜模拟实物或逼真程度高的玩具，比如水果切切乐、模型交通工具等；年龄较大的幼儿适合玩逼真程度较低、适用范围广的玩具，比如积木、纸盒子、橡皮泥等。所以，在给不同年龄段幼儿选择玩具时，一般形象化玩具随年龄增加而递减，而低结构的材料随年龄的增加而递增。如图 2–9 所示。

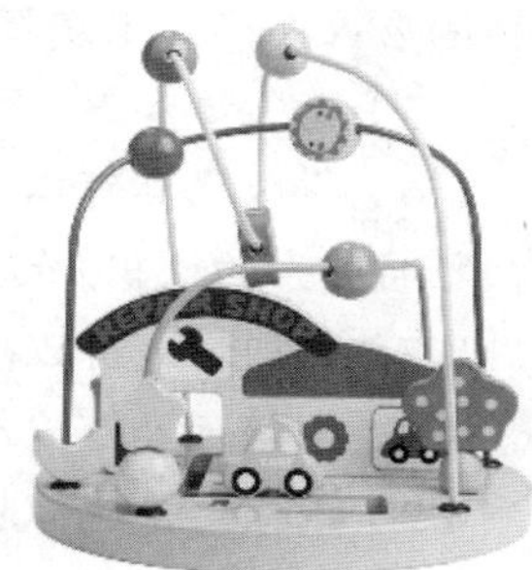

图 2–9

3. 玩具应具备实惠性

基于实惠性的要求，幼儿玩具应具备两个特点：一是一物多用。幼儿玩具的价值不应以其价格来衡量，可一物多用和再加工的玩具材料不仅经济实惠，而且还更符合幼儿的发展需要。二是结实耐用。玩具在幼儿手中主要是用来操作的，而不是观赏的。因此，给幼儿选择的玩具必须结实耐用，甚至可重复利用。这不仅可节省幼儿园的费用开支，还有利于培养幼儿爱惜玩具的良好品质。

自然物是幼儿发现、挑战和了解神秘而奇妙世界的极好的玩具，廉价的废旧物品为幼儿的想象、创造欲望提供了极好的舞台，它们以最经济的方式（山丘、小溪，泥沙松果、木头下的生物、用过的易拉罐、大大小小的纸盒子等）引领幼儿勇敢生活、大胆创造、时时节约。如图 2–10 所示。

4. 玩具应具备教育性

教育者的教育观和价值观可见于幼儿游戏玩具当中，其提供玩具的过程就是对幼儿实施教育的过程。因此，教育者给予幼儿的玩具应有助于幼儿动作能力的发展，也应有利于其掌握社会规则、发展交往能力，还要促进其思维能力、想象力和创造力以及问题解决能力的提高。

图 2–10

知识拓展

美国的斯苔芬妮·奥尔巴赫博士认为，玩具还具有以下几种教育效果。

（1）经常玩拼图可以使孩子得到对颜色、形状、大小和重量的初步感觉。

（2）玩拼装模型可以提高孩子考察和领会事物的能力。

（3）玩纸牌游戏有助于孩子集中注意力。

（4）玩积木可以训练孩子阅读和训练方面的技巧。因积木的形状和大小不一，所以孩子还能学习有关平衡、选择、决定等观念。而且，当孩子发现他必须经常做出改变时，他还学会了适应和变通。在将一块块积木组合成新的形状时，他的创造性和适应性也得到了发挥。

（5）充气棒和拳击袋可以用来在孩子发怒或遇到挫折时发泄一下情绪。

（6）拼版玩具可以让孩子学会分类、选择、拼成各种形状，提高对不同形状及互相之间关系的认识，还有助于区别不同的颜色。

（7）掷圈游戏可以增进灵巧性。

（8）木偶玩具可以练习交谈能力。

（9）小组游戏可以提高交往能力。

（10）看书可以增加知识，提高想象力和理解力。

（11）要培养良好的艺术才能，可选用美术用品、手工艺用具包括有关电脑软件。

（12）玩内容积极的电脑游戏或游戏机可以提高孩子的竞争精神——一种对未来生存至关重要的工作，同时也充满乐趣。

5. 玩具应具备动态性

幼儿的发展及其兴趣呈动态变化。因此，幼儿的玩具和材料也应随时有所变化，化静态为动态性。这不仅可实现玩具和材料的高效性，还能最大限度地促进幼儿的发展。为实现玩具材料的动态化，需注意：

一是材料的添加。当原来的材料让幼儿失去兴趣或者达成教育目标时，我们需要更新材料。不是将原来的材料整体更换，而是采用逐步添加的方式，让材料在幼儿游戏中流动起来，从而不断提高自己的游戏水平。新玩具的数量会对幼儿的游戏产生影响：新玩具过多会让幼儿产生焦虑不安，变得无从下手；新玩具过少则不利于游戏内容的丰富和游戏兴趣的激发。

二是材料的组合。不同种类和数量的玩具相互搭配放在一起，构成一定的知觉场，影响着幼儿游戏的性质和主题。观察表明，给幼儿一个娃娃和给他几个娃娃的效果是不一样的。当幼儿只有一个娃娃时，倾向于玩“过家家”的游戏，而有多个娃娃呈现在幼儿面前他就可能会玩“托儿所”或“上课”等游戏。可见即使是同一类玩具，即使是数量不同的搭配，只要幼儿把这些玩具建立起联系，就会影响其游戏的过程。

三、幼儿玩具的保管

游戏材料应分类存放，利用架子、格子和篮子等，将其放在适合幼儿自由取放的地方，再贴上标签，以便于幼儿取放。此外，还要建立完善的玩具核查制度和清洗制度，确保每天定时检查，保证玩具材料的清洁卫生。

知识拓展

6S管理玩具

1. 6S管理的来源：

在遥远的日本江户时代，人们以捕鱼为生，在渔船上狭小的空间生活久了，往往习惯性地抛掉不需要的东西，以追求整洁的环境和较大的空间。这套生活管理哲学应用于今日，成为企业管理的5S，即整理（seiri）、整顿（seiton）、清扫（seiso）、清洁（seiketsu）、素养（shitsuke），后来在5S的基础上增加了安全（security）的范畴，才成为当今企业日常管理的6S。

2. 6S管理在幼儿园玩具管理中的使用：

（1）整理：节约时间、空间、减少库存。定期处置不用的物品。将要与不要的玩具、材料彻底分清。

（2）整顿：一目了然，提高效率。30秒内就可找到所需物品。将需要的玩具、材料分门别类进行标识，用张贴物品标签给物品定位等形式，让每件物品都有自己的“家”，具体做法：分析目前现状对玩具进行分类；用定置管理、目视管理，每天检查。

（3）清扫：责任化、制度化。保持环境清洁卫生。

（4）清洁：制度化定期检查，明确每天的检查时间。

（5）素养：遵守制度，严守规定，文明礼仪，形成团队精神。

（6）安全：严格按照规章、流程作业。

第四节　幼儿游戏环境创设案例与评析

【案例一】

幼儿园游戏心理环境创设的思考（摘录）

杨丽丽

一、案例描述

其其是班上一个性格内向的幼儿，平时一到玩游戏的时候就一个人坐在边上，处于一种旁观、无所事事的状态，以致同伴对他也是很少在意和关注。有一天，游戏开始后，他开始这里摸摸、那边看看。我走到他面前问他："你愿意和我一起到小舞台去看表演吗？"他看看我，点了点头。我又邀请他说："那我们先去'超市'买点东西，好吗？"他又点了点头。于是我们一起手拉手来到了'超市'，我拿了两瓶"可乐"，并边看表演边喝"可乐"。过了一会儿，我说："我肚子饿了，我们一起到'餐厅'吃点东西好不好？"他拿着"可乐"笑着点了点头。我们又一起到"餐厅"，服务员问我们吃点什么。我为了让别的幼儿对他产生关注，我说："这是我的好朋友，你让他点吧。"随后，他点好了几个菜，开心地笑了笑。吃完饭，我又邀请他一起到"图书馆"看书，一直玩得很开心。慢慢地，其其参与游戏的积极性逐渐提高了，胆子大了，脸上也有笑容了。

二、案例分析

幼儿园的精神环境虽是一种无形的环境，但却对幼儿的发展，特别是幼儿的情绪、社会性、个性品质的形成和发展具有十分重要的作用。只有为幼儿提供一个能使他们感到安全、温暖、平等、自由、能鼓励他们探究与创造的精神环境，幼儿才能活泼愉快、积极主动、充满自信地学习和生活，获得最佳的发展。

该案例中，教师在仔细观察的基础上发现幼儿的性格特点，且通过邀请的方式带领幼儿逐渐进入游戏情境，并让其他幼儿对他产生关注，让他体验到参与游戏的快乐，从而提高幼儿参与游戏的主动性和自信心。正如《纲要》中指出的："教师要尊重幼儿在发展水平、能力、经验、学习方式等方面的个体差异，因人施教，努力使每一个幼儿都能获得满足和成功。"

心理环境较之于物质环境的创设更重要，其任务也更艰巨。平等、和谐、愉悦的心理环境，是激励幼儿与周围人、事、物相互作用的保证。然而，我们也不可忽视物质环境的创设。它与心理环境同样重要，这两者是相互联系、相辅相成的，两者缺一不可，最终的目的都是为了让幼儿在游戏中玩得轻松、愉快，玩得有价值，让他们在

一个民主、平等、和谐的开放性环境中健康成长！

（资料来源：http：//www.doc88.com/p-5009582727428.html）

【案例二】

幼儿园区角游戏活动的设计

《纲要》指出："环境就是重要的教育资源，应通过环境的创设与利用，有效地促进幼儿的发展。"幼儿园在创设班级游戏区域的同时，也可以利用教学楼的长廊、门厅、楼梯间创设公共活动区域环境。为更好地发挥区域游戏活动的价值，幼儿园要充分利用有限空间，科学投放材料，开发活动区的公共价值。同时，制定进区规则，分班、分时段让幼儿进入活动区玩耍。

一、区域环境创设中的空间规划

区域活动把活动室的空间划分成几个活动区角，各种空间就是促进幼儿交往、促进探索型主题开展的催化剂，若空间没有适当地分隔，则容易使幼儿感到杂乱无序，从而产生不稳定的情绪。设置科学、合理的区域分隔，建构丰富的区域布局，这是区域设置中一定要考虑的。

（一）区域的数量

区域数量的多少主要依据活动空间与幼儿人数而定。如果区域数量过少则会造成活动拥挤的现象，如："娃娃家"人数过多则容易引起角色的分配不均而争吵。区域数量过多则会出现区域的人数太少，幼儿之间缺乏交往合作，或造成区域活动空间太小，使得各区域间易互相干扰。因此，一般设置 6 ~ 8 个区域为宜。

（二）区域的划分

首先，我们把教室设计、划分为若干个区域。其次，充分利用材料，使各个区域活动相对独立而又开放。如：利用一些矮柜、图书架等作为区域之间的隔墙，使每个区域有家的感觉，各区域既保持通畅又互不干扰。再次，设置多区单一内容或者是多区多种内容。多区单一内容，即围绕一种主题内容设置多个活动区域，如：在大班的"春夏秋冬"这个主题活动中，教师在秋天的季节背景下，设置了"有趣的虫子""秋天的树林""秋天的果园""水果店"等活动区域。多区多种内容，就是按照多个活动内容设置不同的区域活动，如：垒高属于建构区，阅读、讲故事属于语言区，时装表演属于表演区，绘画剪纸属于美工区。

（三）区域活动格局

教师应充分利用教室、橱柜、桌面等室内空间和走廊等室外空间，创设有利于幼儿发展的区域活动格局。如：用橱柜、矮柜分隔出大小不同的区域，提供不同颜色与形状的花和叶子让幼儿制作、粘贴成门帘，以分隔益智区与美工区，以免干扰教室内各区域的活动，有利于形成和谐、宁静的氛围。

二、幼儿园区角游戏的内容

区角游戏的区域包括角色游戏区、积木区、玩沙玩水游戏区、阅读区、音乐表演游戏区、美工区、科学发现区、自然角、益智区、操作区等。

（一）角色游戏区的设计

1. 活动的内容

无论在哪个年龄班，“娃娃家”都是角色游戏的中心主题，并由此扩展出以反映社会生活为主题的活动，如餐厅、超市、医院、邮局、工厂、图书馆、火车站、博物馆等。

2. 材料的提供

（1）娃娃家。家具，如床、小型桌椅等；娃娃、娃娃用品，如各式服装、奶瓶、各种饰物、梳子、毛巾等；家用电器，如电视机、电冰箱、钟表、电话等；厨房用具，如炉灶、锅、碗、铲、勺、碟、壶、杯子、筷子；各种食物，如蔬菜、食品、水果等。

（2）医院。主要材料有白大褂、医生帽、护士帽、处方单、病历本、听诊器、体温表、药品、注射器等。

（3）超市。主要材料有各种食品、用品的包装盒，收银机，钱币等。

（4）银行。各种面值的钱币（卡片）、取款单、存折等。

（二）阅读区的设计

1. 活动的内容

在此区角内以图书阅读为主，配有一些语言游戏，如接龙拼图、拼贴讲述、连词句、编故事、讨论谈话等。

2. 材料的提供

语言图书阅读区的活动主要为正规教案活动服务。因此，语言游戏可以是正规教案活动中游戏的重复或延伸，教师应为幼儿多提供丰富多样、数量充足的图书、小图片、卡片等可操作的材料。

（三）美工区的设计

1. 活动的内容

在美工区内可以进行平面造型，如绘画（彩笔画、水彩、水墨画、手指画、刷画、拓印画等）、自然材料（沙、树叶、蛋壳等）的剪贴、撕贴等；立体造型，如捏泥、和面团、纸黏土等；自然材料造型，如豆画、石画等；废旧材料制作，如纸盒、易拉罐、纸杯等；以及结合节日活动制作装饰物，如彩环、灯笼等。

2. 材料的提供

各种纸、彩笔、颜料、剪刀、糨糊、橡皮泥等就是美工区必备的材料，但不是唯一的材料。美工区的活动是丰富多彩的，美工的材料也是广泛的，需要教师花费时间与精力去收集、准备、提供，务求充实、充分。另外，美工活动中常常用水，因此也应接近水源，便于幼儿在活动中使用。

（四）科学发现区的设计

1. 活动的内容

科学发现区中可以设计以下活动：

（1）感官的活动。如摸不同质地的物品、闻不同的气味、尝不同的食物、分辨相似的声音等。

（2）声的活动。如声的传播、声音的产生、不同的声音等。

（3）光的活动。如镜子的反光、万花筒、哈哈镜等。

（4）电的活动。如连接简单的电路、拆装手电筒等。

（5）磁的活动。如探索哪些物体可以磁化、利用磁铁的特性制作各种磁铁游戏等。

（6）力的活动。如“跷跷板”“天平”的活动，物体滚动的实验等。

（7）水的活动与空气的活动等。

科学发现区的活动要结合正规的科学教育活动。在正规科学教育中进行的活动，可以在科学发现区中延伸。

2. 材料的提供

科学发现区的材料应根据具体的活动内容来提供，注意材料的安全性与可操作性。

（五）自然角的设计

1. 活动的内容

自然角究竟应该种什么？栽什么？养什么？这些都是有讲究的。

首先，应根据季节特点来选择内容。春季，比较适合做一些种子的发芽实验，栽培春季常见的、易成活的植物、花卉，适合养殖小蝌蚪等；秋季，就是丰收的季节，适合收集种子、陈列水果等。

2. 材料的收集

应选择生长快、漂亮、芳香、易于成活、有果实、无毒的植物。例如三色堇、石竹、月季、风仙、夜来香等花卉；毛豆、辣椒、茄子、葱、蒜、芋头、丝瓜、西红柿等蔬菜；葡萄、枇杷、李子等水果；以及红豆、绿豆、花生、玉米等。

在自然角中，还可以饲养一些没有危险、便于饲养、幼儿喜欢的较小的动物。例如巴西龟、金鱼、螺蛳、蝌蚪、虾、蚕、蝈蝈、小鸡等。

利用蔬菜、水果等制作的各种玩具，如水果娃娃、萝卜灯等；各种贝壳、珊瑚、树叶等物品都可以陈列在自然角里。

材料收集来自三方面——教师、家长、幼儿。一般数量少的教师可以自己收集，无须麻烦家长，而种类多的可以请家长帮忙收集，中、大班幼儿可以在教师、家长的带领下参与收集，如采集种子、捕捉昆虫、拾落叶等。种植的盆提倡废物利用，如塑料瓶、酸奶杯、冰淇淋盒等，并且安全不易碎，人手一份的器皿要统一才美观。

（六）益智区的设计

1. 活动的内容

（1）数学的内容。有计数、计算、分类、排序、等分、测量等。

（2）构图造型。有图形构图，皮筋、曲别针拼图等。

（3）棋类与扑克牌等。

2. 材料的提供

（1）数学的材料。如计算器、排序板、分类盒、计数卡、式题、尺、笔等。

（2）构图造型材料。如七巧板、几何拼图、皮筋构图等。

（3）棋类。如斗兽棋、飞行棋、跳棋、象棋、围棋等。

（4）扑克牌等牌类。

（七）操作区活动的设计

1. 活动的内容

在操作区内可以安排的活动有：

（1）手指配合的活动。如给娃娃喂食物、穿珠、系纽扣、编塑料管、小物体的镶嵌活动、玩具的拼插等。这种配合较为简单的活动适合小班与中班上学期幼儿进行。

（2）手指、手掌、手腕配合的活动。如拧螺丝、开瓶盖、系扣绳子、系解蝴蝶结、系纽扣、系鞋带、绣花、编织、用筷子夹物品、翻绳、使用锤子钉钉子等。这种配合活动动作较为精细，有一定的难度，适合中班下学期与大班幼儿进行。

2. 材料的提供

根据安排的具体活动内容提供相应的材料。

操作区的材料要分类摆放，便于幼儿使用、收拾、整理。材料的投放要有一定的计划性，要由易到难，由简单到复杂，由操作需要时间短到需要时间长。

（八）玩沙玩水游戏区的设计

1. 活动的内容

（1）玩沙游戏主要有揉、铲、造型、堆沙与挖沙的活动，也可以设计玩沙的创造性活动，让幼儿探索沙的性质。比如：体验沙的质感，用手在沙上画画，用沙堆成山、围墙，用沙塑造桥梁、房屋，用模具塑造图案，挖山洞、隧道，等等。

（2）玩水游戏主要就是让幼儿自由地玩水。如用勺舀水进容器、把水在容器中倒来倒去、用水转动水车等。还可以启发幼儿利用水做些科学小游戏，比如“物体的浮沉”“水往哪里流”等。

2. 材料的提供

（1）玩沙工具：小桶、勺子、铲子、模具等。

（2）玩水工具：小桶、勺子、瓶、水车、喷水壶等。

（3）辅助材料：玩沙可准备动物、植物、人物、交通工具等玩具模型。玩水可准备一些铁制、木制、塑料的玩具或物品。

3. 场地的设置

玩沙玩水区应靠近水源，便于为沙池、水池加水，便于幼儿洗手与收拾、整理、清洁材料。

（九）音乐表演游戏区的设计

1. 活动的内容

音乐表演游戏区活动丰富多样，可以设计舞蹈表演、音乐游戏、打击乐演奏、幼儿扮演角色的故事表演、操作玩具表演角色的桌面故事表演、用木偶与皮影进行表演的木偶戏与皮影戏等。表演游戏区应选择内容健康、有教育意义、符合幼儿生活经验、容易为幼儿理解又适合于他们表演的音乐、文学作品。音乐作品要节奏明确，曲调优美。文学作品情节应生动活泼，角色的性格应鲜明，有特征。角色语言较简短。

2. 材料的提供

表演游戏区首先要有一个给幼儿表演的舞台。舞台可以用布、屏风或彩色纸条来表现与装饰，不需要投入太大的人力物力。

音乐表演游戏区的基本材料包括：

（1）录音机。录音机的电源要远离表演场地，一定要在幼儿摸不到的地方，最好就是用干电池。

（2）录音磁带。可以录儿歌、歌曲、音乐、故事等，并根据磁带所录的内容贴上标记，便于幼儿使用与整理。还可以提供一些空白磁带，把幼儿自己的歌声、演奏、朗诵录进去。

（3）乐器。碰铃、响板、铃鼓、三角铁、木鱼、锣、鼓等。

（4）服饰。少数民族服装、小动物的服装等；动物、植物、人物的头饰、面具、手环、头环、彩带、项链等。

（5）道具。纱巾、扇子、木偶、皮影等。

教师应鼓励幼儿参与音乐表演游戏的场地布置与材料准备。幼儿在游戏中最关心的就是自己的角色语言与动作，他们的表演并不受道具、场地与时间的限制。因此，道具不必追求齐全、逼真。

3. 场地的设置

表演游戏区最重要的就是要为幼儿提供一个宽敞的活动场地。场地的布局要合理，观众坐在哪里与演员在哪里表演，都要有一个明显的分隔标记。

（资料来源：https：//wenku.baidu.com/view/c597ad008eb6294dd88d0d233d41014e8424308.html）

【案例三】

"幼儿园支持性游戏环境创设"研修案例与分析

南京市江宁区岔路幼儿园　倪翠英

继《纲要》学习之后，我园组织教师深入学习了《指南》，为每位教师配发了一本学习用书，并在园本研修活动中实践指南新的教育理念。在开展"支持性游戏环境创设"专题研修实践活动中发现，《指南》真真切切地解放了大家的思想，帮助大家克服了情感态度上的障碍，教会大家变革自己的工作方式，处理工作中的矛盾冲突。这次专题研修遵循以问题为切入点，问题引发反思，反思推进实践，通过层层推进的阶段性研讨促使教师自觉进入团队互助式的园本研修。

一、研修专题产生的背景

游戏是对幼儿进行全面发展教育的重要形式，也是幼儿最喜爱的活动。著名教育家马卡连柯也说过："培养未来活动家——从游戏开始。"游戏是幼儿快乐的源泉，更是幼儿成长的阶梯。环境，是指人生活其中，能影响人的一切外部条件的综合，对人的发展起着重要的作用。

区域游戏的开展必须以一定的环境创设作为依托，幼儿在环境影响下产生兴趣、灵感，进而获得发展。可见游戏环境对幼儿的影响多重要，他们的游戏行为与游戏环境的创设有很大关联。虽然我园一直关注游戏环境的创设，曾经以园级评比、严格检查等形式督促教师要完善幼儿环境的创设，但是教师普遍存在安于现状的心态，一直没有创新和突破。在全园开展学习新《纲要》和《指南》的大背景下，"支持性游戏环境创设与组织"的说法开始冲击教师的耳目，游戏环境创设中的支持性体现在哪些方面，怎么做才是真支持？带着这样的问题我园设立了研修专题，围绕"幼儿园支持性游戏环境创设"开展了深入的研讨和实践。

二、专题研修的过程和收获

第一阶段：思考研讨——支持性区域游戏创设的基本思路

◆科学预设各年龄段幼儿游戏的发展目标，安排游戏内容、提供游戏材料，满足幼儿游戏、发展的需要；

◆基于本园现有条件，合理布置游戏区域，使幼儿游戏快乐安全；

◆优化游戏组织形式，激发幼儿兴趣持久，为幼儿社会性交往提供更多的支持和发展机会。

分析：这一阶段，教师先从《纲要》和《指南》学习领悟出发，进一步体会"关注幼儿"的发展和学习特点，从理论到现实，思考幼儿理想的、需要的游戏环境是什么。然后回到现实，思考我们幼儿园的现有条件哪些可以做到，哪些可以通过改造做到，哪些可以通过变通做到。最后反思我们自身在组织游戏上有哪些方法和行为是不正确的，是影响幼儿兴趣，不利幼儿发展的，我们可以怎样改进。

第二阶段：思考研讨——区域游戏创设的实施目标

◆关注幼儿游戏特点和需求，发挥教师聪明才智，在主题背景下创设支持性的游戏环境；

◆关注幼儿游戏进程和行为，适当调整组织形式，多种方式引导，为幼儿游戏活动提供有益支持；

◆关注师幼共同参与的游戏评价，积累快乐的情感体验，促进游戏的不断发展。

分析：这一阶段，教师通过《指南》的再学习和领悟，能从“关注幼儿”的核心理念出发，通过研究提出主题游戏环境的创设，改变了以前游戏设置的随意性和单调。开始反思教师在幼儿游戏进程中的行为能不能做到很好地观察、了解、尊重幼儿，改变了以前旁观者的姿态，学习以支持者的身份参与幼儿游戏。评价环节如何组织，以前我们的教师很模糊，通过研讨，教师能从不同年龄段幼儿的水平出发，坚持正面导向的原则，多种方式结合评价，让评价成为提升幼儿游戏水平，提高游戏兴趣的重要手段。

第三阶段：反思实践——探寻可行性方案

主要从“巧用策略”入手，探寻游戏如何最大限度地促进幼儿的游戏交往，提高游戏兴趣。

◆游戏币通用管理——室内学习型、常规型游戏区制定相关办法，通过完成作品、表现突出、游戏取胜等获得游戏币，幼儿“挣钱”；室外共享型游戏区制定服务价目，入区游戏使用游戏币，幼儿“消费”。

◆订单策略——室内学习型、常规型游戏区由教师或幼儿设计相关订单，呈现样品、部分材料、数量等，指导、制作游戏流程图等。招标（确定单项游戏管理员）→招工（产生合作者，积累游戏相关游戏经验）→生产（合作完成游戏）→领报酬（自我评价）。

“巧用策略”三个“有利于”：有利于激发幼儿游戏兴趣的持久性；有利于班级游戏管理与评价活动的开展；有利于幼儿自我管理，提高自理能力等。

分析：通过这一阶段的试行验证，大班的孩子不仅与本班小朋友游戏的秩序明显改观，而且能在游戏中走出班级界限，与年级其他班级和全园教师、小朋友、家长都能产生游戏互动。例如，“小剧场”游戏，孩子们能自制戏票全园去卖票，能在节目开场前安全地领着小班的弟弟妹妹们入场；“篮球友谊赛”游戏男孩子们太喜欢了，他们能邀请家长教打篮球、给比赛当评委，还邀请全园小朋友来看班级公开赛；“茶馆”更是开得有声有色，每周都有特卖会，一个个小服务员打扮得体，彬彬有礼地招呼客人，介绍特色，表演茶道，专业水准可高了。中班的“商业一条街”游戏打造得热闹非凡，全园的孩子都能到这儿来逛逛，消费自己挣得的“钱”。在大带小的游戏影响下，孩子们游戏的兴趣越来越浓，每天都盼着游戏的时间。教师们也觉得工作有趣多了，师生共度幸福时光。

第四阶段：互动诊断——提升亮点

（1）小班区域游戏。如图 2–11 所示。

图 2–11　小班区域游戏　游戏材料体现支持性

（2）中班区域游戏。如图 2–12 所示。

图 2–12　中班区域游戏　管理亮点：游戏币自己挣，自己管

（3）大班区域游戏。如图 2–13 至图 2–16 所示。

图 2–13　亮点之一：大带小，游戏主题性明显——看表演啦！

（1）

（2）

（3）

图 2-14　亮点之二：大带小，游戏基于幼儿兴趣——篮球比赛

图 2-15　亮点之三：联动游戏，订单激励游戏持久

图 2-16　亮点之四：自主管理更有序

分析：通过互动诊断，教师进一步验证策略的可行性，对可行的予以保留和提高，对不满意和不可行的进行改进和调整。

第五阶段：分享交流——互助式研修成果

◆我园幼儿在区域游戏活动中心情愉悦，能力得到发展，特别是在共享联动型游戏中获得更多交往和快乐体验。

◆教师能自觉关注幼儿的游戏行为，在主题背景下不断丰富游戏材料，调整游戏场所，在实践过程中自觉反思，不断改进游戏的组织指导策略，在物质、精神和方法上给予幼儿游戏支持，体现师幼共同发展。

分析：这一阶段主要是以教师组织能力的提升和教育行为的改变为主题来研讨内容，让教师自己发现自己的进步，体会《指南》指引下园本研修给教师的专业发展带来了什么样的帮助，使教师参研的积极性进一步提高，自觉研究的行为更明显。

（资料来源：南京市江宁区岔路幼儿园）

【案例四】

益智类“找找看”游戏教具设计与制作

人和街小学附属幼儿园　彭莉莉　雷莉　李志淳

一、设计构思

“找你妹”是一款非常流行的手机游戏，一些大班的幼儿非常喜欢。根据这款游戏，我们设计了一款能够引起幼儿兴趣的查找类游戏“找找看”。在游戏的过程中，幼儿可根据自己的需要选择是进行对抗性游戏，还是自己单独查找的游戏，这项游戏能考察幼儿的眼力、反应和一些平时知识的积累。在游戏过程中，既有游戏的趣味性，又能够巩固、运用幼儿在平时的活动或者生活中学到的一些知识。如图 2–17 所示。

图 2–17

二、设计与制作简介

1. 材料的准备

两组内容相同的小方块、“找找看”提示卡一套、记录卡片若干张、评价表一张、水彩笔一盒、贴画若干。

2. 制作方法

（1）将家中不用的麻将搜集一百个左右，然后清洗干净。如图 2–18 所示。

（2）打印若干涉及数学、科学、社会、语言、健康等几大领域的物品，剪成小方块，用透明胶粘贴到麻将的正面。如图 2–19 所示。

图 2–18

图 2–19

（3）用旧台历制作提示卡，将每一组“找找看”的物品图片及名称打印粘贴到每一页（注：分类进行粘贴，并写上数量）。如图 2–20 所示。

（4）收集两个相同大小的盒子，用瓦楞纸进行包装，将周边包好后，将麻将制作好的小方块分两组分别放到两个盒子里（注：两组物品要相同）。如图 2–21 所示。

图 2-20

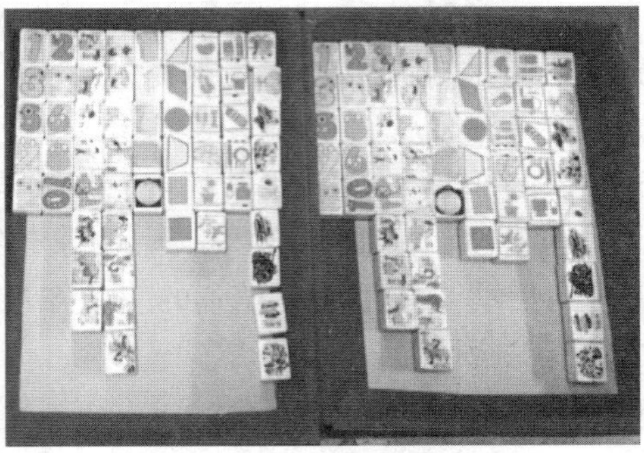

图 2-21

（5）用 Word 编辑表格，标注上姓名和次数，并打印若干出来。如图 2-22 所示。

（6）用彩色手工纸制作表格评价表，根据幼儿的学号，制作好表格后，幼儿做好记录，并张贴到墙上。如图 2-23 所示。

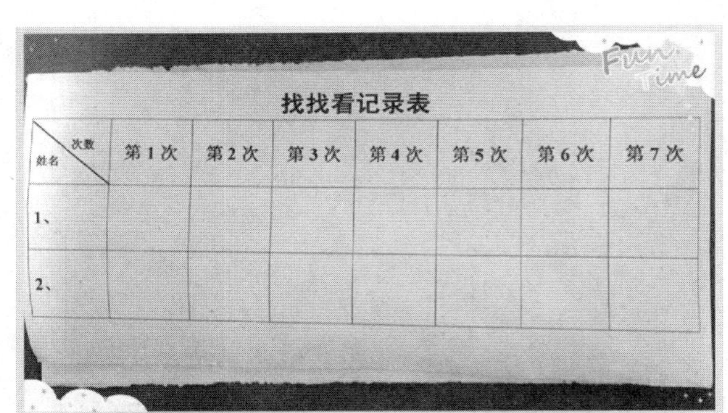

找找看记录表

次数 / 姓名	第 1 次	第 2 次	第 3 次	第 4 次	第 5 次	第 6 次	第 7 次
1、							
2、							

图 2-22

图 2-23

三、基本玩法

（1）参加人员：两个以上的幼儿参加游戏（为了公平性，人数成双），每组各选一盒材料。如图 2-24 所示。

图 2-24

（2）开展比赛时，随意翻开提示卡一页，并迅速找出提示卡中所需要的物品，最先找到的幼儿在记录卡上打钩。依次进行以下的比赛，在活动区结束时，看谁的记录卡上打的小钩最多，最多的幼儿可获得一张贴画张贴到评比栏中。如图 2–25、图 2–26 所示。

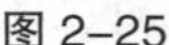
图 2–25

图 2–26

（3）调整盒子里的材料，让幼儿逐步地增加游戏的难度。

四、设计与制作关键性问题的分析

“找找看”的可玩性非常强，幼儿非常喜欢这个活动，因为材料的提供涉及多方面，根据幼儿的年龄层次，和班上幼儿的主题活动，我们选择了数字（查找单双数）、垃圾回收、火灾自救方法、地震自救方法等几大类的游戏主题，涉及了数学、科学、社会、健康等几大领域。幼儿可根据自己的能力选择适合自己游戏的形式。根据提示牌上的提示，幼儿自行查找，看谁能快速、正确地找到相应的图片。

如何增加幼儿的游玩难度，使内容控制在幼儿挑战的范围内呢？这里我们根据幼儿的年龄特点，提供开放性、可以调节的材料，让幼儿可以自主地进行探索活动。针对幼儿参与的主题活动，以及感兴趣的话题调整材料，例如在健康活动中提到的地震、火灾自救的方式，我们把它设计到游戏中，使可玩性、教育性密切相连，让幼儿在这种开放性的游戏中快乐地成长。

此外，该游戏还可以有多变性，可以由两人游戏，增加到多人游戏，在游戏的过程中，增强幼儿之间的互助团结精神，提升趣味性和挑战性。在一定程度上让有挫折感的幼儿获得同伴的鼓励和帮助，自主地参与到活动中来。

●思考与练习

1. 什么是幼儿游戏环境？什么是幼儿游戏心理环境？什么是幼儿游戏物质环境？
2. 室内游戏区创设的注意事项有哪些？
3. 室外游戏环境创设的要求有哪些？
4. 玩具提供的要求有哪些？

第五节　幼儿游戏环境创设实训

实践与训练一　创设室内游戏区

【实训目标】

（1）通过建区实践掌握游戏区创设的基本要求。

（2）培养学生的动手操作能力、电脑制作能力和空间规划能力。

【实训内容与要求】

（1）根据小班幼儿年龄特点和班级实际情况，创设一个小班室内游戏区。

（2）各小组提交一份室内游戏区规划图，有文字标注，有图片展示。

幼儿园室内平面图如图 2–27 所示。

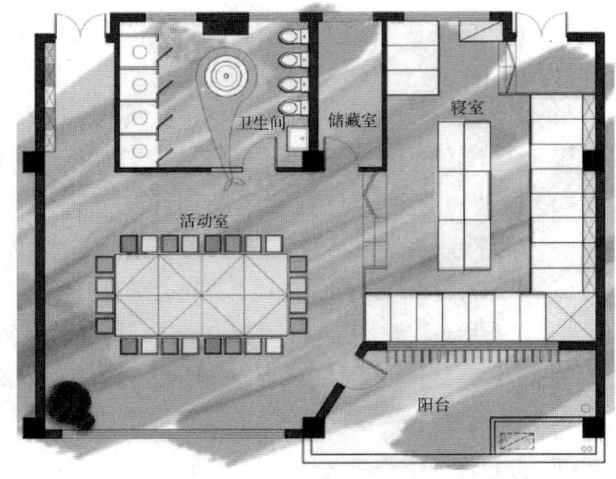

面积：120 平方米

人数：24 人

图 2–27　幼儿园室内平面图

实践与训练二　室外游戏区规划

【实训目标】

（1）通过规划实践掌握户外游戏区创设的基本要求。

（2）培养学生的动手操作能力、电脑制作能力和空间规划能力。

【实训内容与要求】

（1）根据大班幼儿年龄特点和室外实际情况，创设一个大班室外游戏区。

（2）各小组提交一份室外游戏区规划图，创设陶艺区、攀爬区、大型组合滑梯、小型器械区、球类区、跑步区、种植区、养殖区等。

幼儿园平面图如图 2–28 所示。

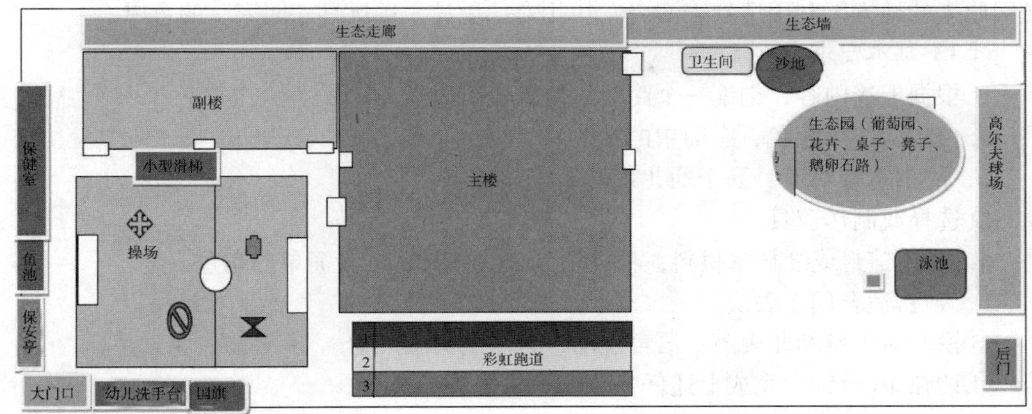

图 2–28　幼儿园平面图

实践与训练三　自制玩具材料

【实训目标】

（1）培养学生针对幼儿的年龄特点制作玩具材料的能力。

（2）培养学生的想象力、创造力和动脑动手能力。

【实训内容与要求】

（1）根据小班幼儿的年龄特点和游戏特点，制作一份玩具材料。

（2）玩具材料符合幼儿审美，玩法新颖。

实践与训练四　教师资格考试面试场景模拟

【实训目标】

模拟教师资格考试面试，使学生在考试场景中，能运用所掌握的幼儿游戏环境创设的基本理论，分析实际案例，形成应用理论于实际，解决实践中遇到的问题的能力。

【实训内容与要求】

（1）以小组为单位，每位学生从题库中随机抽取题目。

（2）学生按考试的程序进行当场作答，小组其他成员担任考官，对答题情况打分。

（3）每个同学作答后小组同学进行讨论，教师点评，以准确理解、掌握结构游戏知识和技能。

【题目示例】

（1）题目：帮玩具回家。

（2）内容：小班游戏结束后，有的幼儿不愿意收玩具或随意乱放玩具，不把玩具送回原来的地方。利用情景表演启发幼儿爱护玩具，送玩具“回家”的意愿。

（3）基本要求。

①根据上述内容，创编一个简单的情景表演故事。

a. 有 2～3 个角色，有简单的情节。

b. 故事有针对性，易于幼儿理解。

②选择或制作道具。

a. 利用信封或纸杯拿材料，根据情景表演需要，创设简单的角色人物。

b. 道具适合用于表演。

③模拟对小班幼儿表演。语言生动，有一定的感染力。

④请在 10 分钟内完成上述任务。

第三章　幼儿角色游戏

学习目标

1. 知识目标

（1）理解角色游戏的概念和特点，了解角色游戏的结构，理解角色游戏对幼儿的教育功能。

（2）掌握幼儿角色游戏组织指导工作各环节的主要内容，掌握各年龄班幼儿角色游戏的特点与指导要点。

2. 技能目标

（1）能对幼儿的角色游戏行为进行观察与记录。

（2）能根据观察分析和评价幼儿的角色游戏。

（3）会制订幼儿角色游戏计划并能实际开展角色游戏指导活动。

3. 素质目标

（1）产生对角色游戏的浓厚兴趣。

（2）形成重视组织幼儿进行角色游戏的意识。

案例导入

角色游戏时，宇鸿、昭桓两人开了一个烧烤摊，打算卖烤串。他们一个支起烧烤架，一个摆好烤串。准备工作就绪后，他们便大声吆喝："这里有香喷喷的烧烤，快来尝尝呀！"很快，几个小朋友过来了。不一会儿，烧烤摊就被围得水泄不通。"老板，我要烤火腿肠，多少钱呀？"梓潼说道。其他的顾客听到了也在喊："我也要，我也要。"生意太火爆，宇鸿和昭桓两人显得有些手忙脚乱，腾不出手收款。这时，宇鸿提议："为了做出更美味的烧烤，请顾客们排队购买，并将钱放进盒子里。"秩序果然好了很多。玩了一会，顾客纪新问："有烤红薯片卖吗，烤红薯片可好吃了，我想吃。"昭桓说："我们没有烤红薯片，要不你也吃烤火腿肠吧。"纪新得知没有他想吃的东西，就离开了。之后，其他小朋友也陆陆续续地离开了，烧烤摊就再也没什么顾客光顾了。

思考题：在上述游戏中，教师是否需要指导？如需指导，应如何进行指导？

第一节　角色游戏概述

一、角色游戏的概念

角色游戏又称为主题角色游戏，是幼儿根据自己的兴趣和意愿，运用模仿和想象，通过扮演角色，创造性地反映个人生活体验的一种游戏。比如娃娃家游戏、医院游戏、商店游戏等是幼儿常常玩的主题角色游戏。

角色游戏最适合幼儿身心发展的需要，是幼儿期最典型、最有特色的游戏。它也是创造性游戏中最有代表性的一种游戏。

二、角色游戏的基本特点

角色游戏较全面地反映了游戏的基本特点，与结构游戏等其他形式的游戏相比，它的突出特点是：

1. 社会性

社会性是游戏的本质特征。角色游戏的主题、情节、角色、规则等来自于幼儿的社会生活，幼儿自身社会经验的丰富程度会直接决定游戏内容的丰富和游戏情节的变换。幼儿个人的生活经验愈丰富，角色游戏的水平也就愈高，因此教师应当注意丰富幼儿的生活印象。

2. 想象性

想象性表现在情景转换、以人代人、以物代物。

角色游戏过程是创造性想象的过程，幼儿在角色游戏中凭着心愿，反映现实生活，但又不是刻板、机械地反映，而是在创造性地自由自主地反映，因而虽属同一主题的角色游戏，不同幼儿的玩法也不尽相同。

3. 自主性

角色游戏是幼儿独立自主的活动。幼儿在玩什么主题，情节如何进行，确定多少个角色，采取什么玩法，使用什么玩具，遵守怎样的规则（内隐的），都由幼儿依据自己的意愿、兴趣、经验、能力来进行。角色游戏从开始到结束的全部过程，均由幼儿自行确立、设计、编定。角色游戏突出地表现出游戏的主体性本质特征。作为教师不要过多地干涉和影响幼儿的游戏。

三、角色游戏的基本结构

角色游戏的基本结构是指角色游戏包含的各种基本要素，即角色游戏所共有的一些因素或成分，包括角色游戏中的角色、材料、情节以及内在规则。

1. 对游戏角色的假想（以人代人）

游戏的角色是游戏的中心，幼儿在游戏中扮演一种假装的角色，如扮演妈妈、售货员、医生等，这需要幼儿把头脑中已有的人物表象重新组合，创造新形象，展现幼儿对于这些角色的认识、体验。这种对于周围生活和成人世界的反映过程充满了幼儿的想象活动。

2. 对游戏材料的假想（以物代物）

角色游戏材料是多种多样的，在游戏中幼儿会以一种物品代替另一种物品，还能一物多用。如用纸条当“面条”，用沙当“米”，用瓶盖当“锅”等。同样一种物品在不同情境中可以充当不同的东西，如：积塑条可以是老爷爷的“拐杖”，可以是火车的“铁轨”，可以是护士的“注射器”，还可以是警察叔叔的“警棍”，等等。用一种物体代替另一种物体（以物代物），要求摆脱眼前对实物的知觉，而以表象代替实物进行思考，体现了思维的概括性。

3. 对游戏动作和情景的假想（情景转换）

对游戏动作和情景的假想是角色游戏非常重要的创造性心智活动。在角色游戏中，幼儿不是单纯地玩玩具，如听诊器、刀叉等，而是通过使用玩具的动作来表现假想的游戏情节，以表达自己的思想、感情和体验。如：医生用听诊器给患者看病，妈妈用玩具面包、刀叉给孩子做饭，等等。

幼儿在游戏中的动作，不是具体某人、某一动作的翻版，而是概括的动作。例如，为患者看病、妈妈抱娃娃、喂娃娃等是医生、母亲动作的概括。

4. 内部规则

角色游戏中的规则是为了真实反映社会生活中的角色而设定的，幼儿尽管明知是在虚构、假装，但他们却不愿违背真实生活的逻辑规则，自始至终都在遵守蕴含在角色关系中的内在规则，使自己的游戏中的假装活动符合角色身份的要求，如游戏中以医生这一角色而自居，给“患者”看病、开药等。如图 3–1 所示。

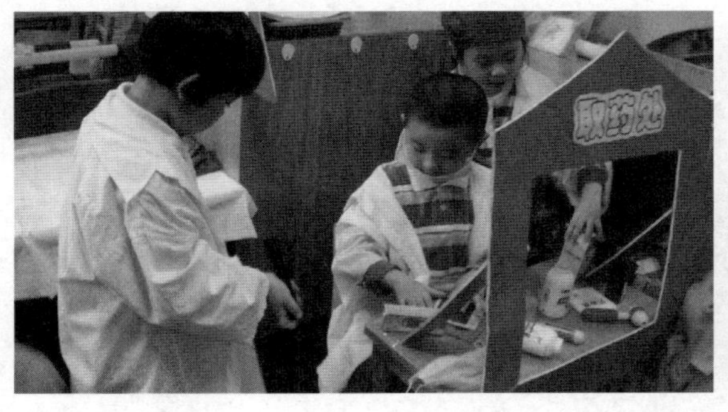

图 3–1　当医生的游戏

四、角色游戏的教育作用

1. 促进幼儿想象力与思维能力的发展

由于角色游戏过程是创造性想象的过程，幼儿在角色游戏中自由地发挥其想象力和创造力，玩着主题、角色、情节十分多样而新颖的角色游戏，独立自主地再现成人的劳动和生活，因而促进了幼儿想象力与思维能力的发展。

2. 培养幼儿的社会交往能力

幼儿在角色游戏中，要就游戏中的主题、情节、规则、玩法等进行交流，协商由谁来扮演什么角色，怎样布置环境和使用玩具等来共同完成游戏活动。游戏中的这种交往活动，使幼儿逐渐掌握人与人之间的交往规则，发展了他们与同伴分享、互相谦让、合作等人际交往技能。

3. 培养幼儿的积极情感

角色游戏是幼儿按照自己的意愿进行的活动，它给幼儿带来极大的快乐，幼儿按意愿玩角色游戏，在这种没有压力、轻松安全的情绪下活动，容易获得成功，这就有利于发展幼儿的成就感、增强自信心；同时，幼儿在角色游戏中常常需要同伴之间的互助、合作，才能保证游戏的顺利进行，这种游戏的共同体验也有利于培养幼儿关心、同情他人的情感。

4. 培养幼儿的意志品质

幼儿的意志比较薄弱，自制力、坚持性均较差。在游戏中，幼儿自愿担当了一定的角色后，角色本身就包含着行动的榜样。游戏要求幼儿时刻拿自己的行为与角色应有的行为做对比，根据角色的要求调节自己的行动，否则他便会遭到游戏伙伴的异议。再者，角色游戏要求幼儿遵守游戏规则，按照游戏规则来控制自己的行动，以保证游戏的顺利进行。幼儿为了在游戏中表现角色，能自愿服从规则，努力克服困难，使游戏顺利地进行，这无形中就提高了自我控制能力，从而培养了自己的意志品质。

角色游戏对幼儿的身心发展具有重要的促进作用，为了充分发挥其教育价值，教师应加强对角色游戏的组织和指导。

第二节　角色游戏的组织指导与观察评价

一、角色游戏的组织指导

（一）角色游戏的前期准备工作

1. 丰富幼儿的社会生活经验

角色游戏是建立在幼儿所掌握的知识和经验的基础上的。幼儿的知识越多，生活内容越丰富，角色游戏的主题和内容也就越新颖、越充实。教师要善于利用教育活动、日常生活、节日娱乐、观察、参观、看图书等多种方式来丰富幼儿的知识经验，加深幼儿对周围生活、人与人关系的印象。同时通过家园合作，让家长多多配合，经常带幼儿散步、参观、听故事、看电影，参加各种社会活动，或外出旅游，开阔幼儿的眼界，使幼儿在家庭中也获得更广泛的知识经验，为开展角色游戏打下良好的基础。

在丰富幼儿对周围生活的印象时，教师还要注意引导幼儿认识成人劳动的社会意义与人与人之间的关系，以加深对周围生活的理解。

2. 提供适合的场所、设备及丰富的游戏材料

游戏的场所、设备和玩具材料是幼儿进行角色游戏的物质条件，它们能激发幼儿的游戏愿望和兴趣，发展幼儿的想象力。教师在给幼儿提供游戏的物质条件时应注意以下几方面的内容。

（1）要在活动室或户外设置固定的游戏场所和设备。

（2）要为幼儿提供丰富多样的游戏材料。教师为幼儿提供的玩具材料，除了形象逼真的玩具材料外，还要注意提供一些真实程度较低的简单物品和材料，以发展幼儿想象力。

（3）让幼儿参与环境创设和游戏材料的准备。教师创设物质条件时应改变过去由教师“包干”的做法，发动幼儿参与，和幼儿一起自制玩具，布置游戏场地，充分调动幼儿的积极性、主动性、创造性，提高幼儿的自信心。

3. 提供充足的游戏时间

充足的游戏时间是保证幼儿顺利、深入、自主开展角色游戏的决定性条件。如果游戏时间太短，幼儿无法充分地商量游戏的主题和情节、分配游戏角色、准备游戏材料、展开游戏情节等，势必影响幼儿继续开展角色游戏的兴趣，也不能使角色游戏达到它应有的教育效果。

（二）角色游戏过程中的现场指导

1. 鼓励幼儿按照自己的意愿提出游戏的主题

角色游戏是幼儿自主、自愿的活动，角色游戏的主题应由幼儿自己提出，不要由

教师硬性规定。为此，教师要尊重幼儿，放手让幼儿主动活动，并通过提问、建议、启发等指导、鼓励幼儿自主提出并确定游戏主题。

2. 教会幼儿分配和扮演游戏的角色

教师应给予启发，帮助幼儿明确自己在角色中的身份，从而更好地模仿这一角色，并教会幼儿一些分配角色的方法，如自己报名、推选、轮流等，同时指导幼儿理解角色，学会创造性地扮演角色。

3. 在游戏中善于观察幼儿的表现，适时地教育

教师要仔细并善于观察幼儿的活动，了解每个幼儿的特点和表现，并因人而异给予适时适当的指导。

观察幼儿的表现以不干扰幼儿游戏为原则。

教师可以以角色的身份参加游戏，促进游戏情节的发展。教师在以下情况需参与游戏：（1）当游戏内容贫乏时；（2）当幼儿在游戏中遇到困难或发生冲突时；（3）当幼儿对游戏失去兴趣时；（4）当教师需要进一步了解情况时。

教师通常可以采用以下三种介入方式：

（1）平行式介入法。

平行式介入法是指教师在幼儿旁边与幼儿玩相同或不同材料的游戏的方式，此游戏方式的目的在于引导幼儿模仿，教师起着暗示指导的作用，这种指导是隐性的。当幼儿对教师新提供的材料不感兴趣或者不会玩、不喜欢玩、只会一种玩法时，教师可用这种方式介入进行指导。比如在角色区里，幼儿晶晶和翔翔在玩“娃娃家”的游戏，“妈妈”（晶晶）一看见娃娃，就一把拎起娃娃，给娃娃穿衣、喂饭。而“爸爸”（翔翔）则在厨房里不停地切菜，菜、碗、勺等摆得满地都是；“爸爸”和“妈妈”始终在忙着自己的事情，相互没有进行角色间的沟通和配合。这时，教师就可以与另外的教师或幼儿在旁边也玩同样的游戏，教师以“妈妈”的口吻，哄着娃娃说：“乖乖，饿了吧？不哭不哭，很快就可以吃饭了。”并对“爸爸”说：“爸爸，你在烧什么菜，菜应该放在桌子上。”晶晶和翔翔一看，马上受到了启发，他们的思路开阔了，模仿起“妈妈”怎样抱娃娃，菜、碗、勺摆在哪里，并学会了“妈妈”怎样与“爸爸”沟通和配合。

（2）交叉式介入法。

交叉式介入法指教师作为游戏中的某一角色或教师自己扮演一个角色进入幼儿的游戏，通过教师与幼儿角色与角色间的互动，起到指导幼儿游戏的作用的方法。例如：有一幼儿钻在用纸箱做的火车头里面，想玩开火车的游戏，但就是没有“旅客”，游戏无法进行，教师扮作旅客加入进去，并告诉幼儿我要到天安门去，找谁买票，这名幼儿赶紧找来伙伴，扮作售票员，开始玩了起来。教师和幼儿都感觉玩得很快乐时，教师就隐退了，在一边安静观察，关键时刻再登场。当幼儿的游戏只是在一个层面上进行时，教师要引导幼儿向游戏的高级水平发展。例如：娃娃餐厅里有人正在切菜，教师走过去问：“你做什么菜？”幼儿想了想说：“炒菠菜。”教师又问：“你们有人在做饭吗？”幼儿听后恍然大悟，连忙对另一幼儿说：“你快做饭吧，等一下，饭和菜要一起吃。”两名

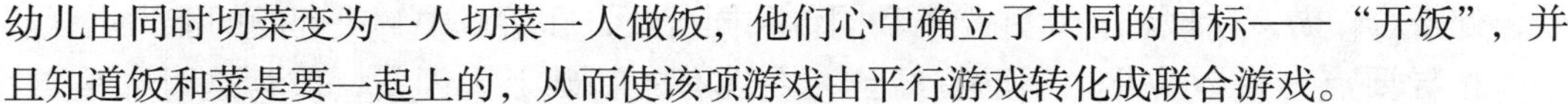

幼儿由同时切菜变为一人切菜一人做饭，他们心中确立了共同的目标——“开饭”，并且知道饭和菜是要一起上的，从而使该项游戏由平行游戏转化成联合游戏。

（3）垂直介入法。

垂直介入法指幼儿游戏出现严重违反规则或攻击性等危险行为时，教师直接介入游戏，对幼儿的行为进行直接干预的方法，这时教师的指导是显性的。如在游戏当中，幼儿因争抢玩具而发生打骂，或者是玩一些如“死”“上吊”“暴力”等内容的游戏时，教师应直接干预，加以引导，但这种方式易破坏游戏气氛，甚至使游戏终止，一般情况下不宜多用。

4. 根据幼儿的年龄特点进行指导

不同的年龄阶段，幼儿游戏发展的层次水平各不相同。如小班幼儿的角色游戏以模仿为主，大班幼儿的角色游戏则以创造为主。教师应针对不同的年龄段，选择不同的侧重点进行指导。

（1）小班角色游戏的特点及其指导要点。

特点：幼儿处于独自游戏、平行游戏的高峰期，喜欢和同伴玩同样或相似的游戏；角色意识不强，游戏中的动作交往多于语言交往，更多地依赖玩具进行游戏，满足于玩具的摆弄之中，缺乏交往能力，例如：点心店的师傅只是埋头苦干做各种点心，对来买点心的顾客置之不理。即使嘴里答应做一盘汤圆卖给顾客，但过会儿就忘了，忙着做别的事了。游戏中主题单一，情节简单。例如：娃娃家反映的内容就是妈妈烧饭、爸爸烧饭；你喂娃娃、我也喂娃娃。

指导要点：小班指导的重点在幼儿如何使用游戏材料上。教师要根据幼儿的生活经验为幼儿提供种类少、数量多且形状相似的成型玩具，避免幼儿为争抢玩具而发生纠纷，满足幼儿平行游戏的需要；以角色身份参与到幼儿的游戏中，在与幼儿游戏的过程中达到指导的目的；要注意幼儿规则意识的培养，让幼儿在游戏中逐渐学会独立；并通过评价帮助幼儿积累游戏经验。

（2）中班角色游戏的特点及其指导要点。

特点：幼儿认识范围不断扩大，游戏的内容和情节较小班不断丰富；游戏主题丰富，但不稳定，会经常变换；处于联合游戏阶段，希望与同伴交往，但缺乏交往技能，常与同伴发生纠纷；角色意识较强，能够按照自己选定的角色开展游戏。

指导要点：中班指导的重点在引导幼儿解决冲突上，不管是规则上、交往技能上，还是使用物品上的。教师应针对中班幼儿的特点，根据幼儿的需要提供丰富的游戏材料，鼓励幼儿玩多种主题的游戏；在游戏中注意观察幼儿发生纠纷的原因，以平行游戏或合作游戏的方式指导游戏；通过游戏评价学会在游戏中解决简单的问题，掌握交往的技能及相应的规范。

（3）大班角色游戏的特点及其指导要点。

特点：游戏内容丰富，主题新颖而多样；游戏中所反映的人际关系较为复杂；游戏的独立性、计划性、合作性都有所增强，能按照自己的意愿主动选择并有计划地游戏；处于合作游戏阶段，喜欢并善于和同伴共同游戏，在游戏中解决问题的能力增强。

指导要点：指导幼儿运用已有经验，在现有的基础上去创新，成为这时的重点，同时相互交往、合作、分享、解决矛盾也成为游戏指导的另一个重点。教师应引导幼儿一起准备游戏环境，侧重语言指导，培养幼儿的自主性；认真观察游戏，给幼儿提供必要的练习机会以及适当的引导；允许并鼓励幼儿在游戏中进行创造，培养幼儿的创造性；通过多种形式开展游戏评价，让幼儿在分享中取长补短、开拓思路，提升幼儿游戏水平。

（三）角色游戏的结束工作

1. 愉快地结束游戏，培养幼儿对游戏的兴趣

愉快地结束游戏能保持幼儿下次游戏的积极性。教师应注意以下几个方面：一是游戏的时间快到时，提前提醒幼儿，让幼儿做好准备；二是选取游戏结束的时机，最好是幼儿兴趣转低但还保留游戏兴趣的时候；三是注意游戏结束的形式，最好是以游戏的形式结束游戏。

2. 教育、鼓励、督促幼儿收拾游戏材料和场地，培养幼儿良好的游戏习惯

游戏后收拾游戏材料和整理场地既是下次顺利开展游戏的重要条件，又是培养幼儿良好生活习惯的重要时机。针对不同年龄班幼儿的特点，教师引导时应该采用不同的方法：对小班幼儿，主要是培养他们整理环境的意识，以教师为主，请幼儿帮助一起整理；对中班幼儿主要是培养他们整理环境的能力，整理时要以幼儿为主，教师只在必要时给予帮助；大班应培养幼儿独立整理环境的能力，教师只在必要时给予一定的督促就行了。

3. 组织幼儿评价游戏，提升游戏水平

有效的评价对提高游戏质量、发展游戏情节和巩固游戏中所获得的情绪体验等有重要作用。评价的内容通常是幼儿在游戏中的优良表现或者出现的问题、遇到的困难；评价的方式可以是全班集体评价，也可以是小组评价、个别评价；评价的主体可以是教师，也可以是幼儿。教师应鼓励幼儿开展自我评价，同时评价要具体、明确，不要抽象、笼统。

二、角色游戏的观察与评价

（一）角色游戏的观察

观察是进行有效游戏指导的前提和依据。教师通过观察幼儿的角色游戏行为，可以读懂幼儿的行为表现，了解幼儿的发展特点、能力和需要，以采取正确的指导策略。

观察的内容包括幼儿游戏持续的时间、对玩具的使用、角色的选择、扮演的行为、言语活动等。

观察幼儿在角色游戏中的表现，以不干扰幼儿游戏的进行为原则，要尽量保持幼儿游戏的自然状态。这种观察可以是了解幼儿在游戏中的行为表现的一般性观察，也可以是针对某一个主题、某一个区域或者是某个幼儿在游戏中的具体表现进行的重点观察。

教师在仔细观察幼儿的游戏表现的同时，还要进行观察记录。一般采用描述性记录，按幼儿实际的行为或活动发生的自然进程如实地记录。如表 3–1 所示。

表 3–1 角色游戏观察记录表

<table>
<tr><td>观察对象</td><td>慧慧</td><td>班级</td><td>小 6 班</td><td>观察者</td><td>李老师</td></tr>
<tr><td>游戏名称</td><td colspan="2">娃娃家</td><td>观察时间</td><td colspan="2"></td></tr>
<tr><td>观察情况记录</td><td colspan="5">米奇娃娃家，南南进入娃娃家后选择领带当起爸爸，慧慧进入后选择头饰当起妈妈。慧慧看见躺在小床上的娃娃，开心地一把抱起娃娃，一会儿给娃娃穿衣，一会儿给娃娃喂饭。而南南则在“厨房”里把菜、碗等用具摆满了桌子。过了一会，慧慧拎着娃娃的小脚，走到南南的旁边，用手摸摸碗摸摸菜，随即把娃娃甩在了地毯上，高兴地摆弄起小碗、小勺。接着，慧慧看见南南拿着刀切茄子，飞快地扔下小碗小勺，也拿起刀切起茄子。他们的行为比较随意，看见杯子，拿起来喝，看见碗，拿起来吃。等到游戏结束，地上、桌上都是玩具，南南能把玩具收拾起来，把菜放在篮子里，而慧慧搬起小椅子出去了……</td></tr>
<tr><td>评价与分析</td><td colspan="5">小班幼儿对角色游戏很感兴趣，但由于生活经验的缺乏，规则意识还没有形成，角色意识不明确。所以他们玩游戏的时候又经常会忘记自己扮演的角色，面对琳琅满目的玩具会忍不住去摆弄摆弄，在活动的时候，幼儿比较随意，想到什么就做什么。游戏中慧慧的游戏意识还不够，比较散漫、随意，没能坚持自己的角色岗位，到岗后也只是摆弄游戏材料自己玩</td></tr>
<tr><td>教师介入及策略</td><td colspan="5">教师在幼儿游戏出现困难时，适时介入能启发幼儿将主题情节深入下去。可以用游戏的口吻来引导幼儿学做爸爸、妈妈，“爸爸，你在烧什么菜，菜应该放在什么地方？”“谁是妈妈，娃娃怎么睡在地上了？你看娃娃躺在地毯上哭呢，在喊妈妈”，使幼儿明确游戏角色和行为</td></tr>
<tr><td>改进措施及目标</td><td colspan="5">1. 对于游戏的规则，还需要继续培养；教师将用直接介入法指导幼儿进行游戏，用游戏的口吻来引导幼儿，帮助他们建立角色意识。
2. 让幼儿在交流中充分发言，并寻找更多的符合游戏内容的方法，如：“妈妈”应怎样抱娃娃？可以请大家帮忙出点子。
3. 教师应采用多种方式，并请家长配合，帮助幼儿丰富一些“生活中的爸爸妈妈”的生活经验</td></tr>
</table>

（二）角色游戏的评价

教师通过对幼儿角色游戏的评价，可以了解幼儿的游戏发展水平，以便在指导游戏时更有针对性，收到更大的实效。

教师应把随机观察和分项目的系统定期观察结合，通过多次观察分析，再对幼儿在这一阶段角色游戏的发展水平做出恰当评价，即特性等级评价。比如，在期初、期中、期末3次相对集中观察某幼儿在目的性、主动性等9个项目的发展水平，并在观察记录表中记录观察得分，再对观察对象较为稳定的行为特性进行评价，得出评价得分，最后算出9项总分，即是此幼儿角色游戏发展水平的实际得分。如表3–2所示。

表3–2　幼儿角色游戏评价标准

项　目	水平一（0分）	水平二（2分）	水平三（4分）	水平四（6分）
目的性	无目的性	有时会更换目的	事先能想好目的	有目的地持续玩
主动性	不参与游戏	能参加现成的游戏	在别人带领下参与游戏	主动地游戏
对所担任的角色的理解度	不明确角色	能明确角色	能主动地担任角色	能担任主要角色
遵守职责	不按角色职责行动	有时能按角色职责行动	基本能按角色职责行动	一直按角色职责行动
表现形式	重复个别动作	各动作有联系	有一系列游戏	能够创造性地游戏
角色间的关系	个别的玩与别人没联系	与别人偶尔有联系	在启发下与别人保持联系	明确角色关系，互相配合联系
对游戏材料的使用	凭兴趣使用	按角色需要使用	创造性地使用	为游戏自己设计制作玩具
组织能力	无组织能力	基本上会商量着分配角色	能出主意使游戏进行下去	领别人玩，教别人玩
持续时间	不能坚持10分钟	能玩10～20分钟	能认真玩20～30分钟	坚持玩到游戏结束

为了取得评价的最佳效果，应建立幼儿的发展水平档案，从对每个幼儿的观察评价中可以得出整个班级幼儿角色游戏的发展水平，从而为教师更好地组织角色游戏提供依据，根据存在的问题，有的放矢，因材施教，使每个幼儿在原有水平上得到更大程度的发展。

第三节 角色游戏指导案例与评析

【案例一】

小医院里的故事

莱阳市机关幼儿园 隋红梅

［第一次观察记录］

自从我们班开设了“小医院”后，孩子们都很感兴趣，一到活动时间或课间，就跑过去争当“小医生”。可是我发现，孩子们最初的兴趣只是在摆弄各种材料，并没有理解游戏的玩法，也就是说，还没有真正进入角色，发挥材料应有的功能。看，孙瑜总是第一个跑过去，抢到衣服穿上，宋运龙抢到帽子戴到头上，李弦仪则把听诊器扣到头上，另一名幼儿在摆弄药盒，显得毫无秩序，不像是医院，而像是一个玩具店。

我想适当地去介入引导，就走过去捂着肚子，皱着眉头说：“医生，我肚子疼，给我看看病吧！”没想到孙瑜说：“你去大便就好了。要不，你到真的医院去。”弄得我哭笑不得。

这样，孩子们摆弄了几天后，我发现听诊器断了，针管、温度计不见了，药品的盒盖也不见了，很显然，孩子们对“小医院”已失去了兴趣。

一、解读分析

游戏来源于生活。根据中班孩子的年龄特点，他们应该积累了一定的有关医院的生活经验，但还不够，去医院对他们来说是一件很可怕的事，除了害怕可能对医生和看病的过程也缺乏一定的了解。当看到新开的“小医院”时，他们是很感兴趣的，但没有当成医院来扮角色进行表演，而是当成新开的玩具场地。所以，最初他们只限于摆弄这些材料，而没有真正进入角色。

二、游戏活动反思

孩子之所以出现这种无序茫然的状态，有多方面的原因。一是环境创设方面。虽然有白大褂、帽子、针管、听诊器等材料，但医院的氛围创设还很不够，不够真实，应该按医院来设计挂号处、门诊、药房等比较真实的场景，这样孩子易于操作，了解了医院的各个部门，易于进入有序的状态。二是教师的引导不够，教师应调整自己的引导策略。

三、改进措施

（1）丰富幼儿有关医院的相关经验，教师通过带领孩子实地参观后交流讨论：为什么要去医院？医院里有什么？医生是怎样看病的？会问你些什么？你应该怎样和医生说?

（2）让幼儿了解看病的基本程序，了解各部门的功用。所以，教师适当丰富幼儿的生活经验，有助于角色游戏的顺利开展。

［第二次观察记录］

通过教师的适当引导，“小医院”重新成为孩子们喜欢的区域。自从他们明白了看病的程序后，对“小医院”更感兴趣、更生活化了。

看，孩子们都按程序有秩序看病：挂号→门诊→病房→药房。医生显得很忙碌，但很镇静，很熟练，即使前面排了很多的“患者”，他也很有耐心，很细致。他先问：“你哪不舒服呀？”摸头，量体温，戴上听诊器，听心肺，然后开药方，告诉“患者”，怎么样吃，“患者”就拿药单到药房拿药。当然，每个部门都要有医生。看，娃娃病了，医生还在给小娃娃打针呢：“哎呀，打针了也没有退烧，还要输液。”俨然一个资深的医生。

一、解读分析

孩子们其实非常喜欢玩角色游戏，通过教师介入指导，“小医院”由无序甚至无趣到孩子们特别喜欢、有序地去玩，这个转变是可喜的。通过演练，每次游戏结束后都请孩子们谈谈哪点需要改进，提出改进意见，孩子们生活经验更丰富了，也能正确对待上医院看病，而且知道了许多防病治病的知识，如多喝水、拉肚子吃 PPA（第二代喹诺酮类药物吡哌酸）等。

二、游戏活动反思

游戏是生活的再现，教师是幼儿的引导者、合作者。一方面，教师放手让幼儿去探索，教师观察发现问题；另一方面，教师给幼儿创设一定的生活情境，提供丰富的材料，这样才能最大限度地激发幼儿的积极性，教师也参与其中，成为游戏中的一员，适当的介入有利于游戏的有效开展。

［资料来源：幼教园地，2009（3）］

【案例二】

“小医院”热闹起来了

——一次角色游戏案例的实录与解读

江苏省无锡市滨湖区早教中心　祝晓燕

［案例实录］

中班活动室里，角色游戏的时间到了，小朋友们雀跃着。

非非上周生病去过医院，她很想做“医生”，就来到了“小医院”。最近几次的游戏中，“小医院”很冷清，看病的少，想做小医生的小朋友也少了。今天来这里的还有另一个小女孩凡凡。

非非和凡凡取出小医生的白大褂、印有红十字的帽子，嬉笑着，各自往身上穿戴。扣纽扣了，非非不熟练，她低着头抓住衣襟，费力地把三个扣子“塞”进了“洞洞”，突然发现还有一个扣子没有“洞洞”了，上下摸索了一阵，自言自语：“衣服坏了！”这时，凡凡的衣服已经穿好，正在戴帽子。她们互相看了看，都笑了，“你的帽子戴反啦！”“你的纽扣错啦！”“我来帮你！”“不要，我自己会的！”“那我们照镜子去吧！”凡凡一把抓下帽子，跑向活动室外走廊边上的镜子，非非看了看衣襟，也跟了过去。

这两个3岁半的小姑娘平时就很喜欢这面50厘米宽的落地镜子，经常来这里“秀”自己。在镜子面前，她们挤来挤去，都希望看到自己在镜子里的完整形象。非非似乎生气了，说：“你照了很久了，让我看看我的衣服！”凡凡不示弱：“我先来的，让我先看！”她们争吵了起来，声音越来越大。

这时，王老师来了，说：“非非医生、凡凡医生，要上班了吧？一会儿有病人来了！”两位小姑娘你看我、我看你，非非一把拉起凡凡的手，“哎呀，医院里没有医生了！”回到“小医院”，摆弄着玩具，笑容又回到了非非和凡凡的脸上。

来“病人”了，娃娃家的“妈妈”抱着娃娃说：“娃娃生病了！”非非抢先拿过小听诊器，在娃娃的胸前认真“听”着，来来回回几遍，凡凡拿着针筒已经做好了给娃娃打针的准备，等了一会儿，见非非还在“听”着，就说：“娃娃感冒了，要打针！”边说边把针筒对着娃娃的手臂“嗤、嗤”两下。非非着急地说：“还没验血呢，还要化验呢！”凡凡愣了一下，又拿起针筒“嗤嗤嗤”几下：“好了，针打过了，就好了！”“妈妈”看看非非，犹豫着……因为，以前娃娃生病了，到医院都是这样，拿着听诊器听听，拿起针筒打针，就“好”了！现在，要“验血”？！“妈妈”好奇了，说：“对呀，要验血！”凡凡说：“那怎么验血呢？”非非想了想，说：“要抽血，放在机器上，电脑会打字出来的。”她左右看看，似乎找不到合适的替代物，抓了抓头，显得不知所措，似乎又不甘心，说：“前几天我发热，就是验血的，这样，这样……我害怕，但我没哭！”非非边说边演示，“后来再打针的，还要吃药呢，妈妈说，有点甜的。其实，很难吃的，可是我吃了。后来，就不生病了！”

在远远观察着的王老师走来了，“王老师生病了！”“医生，你们在商量什么呀？”三个孩子争先恐后地说起了“验血、吃药”，一脸的探究和渴望。

王老师搂过三个孩子，就地取材，把一个饼干盒剪开，反转粘贴了一下，做成了一台仪器的样子，问：“这样像吗？叫它什么名字呢？”“谁给我化验呀？”……三个孩子都拍起了手，兴奋地忙开了，王老师“配合”着。

化验好了，王老师和“妈妈”都拿到了一张画着圈圈钩钩的“化验单”。

王老师又问：“我要不要吃药呀？吃什么药呢？娃娃该吃什么药呢？”“你们再想想办法，等会儿我来拿药啊！”王老师走了，凡凡忙着做药片，非非忙着看病、化验，那位“妈妈”兴奋地拿着“化验单”跑回家，一路叫着：“这是娃娃的化验单！娃娃病好了，我要做医生去了。”——“小医院”里热闹起来了。

游戏结束的“快乐分享”环节，非非和凡凡显得特别激动，眉飞色舞：“我们医院可以化验、配药了！”“看，这是我们的化验器、化验单、彩色的药片，我们的药片很漂亮吧，不苦的哦！”王老师像变魔术一样，变出了两个“药盒”：“这是大班哥哥姐姐做的药盒，送给‘小医院’吧！看，这一边有颜色标记，另一边有图形的标记，那看看，这些有不同颜色又有不同图形的药片，该怎么装在药盒里呢？谁愿意试试？”一只只小手都高高地举了起来，活动室更热闹了！

［案例评析］

有童年，就有游戏。有玩具，游戏就更有乐趣。游戏是孩子喜爱的自然的活动，不仅带给孩子快乐，更是帮助孩子按自己的方式去学习和发展的有多元价值的活动。游戏的发展是与孩子的身心发展相联系的。

作为从感知向思维发展的中间环节的象征活动——角色游戏，是中班的典型游戏。

从案例中，非非和凡凡让我们感受到了中班孩子的率真与可爱。这一年龄段的孩子对角色扮演充满兴趣，并能初步理解角色职责和行为，但角色意识不强，往往边玩边创编情节，并随时变换角色和游戏内容；游戏中交往多了，但“以我为中心”特征鲜明；角色扮演中必要的交流极大地丰富着孩子的语言，丰富着孩子的情感。孩子们正是在游戏中发现自我，继而发现他人、发现人际关系。

角色游戏是自然游戏，但也需要教师的适当引导。就中班而言，丰富孩子的生活经验，加深其对角色的理解，提高角色扮演水平，促进游戏中的交往，帮助和鼓励孩子选择、替代，或自制玩具，对孩子游戏情节的丰富、游戏兴趣的增强、游戏水平的提高，以及对孩子的身心发展都有着重要的意义和价值。

在这个案例中，王老师让我们感受到了这样的意义和价值。她是观察者，也是参与者，更是支持者。她的言行是随机性，是现场生成的，但其目的也是鲜明的，引导者孩子的快乐和成长。例如：

“非非医生、凡凡医生，要上班了吧？”——让角色转移视线，化解争执，引导进入角色。

“王老师生病了！”——以角色身份介入游戏，自然地成为孩子游戏的伙伴。

“这样像吗？叫它什么名字呢？”“等会儿我来拿药啊！”——灵活变换角色，启发生活经验与游戏情节的对接，激发游戏中替代行为的发生和自制玩具的兴趣，孩子的兴趣、想象和创造热情油然而起。“现实生活是游戏的源泉，想象力构成了游戏发展的心理基础，游戏材料是游戏得以开展的物质基础。”

游戏是孩子自主的活动，不在乎结果、只在乎过程；伴随着愉悦的情绪，游戏满足着儿童自我实现的需求，许多时候，教师是多余的，我们只需要远远地看着。但更多时候，孩子需要我们鼓励，我们需要反思自己，需要向孩子学习。

（资料来源：中国教育报，2010-04-09）

【案例三】

中班区域游戏案例分析：娃娃家

［案例实录］

今天娃娃家中的爸爸妈妈特别的“忙”，我走近一瞧，原来爸爸妈妈和哥哥都挤在了小小的灶台前，抢着把新投入的分类橱中的餐具、厨具拿出来，游戏还没有真正开始，孩子们就都乱了套了。爸爸和妈妈抢着厨具忙着烧菜，两人你争我夺，机械地把菜一盘盘端到桌上，把一张小桌子堆得满满的，也不再讲究烧菜的步骤。只是比赛谁抢到的菜多，而对家里的其他事一概不管。

我立刻以客人的身份进入了娃娃家：“今天外婆想小宝宝了，想来看看宝宝。咦，怎么宝宝哭成这样，也没人抱啊？”妈妈听到，马上扔下厨具，到床上抱起宝宝拍了起来。我又以外婆的口吻说：“你这个妈妈呀，怎么不好好照顾宝宝呢，烧饭的事可以让爸爸去做，你看，天气这么冷，宝宝穿衣服太少了。”妈妈一听，马上到衣橱里找衣服，可找来找去都是夏天的裙子，只好一脸无奈看向我，我知道是我材料准备不够齐全，天凉了没想到给娃娃准备毛衣和棉衣，就想试探一下妈妈会不会以物代物，我提醒她想想办法，让宝宝暖和起来，说完就借故离开了娃娃家。

游戏结束讲评时，我问娃娃家的妈妈：“今天宝宝找到衣服穿了吗？”妈妈告诉我：“我脱了件衣服给娃娃穿上，就带她去超市买新衣服去了，可没找到，后来就向小朋友借了条围巾给她包身上了，也很漂亮的！”我表扬了妈妈很会动脑筋，是个宝宝喜欢的好妈妈。我想到哥哥刚才也在家添乱的，就顺便问了一句：“今天哥哥在家做什么了呢？”爸爸抢着说：“我让他上幼儿园去了，放学时带回来一条鱼呢。”

［案例分析］

孩子在游戏一开始就出现争抢玩具的现象，明显他们在游戏前没有分配好各自的角色，也就不清楚自己的角色职责了。但他们很明显已有了一定的角色意识，只是玩游戏还是停留在已有的经验之上，没有动脑筋去拓展游戏情节，而是重复以前做过的事。经我提醒，孩子们都能明白自己的职责并迅速进行游戏。

［指导策略］

（1）在这一游戏案例中我体会最深的是，在幼儿自主性游戏中教师不能只是传统意义上的教师角色。我们首先要做的，就是敏锐地观察每个孩子的每一点变化，了解他们的每项兴趣与需要，通过观察游戏了解幼儿，再根据情况介入、支持幼儿的游戏。游戏中当观察到娃娃家中角色混乱后，我立即以外婆的身份暗示幼儿的游戏行为，帮助他们拓展游戏的情节。

（2）教师要根据季节和情节的变化，适时地添置游戏材料，或者开设相关联的游戏区，如在超市里增加娃娃服饰专柜，在加工厂里制作服饰，等等。

（资料来源：http：//www.06abc.com/topic/20101220/81327.html）

【案例四】

在角色游戏中，教师该如何介入游戏？

在幼儿进行角色游戏时，教师到底该不该介入游戏？到底该如何介入游戏？这两个问题一直困扰着我们。我觉得在幼儿角色游戏时，教师应该抓住适宜时机有效地介入游戏，这样才能提高幼儿的游戏水平。

小案例1

我们班的角色游戏开始了，我来到了娃娃家，看见王玉亚正围着围裙，提着小篮准备去超市，这时我喊住了她，问她："你今天做的什么呀？""我今天是妈妈。"她停下来对我说。

小案例2

今天的美食城有了新的小吃——串串烧，幼儿对串串烧都很感兴趣，美食城老板刚把串串烧放在烧烤架，还没吆喝，就来了很多顾客，此时美食城外已经有很多人了，大家都挤着要去买烧烤，这时，我走过来说："哟，今天美食城生意真好，有那么多人呐！可是，人太多了，怎么办呢？"说完，我眼睛看看"请等一会"的牌子，陈鑫宇心领神会，马上就把"请等一会"的牌子放在了桌上，并请顾客排好队。

小案例3

超市的游戏幼儿也很喜欢玩，因为超市里有琳琅满目的商品，而且可以自己挑选自己喜欢的，因此去的人也不少，胡小海今天扮演的是超市的收银员，玩着玩着，我发现他坐不住了，离开了自己的岗位，一声不响地跑了出去，到别的游戏区做顾客去了。这时，我从超市里拿了一瓶酸奶装作顾客来到收银台边，看到收银台没人，就问："收钱的人去哪里了呀？"这时超市的工作人员告诉我说，他出去玩了，可能是胡小海听到我在找他，他马上又从别的游戏区回到了自己的岗位。我笑着对他说："你去哪里了呀，我们都等着你收钱呢！"他听完不好意思地对着我笑了笑。在评价的时候，我又跟大家一起商量，如果你想去别的游戏区玩应该怎么办？商量后，大家告诉我说可以跟旁边工作的人商量一下，大家轮休。

案例分析：

（1）小案例 1 在活动过后反思时，我觉得这是一次无意义的介入。当幼儿在有规则、有目的地进行游戏时，他们没有遇到困难或求助，这时教师的介入不但没有任何意义反而会打断幼儿的正常游戏。其实只要我们仔细观察幼儿的一些游戏情况，就会知道他今天扮演的是什么角色。

（2）针对小案例 2，我觉得这一次的介入帮幼儿很好地维持了秩序。当扮演顾客的幼儿不知道要排队时，我给了美食城老板一个提示，并且在提示里我也没告诉他具体该怎么做，幼儿通过我的语言提示和眼神提示，明白了我的意思，并且维持好顾客的秩序，使游戏能更顺利地开展。

（3）小案例 3 中有些幼儿在游戏过程中往往不能坚守岗位，尤其是增添一个新的游戏区时，他们就会被吸引过去。就像这个案例一样，收银员跑去其他地方玩了，顾客一时之间找不到收钱的人，如果这时教师不介入的话，游戏就会停在那里，顾客就会不知道怎么办，当教师也作为一名顾客介入进去时，就能帮幼儿解决困难，使游戏开展下去。

那什么时机我们教师可以介入到游戏中去呢？我觉得有以下几个时机：①当幼儿遇到困难、求助时；②当幼儿之间发生矛盾或不遵守游戏规则时；③当幼儿无所事事时；④当情节单调时。（此时介入要适宜、适量，不能过度干预）

总之，游戏是幼儿的自主性活动，教师要根据游戏情况适宜地介入游戏，在介入游戏时不能将自己的意愿强加于幼儿，以免引起幼儿的反感。

（资料来源：http：//kunshanxjs.2011.teacher.com.cn/feixueli2011admin/UserLog/UserLogView.aspx? UserlogID=333）

●思考与练习

1. 什么是角色游戏？其特点是什么？
2. 角色游戏具有哪些意义？
3. 教师如何利用参与游戏对幼儿的角色游戏进行指导？
4. 在游戏中如何针对不同年龄班幼儿的特点进行指导？

第四节　角色游戏技能实训

实践与训练一　角色游戏的观察记录与评价

【实训目标】

（1）培养学生观察记录幼儿角色游戏行为的能力。

（2）培养学生分析评价幼儿角色游戏行为的能力。

【实训内容与要求】

到幼儿园有目的地观察幼儿的角色游戏情况或观看幼儿角色游戏实录，做好观察记录，并在此基础上评价幼儿的发展水平。

角色游戏观察记录与评价填入如表 3–3 中；对幼儿角色游戏的评价记录于表 3–4 中。

表 3–3　角色游戏观察记录与评价表

<table>
<tr><td colspan="2">观察对象</td><td></td><td>班级</td><td></td><td>观察者</td><td></td></tr>
<tr><td colspan="2">游戏名称</td><td colspan="3"></td><td>观察时间</td><td></td></tr>
<tr><td>观察情况记录</td><td colspan="6"></td></tr>
<tr><td>评价与分析</td><td colspan="6"></td></tr>
<tr><td>教师介入及策略</td><td colspan="6"></td></tr>
<tr><td>改进措施及目标</td><td colspan="6"></td></tr>
</table>

表 3–4　幼儿角色游戏评价水平

项目	水平一（0 分）	水平二（2 分）	水平三（4 分）	水平四（6 分）
目的性				
主动性				
对所担任的角色的理解度解读				
遵守职责				
表现形式				
角色间的关系				
对游戏材料的使用				
组织能力				
持续时间				

实践与训练二　拟订角色游戏指导方案

【实训目标】

（1）培养学生针对幼儿的年龄特点确定合适的教学目标的能力。

（2）培养学生按规范的格式制定角色游戏指导方案的能力。

【实训内容与要求】

（1）先分组到幼儿园各年龄班进行幼儿角色游戏观摩活动，然后自定主题设计一份相应年龄段的角色游戏教案。

（2）教案要求格式规范，有明确的活动目标、合适的活动内容、活动准备以及具体的活动指导。

【范例】

小班角色游戏活动方案：我来做“爸爸和妈妈”

［活动目标］

（1）能在角色游戏中，模仿成人扮演娃娃的“爸爸”和“妈妈”，尝试做一些爸爸妈妈的日常工作。

（2）通过自己的亲身扮演，充分体验爸爸妈妈工作的辛苦，产生爱爸爸妈妈的美好情感。

［活动准备］

（1）爸爸妈妈逛街使用的小包包。

（2）发动幼儿收集自己家中的毛绒娃娃。

（3）电脑歌曲《让爱住我家》。

［活动流程］

回忆父母照顾自己的日常情节—谈一谈自己会做一个什么样的爸爸、妈妈—幼儿自主扮演角色游戏—交流演示、评价—提升要求。

一、温馨谈话：我亲爱的爸爸妈妈

（1）教师：小朋友，你们爱自己的爸爸妈妈吗？为什么你会这么爱爸爸妈妈呢？把你的原因告诉我们大家。

（幼儿 1：我爱爸爸妈妈，因为爸爸会和我一起做游戏；妈妈会陪我去公园玩耍。幼儿 2：我爱爸爸妈妈，因为爸爸力气大，在家里要做很多的事情；妈妈心灵手巧，会帮我梳好看的发型……）

（2）教师小结：对呀，世界上的爸爸妈妈是最最爱护自己的孩子的。因为家里有了爸爸妈妈的爱，还有孩子的爱，才会充满笑声。现在，我们一起来唱一唱歌曲《让爱住我家》，把快乐的歌声也带到每个人的家里，好吗？（好）

（播放电脑歌曲，全体幼儿一起跟唱。）

二、角色畅想：你会做一个什么样的爸爸妈妈?

（1）教师：今天，我们需要自己要做一做娃娃的爸爸妈妈。请你好好地思考一下，你会做一个什么样的爸爸妈妈呢?

（2）鼓励幼儿与朋友一起轻声地交流，获知他人的感想。

（3）请个别幼儿在集体面前大胆讲述自己的想法，教师及时给予肯定和必要补充。

三、自主选择角色，开展角色游戏“迷你一条街。”

（1）（出示毛绒娃娃）教师：看！我们班来了这么多没有爸爸妈妈的娃娃，等会儿请你来做娃娃的爸爸妈妈，好好把你的爱送给娃娃，好吗？（好）

（2）扮演顾客群的幼儿自主选择自己喜欢的娃娃，成为娃娃的爸爸妈妈，开始进入角色游戏。

（3）重点进行游戏进程中的有效指导。

具体方法：教师也以妈妈的身份抱着娃娃去用餐、看病、拍照、购物、理发，并随机观察其他爸爸妈妈的一些表现。还可以采用“攀谈”的方式，与爸爸、妈妈们成为搭档，一起去逛街。把教师自身丰富的游戏语言、动作、内容，在平行、互动的氛围中让幼儿得到感染，从而提高幼儿的游戏水平。同时，教师也要随机关注幼儿的每一个亮点展示，并与其他幼儿一起分享成功爸爸妈妈的经验。

四、爸爸妈妈们的经验交流展示，评选出最优秀的爸爸妈妈

（1）教师：现在的娃娃们好开心，因为他们的爸爸妈妈陪着他们度过了快乐的一天。那哪个娃娃的爸爸妈妈来介绍一下你是怎么带着娃娃度过这一天的呢?

（2）个别幼儿抱着娃娃来用动作、语言与大家一起交流自己的玩法，并进行颁奖。

五、提升再次游戏的要求

教师肯定所有爸爸妈妈的做法，并提出下次游戏的提升要求：娃娃有了爸爸，还想有一个妈妈。有妈妈的娃娃还想有一个爸爸，娃娃的愿望你们可以怎么来帮助他实现呢？（男孩子与女孩子进行家庭组合，进行合作游戏。）

（资料来源：http：//503.jiangxi2011.teacher.com.cn/GuoPeiAdmin/HomeWork/ShowStudentHomework.aspx? HomeWorkStudentID=117&cfName=20111210503117）

实践与训练三　模拟幼儿教师进行角色游戏组织与指导

【实训目标】

掌握各年龄班角色游戏的组织与指导。

【实训内容与要求】

（1）预先分好组，采取小组合作的形式，选择年龄对象与主题，在小组内互相交换幼儿教师与幼儿的角色进行模拟活动。

（2）预先设计好角色游戏教案，准备好游戏所需材料或替代品。

（3）模拟游戏组织中，至少模拟 2 个幼儿游戏中可能出现的问题，教师给予指导。

（4）模拟幼儿教师对游戏进行讲评。

实践与训练四　教师资格考试面试场景模拟

【实训目标】

模拟教师资格考试面试，使学生在考试场景中，能运用所掌握的幼儿角色游戏的基本理论，分析实际案例，形成应用理论于实际解决实践中遇到的问题的能力。

【实训内容与要求】

（1）以小组为单位，每位学生从题库中随机抽取题目。

（2）学生按考试的程序进行当场作答，小组其他成员担任考官，对答题情况打分。

（3）每个同学作答后小组同学进行讨论，教师点评，以使学生能准确理解、掌握知识和技能。

【题目示例】

题目 1：小医院

小医院是角色游戏中的传统内容，在幼儿游戏的过程中，我们发现他们最常做的就是：给娃娃看病、配药；或者自己去小医院看病。可是在玩了一段时间后，幼儿的兴趣点开始逐渐降低。就像我们在录像里看到的那样：小医生在没有病人时变得无所事事，只能四处张望。而护士只顾自己摆弄着手里的小工具。医院里来看病的人很少很少……

问题：如果你是案例中的教师，你会用什么样的方法介入和指导幼儿的游戏？

题目 2：

娃娃家游戏中，丁丁和宁宁分别担任了“妈妈”和“孩子”的角色。游戏开始后，两人拿了一盘“水果拼盘”的玩具各自进行操作，丁丁负责用刀切水果，宁宁负责将切好的水果摆放成拼盘。游戏过半，教师发现两人始终没有说过话，也离开过娃娃家，教师适时介入，就说：“妈妈，你们做得水果拼盘好漂亮呀！可以请我尝一尝吗？”“妈妈”还没答话，“孩子”却先回答说：“我们还没做完！”“妈妈”看了看“孩子”，继续操作“水果拼盘”。教师发现“孩子”根本不理睬就走开了。过了一会儿，教师又带了几个幼儿拎着一袋水果来做客，并说：“妈妈，我刚才去超市买了一些水果，正好可以给你用来做拼盘！””孩子”并没有回答，继续在完成“水果拼盘”。“妈妈”说：我们的水果已经够了。教师随即说：“那就放在冰箱里吧，可以保持新鲜。”“妈妈”点点头照做了……

问题：

（1）你认为案例中的教师介入方式有效吗？

（2）如果你是案例中的教师，你会采取怎样的方法来介入幼儿游戏？

题目 3：

某大班角色游戏区，几个幼儿在玩“食堂”的游戏。突然出现了混乱的局面：生菜、熟菜混杂在一起，一些青菜分别散落在桌上、地上，还有几个幼儿拿着蔬菜当武器相互追打。“检查卫生啦！”这时只见教师手臂上戴着“卫生检查员”的袖套，到“食堂”检查卫生来了。“卫生检查员”一一指出了“食堂”的杂乱现象，食堂里的“服务员”接受了意见，搞起了卫生，“食堂”的工作变得很有秩序了。

问题：

（1）游戏现场指导的基本策略有哪些？

（2）请分析案例中教师运用的是哪种策略，为什么？

题目 4：

某教师在组织大班角色游戏“饮食店”时是这样进行的：

游戏准备：纸、彩笔和剪刀等材料。

游戏过程：

（1）直接告诉幼儿：“今天我们来玩‘饮食店’游戏”。

（2）分配角色：教师按照自己事先想好的饮食店需要的角色，直接为每个幼儿分配了相应的角色。在此过程中，有些幼儿显然不太喜欢教师分配的角色，希望能够扮演其他的角色，但是教师最终还是强制每个幼儿接受自己分配的角色。

（3）一起摆放玩具，幼儿根据自己的角色到岗开始工作，游戏全面铺开。

（4）游戏进行了 12 分钟，教师一看吃饭时间快到了，想结束游戏，于是以游戏的口吻说：“时间很晚了，餐厅要关门了。”幼儿此时兴致仍然很高，则可答应说“餐厅明天再开门”，以刺激幼儿对下一次游戏的期望。

（5）游戏结束时，教师进行了简短的评价，鼓励那些能力较差、性格内向的幼儿，以提高他们的自信心。

问题：结合有关幼儿角色游戏指导的知识，找出上面这个“饮食店”大班角色游戏指导中存在的问题，并说明理由。

第四章　幼儿结构游戏

学习目标

1. 知识目标

（1）理解结构游戏的概念和特点，了解结构游戏的分类及各种玩具结构的特征，理解结构游戏对幼儿的教育作用。

（2）掌握不同游戏材料组成的结构游戏的组织和指导，以及各年龄班幼儿结构游戏的特点与指导要点。

2. 技能目标

（1）能用各类型材料建构一定的结构物。

（2）能对幼儿的结构游戏行为进行观察与记录。

（3）能根据观察分析与评价幼儿的结构游戏。

（4）能制订各年龄段幼儿结构游戏计划并实际开展结构游戏指导活动。

3. 素质目标

（1）产生对结构游戏的浓厚兴趣。

（2）形成重视组织幼儿进行结构游戏的意识。

案例导入

幼儿园区域活动时间到了，诚诚和东东进入了搭建区，东东对诚诚说："我们两个一起来搭火车站吧。"诚诚说："好。"东东说："我们先来搭火车的轨道吧，这样火车才有地方开。"他们俩开始动手搭建起来，两人搭了一会，轨道就被旁边的几个小朋友正在搭建的"凉亭"挡住了。为了继续搭"火车轨道"，于是，诚诚就把"凉亭"推倒了。有个小朋友看见他们搭的"公园凉亭"被推倒了，气得跟诚诚吵起来，其他人也非常生气。教师了解了事情的原委后，指出诚诚推倒别人的"凉亭"是不对的，并建议他们共同商量怎么解决"场地不足"的问题，在教师的引导下，他们一起合作搭建了"公园""火车站""候车大厅"等，并且搭建了"高架桥"把"公园"和"火车站"连接起来。

思考题：什么是结构游戏？教师应如何组织和指导结构游戏？

第一节　结构游戏概述

一、结构游戏的概念

结构游戏，也称建构游戏、建筑游戏，是指幼儿利用各种不同的结构材料，如积木、积塑、沙、土、金属片等，进行建筑、构造的游戏。结构游戏始于3岁左右，一般从简单的积木游戏开始，随着幼儿年龄的增长和认知水平、动作技能的发展，结构游戏也趋向复杂化、多样化，并常常出现在扮演角色的游戏中。如图4–1所示。

结构游戏与角色游戏都有想象活动参加，都是幼儿创造性地反映现实的游戏。不同的是，结构游戏是通过幼儿动手造型，构造成物体来反映现实生活；角色游戏是通过扮演角色反映现实生活，这是两种游戏的区别点。结构游戏与角色游戏既可分别独立地进行，又在进行中经常联结在一起，如构成某一物体或情景后，幼儿喜欢加入角色与情节，于是结构游戏便自然地发展成角色游戏了。

图4–1　木块拼搭路桥游戏

二、结构游戏的基本特点

1. 从材料上看，是一种素材玩具材料

材料是结构游戏的物质基础，结构游戏材料由各种结构元件组成。在游戏前，这些材料本身是没有意义的零件，通过幼儿的操作，这些无意义的元件便组合成一个有意义的整体。例如不同形状的积木堆在一起，只是一堆玩具，经过幼儿的拼搭、镶嵌组成了一辆小汽车。

2. 从行为上看，是一种构造活动

结构游戏与其他游戏的显著区别就在于幼儿通过操作活动进行各种构造活动，通过操作进行构造是结构游戏的主要活动方式。幼儿在游戏中通过拼搭、插、嵌塑、铺平、延长、围合、盖顶加宽、加高等技能操作和建构各种物体，借助空间想象力将元件按顺序进行排列组合，使之美观、牢固、对称、平衡。因此，也有人认为幼儿在结构游戏中承担的角色就是“工程师”。

3. 从认知上看，是一种空间知觉和象征能力的体现

结构游戏不仅要求幼儿需要一定的操作技能，还需要具备一定的空间知觉发展水平，以及以想象力为基础的象征能力。幼儿在操作结构材料的过程中感知事物的大小、形状、方位等，从感知中得到表象，在进行创造想象，发展空间知觉和象征能力。

皮亚杰认为这种游戏“既包括了感觉运动的技能，又包括了象征性表现”，甚至可以认为结构游戏是感觉运动游戏、象征性游戏、规则游戏的特点的结合。

三、结构游戏的种类

结构游戏的种类是多样的，根据其使用的材料和结构的形式，我们将结构游戏分为积木游戏、积塑游戏、积竹游戏、金属结构游戏、拼图拼板游戏、拼棒游戏、穿珠串线游戏、玩沙玩水玩雪游戏等。

1. 积木游戏

积木游戏俗称“搭积木”，通常是指对各种不同几何图形的木制建构材料进行排列组合，构建出房屋、桥梁、汽车、动物等各种物品。积木的式样很多，有大、中、小型积木；有空心或实心型积木；有动物拼图积木；有拼插积木或榔头积木；等等。积木虽然费用较高，但经久耐用，是幼儿园较为普遍采用的一种建构材料。如图 4–2 所示。

图 4–2　积木游戏

2. 积塑游戏

积塑游戏是指对用塑料制作的各种形状的片、块、粒、棒等部件，通过接插、镶嵌组成各种物体或建筑物模型。积塑品种花样繁多，轻便耐用，便于清洁，在幼儿园广泛采用。如图 4–3 所示。

图 4–3　积塑游戏

3. 积竹游戏

积竹游戏是将竹片、竹块、竹圈等材料黏合成某种物体的结构游戏。积竹游戏也是幼儿手工造型艺术活动，塑造的作品既可以当作玩具，也可以作为装饰品。如图 4–4 所示。

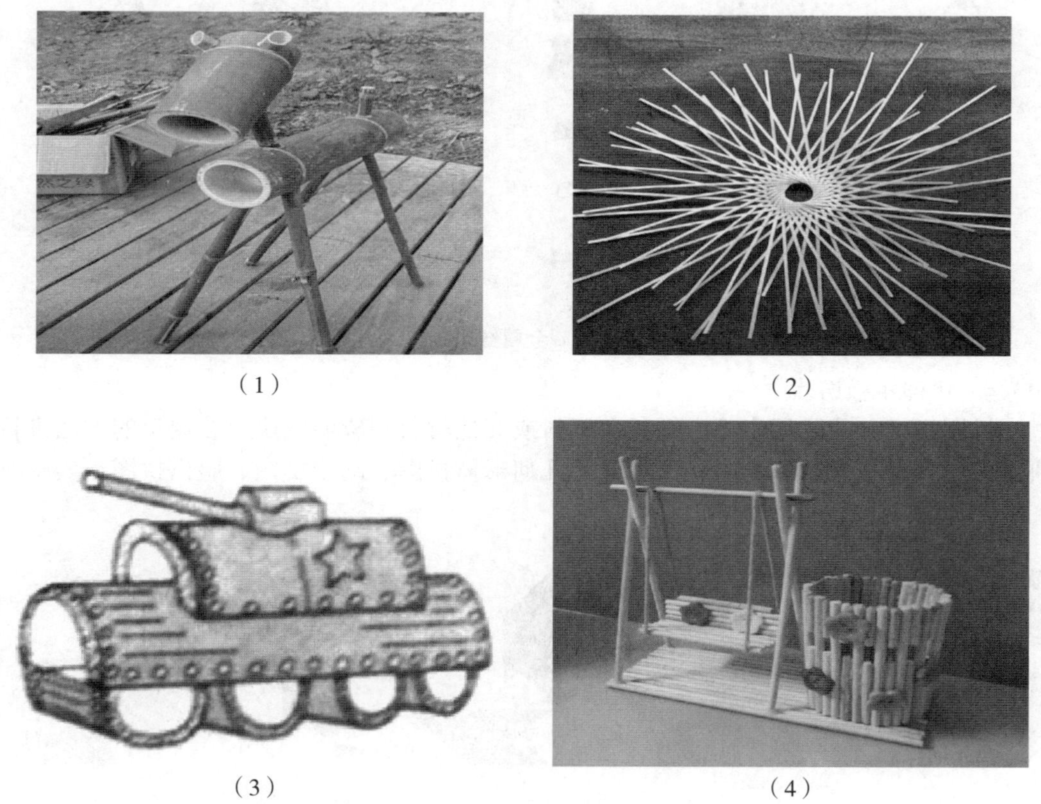

（1）　（2）

（3）　（4）

图 4–4　积竹游戏

4. 金属结构游戏

金属结构游戏是利用金属为主构成的部件，用螺丝和螺母进行连接组合，构建成各种物体形象的一种结构游戏。金属构造材料操作难度较大，对幼儿手部小肌肉群灵活性要求较高，适合大班幼儿进行游戏。如图 4–5 所示。

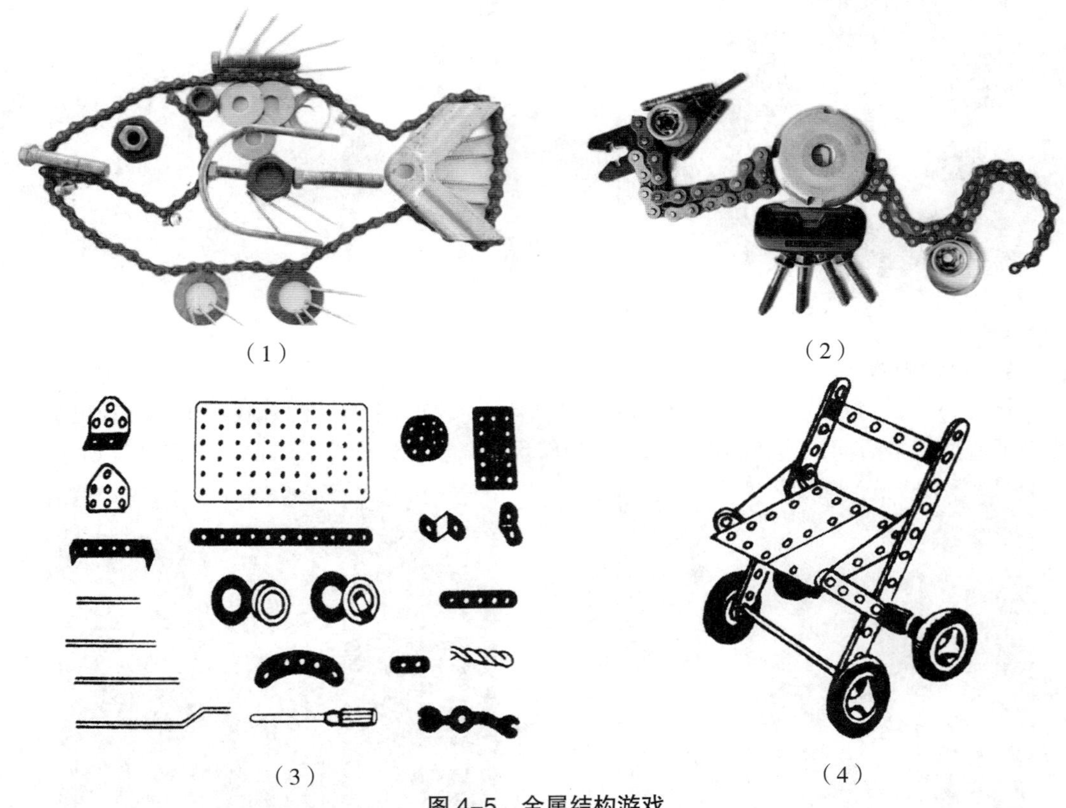

（1）　（2）　（3）　（4）

图 4–5　金属结构游戏

5. 拼图拼板游戏

拼图拼板游戏是用木板、纸板、塑料或其他材料制成的散块，按规定的方法进行拼摆的游戏。按其拼制的类型又可分为几何形体拼图、动物拼图、脸谱拼图、美术拼图等。如图 4–6 所示。

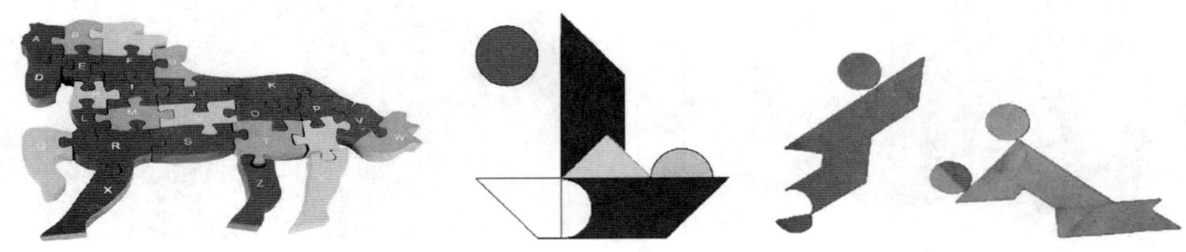

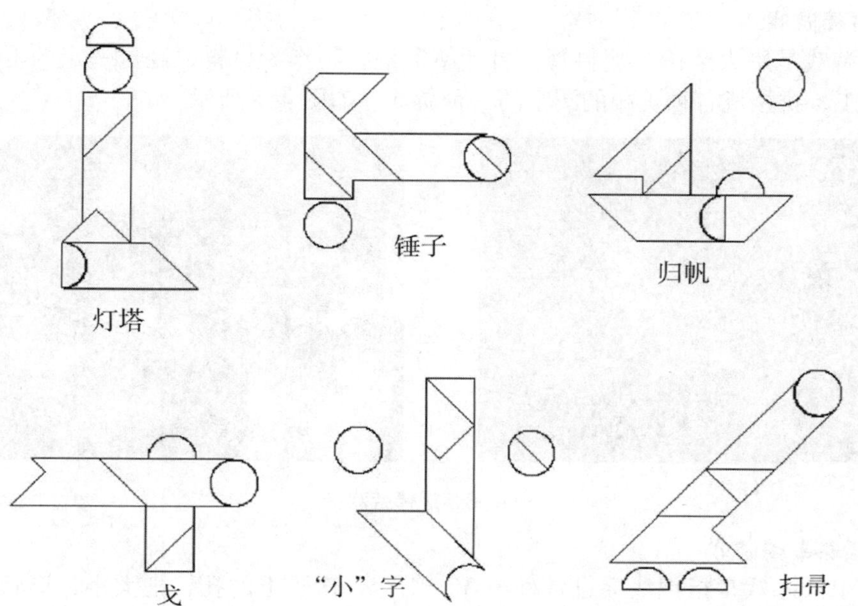

图 4–6　拼图游戏

其中的七巧板是一种最具代表性的拼板游戏，也是我国传统的智力玩具之一。七巧板的原型是正方形，七块散块中共有 5 块三角形（两块大，两块小，一块中），还有 1 块正方形和 1 块平行四边形，如图 4–7（1）所示。用七块板可以拼成各式各样的图案，深受人们的喜爱。如图 4–7（2）所示。

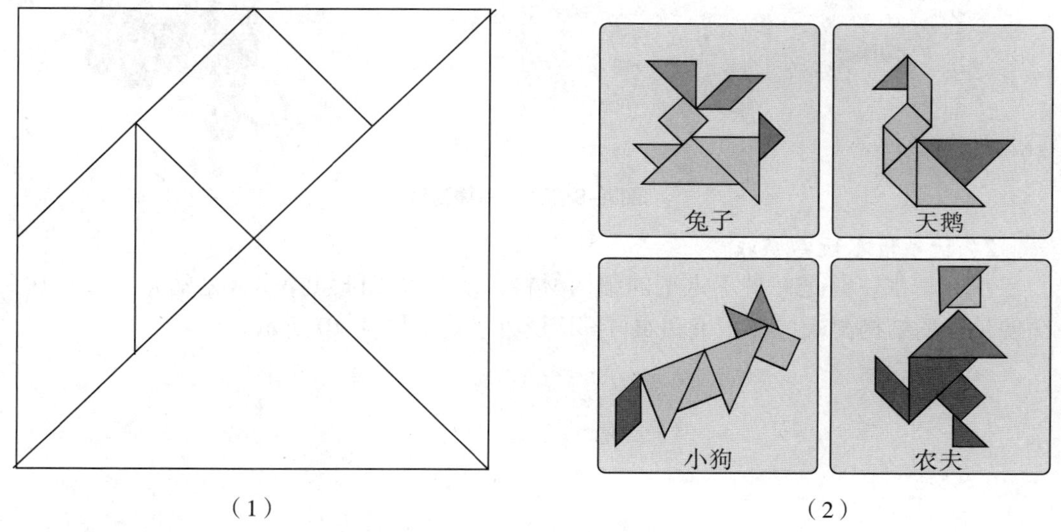

图 4–7　七巧板拼图游戏

6. 拼棒游戏

拼棒游戏是用火柴棒、塑料管、竹牙签等棍状物作为材料，经过一定的卫生处理和色彩加工，拼接成各种美丽的图案的一种游戏。如图 4–8 所示。

图 4–8 拼棒游戏

7. 穿珠串线游戏

穿珠串线游戏是指把线穿过各种小环、细管、珠子上的孔，把大小、形状、颜色不同的东西用连续穿或交替、间隔等方法组合成各种物品的游戏。如图 4–9 所示。

图 4–9 穿珠串线游戏

8. 玩沙玩水玩雪游戏

沙土、水、雪是一种不定型的结构材料，幼儿可以随意操作，是幼儿非常喜欢又简便易行的结构游戏，在城市和农村都广泛开展。如图 4–10 所示。

图 4–10　玩沙玩水游戏

四、结构游戏的教育作用

1. 结构游戏是发展智力和丰富知识的重要手段

在结构游戏中，幼儿通过建造活动，促进感觉、知觉和思维的发展，培养了手眼协调和手脑并用的能力，也使幼儿的想象力、创造力得以充分表现。并且帮助幼儿获得有关结构材料的大小、颜色、性质、形状和重量等方面的知识，并获得一些空间概念（上下、前后、左右）和数量概念，发展幼儿的认识。

2. 结构游戏是培养幼儿的审美能力和表现美、创造美的能力的重要手段

结构游戏是一种艺术造型活动，幼儿在再现周围事物时，在颜色、形状以及各部分比例中均要体现对称、协调和美观的要求。

3. 结构游戏有利于培养幼儿细心、耐心以及克服困难、坚持到底等良好的个性品质

在结构游戏中，有时一个结构部件需要几个、十几个甚至几十个元件的组合，这有利于培养幼儿认真、细心、坚持和克服困难的品质。通过这样的活动，可以培养幼儿注意力集中、沉着、失败不气馁、坚持到底的个性品质。

第二节　结构游戏的组织指导与观察评价

一、结构游戏的组织指导

不同类型的结构游戏组织指导的要求不同。根据结构游戏所用材料的不同，分为定型材料（如积木、积塑、金属材料等）游戏的指导和不定型材料（如沙、水、雪等）游戏的指导。

（一）定型材料游戏的指导

1. 创设良好的结构游戏环境和游戏条件

（1）营造平等、宽松、自主的心理环境。

教师应相信幼儿，以与幼儿平等的心态和幼儿沟通，尊重幼儿的年龄特点和个性特点，发挥幼儿的积极性、主动性，让幼儿自主选择结构材料、自主选择操作方式、自主选择场地、自主选择玩伴、自主选择游戏主题，成为游戏的主人。在宽松的环境中，幼儿顾忌少，可以充分地想象、交流、表现，有利于幼儿创新能力、自主性的培养。

（2）创设开放、丰富的物质环境。

①提供游戏场地。教师应尽可能拓展幼儿的活动空间，室内（活动室、寝室）、室外、走廊都可以成为幼儿游戏的空间。

②保证充足的游戏时间。

③提供符合幼儿年龄特点的丰富的结构材料。

小班：色彩鲜艳、大小适中、便于操作的材料。

中班：种类各异的、有一定难度、需一定力度操作的材料。

大班：精细的、有难度的、创作余地更大的结合结构的材料。

此外，教师除了购置成品玩具，还可以广泛搜集废旧物品作为辅助材料，并及时更换、补充结构材料，以保持幼儿的新鲜感。

（3）丰富并加深幼儿对物体和建筑物的印象，关注并注意收集周围环境变化的信息。

教师要经常引导幼儿对周围的物体和建筑物进行细致的观察，引导幼儿认识物体各部分的名称、形状和结构特征等。也可借助多媒体课件、图片等方式来补充直接观察的不足。还可以借助家园合作，让家长在日常生活中丰富幼儿的经验。

2. 帮助幼儿认识结构材料，学习建构的技能

幼儿对结构的认知水平和建构技能直接影响结构游戏的水平，教师要引导幼儿认识各种材料的性质，并学会建构技能，例如识别材料的大小、形状、凹凸、颜色等特征，学会排列组合、接插镶嵌、拼搭连接、穿套、编织、黏合造型等结构操作技能。

各年龄班应学会的结构知识与技能包括：

（1）小班：应认识建造材料，能叫出其名称，如积木、积塑片等，并认识建造材料的形体、大小、颜色；学习铺平、延长、围合、盖顶、加宽、加高等技能；识别上下、中间、旁边等方向；会用材料建造成简单的物体，能将物体的主要特征表现出来。如：会使用积木铺一条路，建一道墙，搭一个小门，会按图形收装好小盒积木，会搭桌子、椅子、床、汽车等。

（2）中班：幼儿应认识高低、宽窄、厚薄、轻重、长短、前后等空间方位，会选择和利用建造材料。能较正确地建造物体，能和同伴合作共建一组主题游戏，如在桌面上或沙箱中共建一座公园。

（3）大班：幼儿会区别左右，在建造技能上，要求他们建造的物体比中、小班更

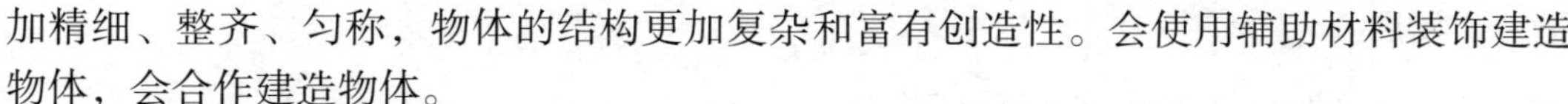

加精细、整齐、匀称，物体的结构更加复杂和富有创造性。会使用辅助材料装饰建造物体，会合作建造物体。

教幼儿建造技能的方法，可通过示范、范例、讲解、练习、语言提示等。小班多采用游戏的口吻，边示范边讲解，引起幼儿模仿建造的兴趣，逐渐过渡到幼儿能独立地进行简单的建造。如：教师教幼儿搭床，边谈边搭："娃娃要睡觉了，快来搭一张床，你们看，先放一块长方形的积木，再放一块方积木，在另一边也放一块，娃娃的床搭好，你们看像不像呀？让娃娃躺下试试看！"教师接着说："看谁会给娃娃搭床呀？"对中班幼儿仍可采用示范、讲解相结合的方法，也可用建议与启发的方法。对大班幼儿多运用语言提示。大班幼儿往往在建造过程中提出许多问题，教师不必一一作答，可启发幼儿回忆有关的印象或引导幼儿再次观察，鼓励幼儿自寻答案。

3. 依据幼儿的年龄特点进行指导

（1）小班。

基本特点：对建构的动作较感兴趣，目的性、计划性差；建构技能简单；自控能力差，坚持性差；主题不稳定。

指导要点：引导幼儿认识结构材料，有意识地搭建简单的物体给他们看，或参观中大班的结构活动，引起幼儿的兴趣；结构活动开始时，要给幼儿安排场地和准备足够数量的结构元件，最好做到每人一份，建立初步的常规，使彼此互不妨碍地开展游戏；学习结构技能，鼓励幼儿尝试建构简单的物体；教师要经常有意识地引导幼儿说出结构物体的名称，提高游戏的目的性和计划性，并引导幼儿逐渐明确游戏的主题，增加游戏的稳定性；建立结构游戏的简单规则；教会幼儿整理和保管玩具的简单方法，让幼儿成为玩具管理的主人。

（2）中班。

基本特点：对建构过程和结果都感兴趣；有初步的目的性；初步形成一定的建构技能；能独立整理结构材料；建构主题相对稳定。

指导要点：丰富幼儿生活经验；引导幼儿设计建构方案，提高游戏的目的性和计划性；重点指导提高幼儿的建构技能；组织小型集体建构活动，引导幼儿在独立操作的同时也要进行相互合作；组织并引导幼儿评议建构成果。

（3）大班。

基本特点：建构的目的性、计划性、持久性增强；建构技能得到发展；相互间的合作性加强；游戏的灵活性增强，可以根据游戏情景产生新的建构主题。

指导要点：丰富幼儿结构造型和生活印象；指导幼儿新的建构技能；引导幼儿对建构结果进行评议，提高其评价能力；鼓励和引导幼儿加强合作，开展集体建构活动，共同设计方案，分工合作；主题建构的深入发展，鼓励幼儿的创造精神。

4. 适时参与幼儿的游戏

教师要注意观察幼儿的游戏进展，站在幼儿的角度思考游戏的进程，了解幼儿什么时候可能需要教师的帮助，及时给幼儿提出合理化的建议，以促进幼儿结构游戏的进一步发展。

（二）不定型材料结构游戏的指导

不定型材料的结构游戏主要包括玩沙、玩水、玩雪等。

（1）创设良好的游戏条件。例如，玩沙游戏应将沙池或沙箱设在向阳处，有覆盖物，沙池面积要大些，便于幼儿活动。沙土宜经常洒水保持一定湿度，并要保持土质清洁松软。玩沙工具要多样，并配以塑料制、泥制、木制的玩具和辅助材料（如树枝、小桶、彩纸、小木棍、小铲等）。

（2）加深幼儿对沙、水、雪等材料性质的认识，掌握基本的玩法。如玩雪，雪能够融合、定型，可以滚雪球、团雪球、打雪仗、堆雪人、滑雪橇、做冰灯、用冰雪做科学小实验等。

（3）建立必要的规则。如玩水时，不乱向人身上泼水，不往水里投放污物，游戏完毕后将所用玩具擦干、收好等。再如玩沙前，要把鼻涕擦净、卷好衣袖，玩时不用手揉眼，不扬沙土，不把沙土弄到箱外或池外，使用工具要小心，不要碰撞他人，玩后清理工具与玩具，把手洗净等。这些规则不是为束缚幼儿而定，而是在保证卫生与安全的前提下，让幼儿更自由、更充分地参加游戏。

二、结构游戏的观察与评价

（一）结构游戏的观察

幼儿游戏时，教师很重要的工作就是观察幼儿的游戏情况。通过观察，教师可以深入了解幼儿的认知发展情况、情绪情感的发展状况、个性特点、人际关系和社交能力等，也可以清晰地了解幼儿的建构水平和学习需要，使教师的教育指导更具针对性。

观察的基本方法：

（1）目光跟随一个幼儿一段时间，注意他所参加的每一项活动的行为表现。

（2）将注意力集中于一个活动区域，观察那里的幼儿都在做什么。连续观察5～10分钟。观察前要想好观察的目的，知道要观察的是什么才能够使观察更有效。

建构游戏时教师重点观察的内容有：

（1）建构游戏区使用的频率——是否符合兴趣，是否需要调整。

（2）幼儿使用某种建构材料的方式——建构材料的数量和难易程度如何。

（3）幼儿是否会经常发生冲突——建构空间是否宽敞，规则是否合理，是否需要调整。

（4）幼儿经常选择哪些游戏材料——幼儿的兴趣点在哪里。

（5）幼儿怎样进入游戏区，变换区域和材料的频率——幼儿的注意力水平如何，是否找到了自己感兴趣的材料，是否需要教师的建议与引导。

（6）幼儿怎样使用材料——对材料的熟悉程度，认知发展水平如何，建构发展水平如何，是否需要进一步指导。

在观察的同时，教师也要对游戏情况进行详细的记录。

观察记录范例可参见表4–1。

表4–1　小班结构游戏观察记录表

观察者姓名：__________

<table>
<tr><td>日期</td><td></td><td>起始时间</td><td>10：00—
10：06</td><td>地点</td><td>X幼儿园，
小1班</td><td>年龄班</td><td>小班</td></tr>
<tr><td rowspan="2">幼儿
姓名</td><td rowspan="2">Y、Z</td><td rowspan="2">性别（如果多人则分开标注）</td><td rowspan="2">幼儿：男
教师：女</td><td rowspan="2">幼儿人数及成年人数量</td><td rowspan="2">3</td><td>观察法</td><td>定点观察法</td></tr>
<tr><td>记录法</td><td>描述记录法</td></tr>
<tr><td>观察
目的</td><td colspan="7">1．观察幼儿结构游戏水平。
2．了解幼儿发展情况（语言、社会、学习品质等方面）。
3．观察师幼互动情况</td></tr>
<tr><td>观察
重点</td><td colspan="7">1．幼儿对游戏是否感兴趣、结构水平如何。
2．是否出现自言自语的情况，能否以合理的方式加入他人游戏并良好互动，当遇到问题时是否具有坚持性。
3．教师介入游戏的时机、策略是否合理、有效</td></tr>
<tr><td>区域</td><td colspan="7">建构区</td></tr>
<tr><td>时间</td><td colspan="4">观察内容</td><td colspan="3">行为分析</td></tr>
<tr><td>1分钟</td><td colspan="4">Y一个人在益智区玩桌面游戏——搭积木，他边搭边自言自语地说“平衡搭马路”，搭好之后，开始四处张望，自言自语，轻声喊：老师。约20秒后，教师走了过来。

T：你在搭什么啊？
Y：我在搭高架。
T：这个是房子吗？
Y：是吧。
T：我们在旁边搭一辆车好不好？（边说边从旁边的框里拿出两块长条积木重叠放在“马路”旁）
Y：一辆太高太高了，就会倒下。（边说边拆掉自己搭的桥，第一次将三块积木叠着一起放在了教师搭建的底座上，之后又加了一块，“车”倒了）
T：你看下面一定要搭稳啊。放平（教师边说，边重新拿了一块稳稳地放在另一块上面）
Y：模仿教师的动作，并说“你看，我也放平了”。
T：你看，这个还没放平。
Y：（拿了一块积木）你看这个比这个大。
T：哟，你发现了谁比谁大是不是。</td><td colspan="3">自言自语，帮助自己思考，指导自己行动。

教师在幼儿需要的时候介入游戏。

有一定的想象力，能够表征。

幼儿喜欢模仿。</td></tr>
</table>

续上表

时间	观察内容	行为分析
1分48秒	Z过来了，没有讲话，直接坐在教师右边的椅子上，拉过装积木的框子就准备要搭。 T：来，你跟他比赛，看谁先倒。（Z没有回复，直接开始拿了两块竖着搭起来，出现了架空）。	小班幼儿不具备主动加入他人游戏的策略。 教师提议合作，但是两位幼儿并不理解，还是各玩各的。说明小班幼儿的确处于独自游戏、平行游戏的阶段，此时要求合作，是徒劳。
2分25秒	教师鼓励Y“你继续搭呢”，Y也学着Z的动作开始搭，搭了竖着两条就停止了，教师指了指顶端说，把这个也搭起来。说完，教师站起来在旁边观察。 Z搭了一排类似多米诺骨牌的积木之后，一把推倒自己的积木，并拿一块积木推倒了Y的积木。Y没说话，感觉有点蒙了。此时教师第二次介入游戏，她蹲下来对Y说：“我们来玩个游戏吧，你搭一个，我搭一个，看谁堆得高。”此时Z自己继续在玩自己的架空搭建。 T：不能弄倒哦。 （此时Z的积木倒了，Y开心地说：啊，输了！）	Z推倒自己的作品，对过程比对结果更感兴趣。
3分23秒	T：Y再搭一个。 Y：好嘞。Z主动拿起一块积木，想放在了已经搭好的五块积木顶上（他试了试又放下来了，有点犹豫，教师鼓励说：Z再来一个。Z拿了块积木一放，所有的积木都倒了。Y开始哭。	Z想要尝试，但缺乏勇气，教师有效地鼓励了他。但垒高的技能有待提高。
4分29秒	教师安慰Y：没事的，我们再搭一个，刚刚是怎么搭的啊？（边说边示范，Y打掉了教师搭好的上面一块积木，教师对此没有评价，继续说：你看刚刚下面没有搭稳）Y继续沉默。教师提出建议：或者我们来搭金字塔好不好？Y拒绝，并且把积木扫到了地上。（此时Z在旁边边搭边说要搭一个楼梯）教师请Y捡掉在地上的积木，Y照做并顺势把Z搭的积木碰掉一块。Z大声问：干什么？教师说：没事的没事的。	Y的情绪表达比较直接，生气、把积木等扔在地上。 教师脾气很好。
5分12秒	Z继续搭建自己作品（延长＋堆高），说：教师我要搭一个桥。Y重新开始叠高，教师蹲在Y的旁边，此时Y搭第四块的时候，倒了。T：没关系，还差一点点。（Z边搭自己的作品，边模仿教师的话：差一点点，差一点点） T：给Y提醒：“因为这头比较小，所以我们要对齐。我们Y很棒啊，失败了，我们还可以继续。”（此时Z将自己搭建的作品一把推倒，说，我要搭一个长楼梯）在教师的鼓励下，Y成功地将四块积木叠在了一起。教师鼓励说：哇，好棒哦，给点掌声呢。Y表情严肃。Z鼓起了掌。 （说明：不同颜色的字，是不同观察对象的表现，Z，Y，T，自己在分析的时候，也可以用自己的方式标注出来，便于分析）	Z的结构技能较好，能同时在作品中体现延长和垒高。Y的结构技能相对较弱一些，需要教师鼓励。 Z想象力很丰富，能对建构作品进行表征。 教师积极鼓励幼儿，Y对垒高很专注，坚持不懈。Z能对他人的成功表示祝福

续上表

<table>
<tr><td>结论</td><td>Y：1. 基本达到了小班幼儿建构游戏的水平，掌握了架空、垒高、延长等技能，有一定的想象力。
2. 对垒高很感兴趣，坚持不懈。
3. 容易动怒，但在成人的安抚下能平静下来。

Z：1. 很好地达到小班幼儿建构水平，掌握了架空、垒高、延长等技能，并能同时在作品中体现延长和垒高两个维度的技能。
2. 享受搭建的过程，游戏主题不稳定。喜欢将自己的作品推倒，快速搭建新东西。想象力丰富，能有效将建构作品进行表征。
3. 情绪较为平稳，有想要跟同伴一起游戏的愿望，缺乏相应的沟通技巧。

T：1. 能较好地把握游戏的介入时机（当幼儿需要时）。
2. 能在介入游戏后，及时将游戏的主动权还给幼儿。
3. 能用参与式介入（交叉介入、平行介入）、语言指导等形式充分调动幼儿的积极性。
4. 对幼儿的任性能够包容，不断鼓励、支持幼儿。
5. 建议幼儿合作游戏，但效果不佳。对学生有耐心、细心，能够较好地支持幼儿的游戏，但对年龄段的把握不是太准确，对小班幼儿提出合作游戏的建议，有些超越年龄段</td></tr>
<tr><td>建议</td><td>针对以上情况，教师应该做出以下调整：
1. 加强游戏常规的建立。例如，限定区域游戏人数；不能去破坏他人作品；若想加入他人游戏，应该先征求他人同意。
2. 有意识地帮助幼儿提升简单的结构技能技巧：在掌握垒高之后，可以尝试平铺等形式。
3. 鼓励幼儿对作品命名，使主题逐渐稳定。
4. 材料投放时，小班幼儿模仿性特别强，应该提供种类少、数量多的建构材料。
5. 遵循幼儿发展阶段，在幼儿有明确的一起游戏的意愿之前，不要贸然提出合作游戏的要求。
6. 在集体教学和平时活动中，帮助幼儿更好地发展社会性，如讲分享的故事。注意礼貌用语、潜移默化地解释游戏规则</td></tr>
</table>

[资料来源：https://mp.weixin.qq.com/s?src=11×tamp=1599456383&ver=2569&signature=0ogAPEjSzW1mOGH1Xyy4ryWCaqccqMBpqGjmYYwDHp0P4crX9IugYyLOlcZB8XbQA38rpOt5izarnJd*3gCO*Jt5lhmBDUZg4go1pkMkew2Dr6oFZf2qFOY07ZBzdyhY&new=1（有改动）]

（二）结构游戏评价

结构游戏评价是了解幼儿建构游戏的适宜性、有效性，调整和改进游戏，促进幼儿发展，提高游戏质量的必要手段。

结构游戏评价可以从材料的运用、构建形式、主题目的性、情绪专注力、社会性水平等方面进行。具体如表 4–2 所示。

表 4-2　幼儿结构游戏水平评价表

项目	评价标准	评分
材料的运用	只拿着玩，不会搭	
	对积木形、色有选择，意识不强	
	有意识选用材料，反复尝试	
	迅速选定材料，并能综合运用材料	
构建形式	简单排列、堆高、铺平	
	能架空搭门	
	能围封建构	
	造型比较复杂，能命名但形象不逼真	
	按特定形象逼真建构，运用对称并能装饰	
主题目的性	无目的无主题	
	目的不明确，易符合他人	
	能确定建构主题，但会出现变化	
	主题明确，能坚持并深化开掘	
情绪专注力	注意水平低，情绪呆滞	
	一般情绪状态，注意力易分散	
	情绪良好，注意力集中	
	情绪积极，能专注，持续时间长	
社会性水平	独自搭建	
	平行搭建	
	联合搭建	

通过评价，教师可以较全面、客观地了解幼儿创造性游戏的现实水平，同时也能了解教师行为与幼儿游戏之间的内在关系及变化，这些对于教师组织与指导幼儿以后的游戏活动是有推动作用的。

因此，在建构完成后，教师应组织幼儿进行活动评价，使活动具有完整性，引导幼儿针对游戏过程中出现的主要问题进行思考，提出解决的方法或改进的措施，并探究如何搭建出更好的作品，以促使幼儿的建构水平不断提高。

结构游戏评价应注意以下几点。

（1）让幼儿成为评价的主人。

幼儿是游戏的主人，在建构游戏结束时，让幼儿自己介绍作品，发表自己的见解，讲述自己的发现，自己在活动中的体验，把成功的经验分享给大家，把遇到的困难提出来共同讨论，一起寻找解决的方法。让他们自己问“为什么？”，回答“怎么办？”，而不是由教师一招一式生搬硬套给每个幼儿。

（2）注重游戏过程的评价。

对幼儿建构的作品不要求过于注重结果，更不要追求统一的结果，以求一种寓教于乐的境界。在建构活动中关键看幼儿在过程中是怎么发展的，而不是看他们最后的成果、作品怎么样，要允许幼儿都能在自己已有的经验基础上，用自己的方式来表现。幼儿一般都会对自己的作品充满信心，同时也希望得到教师的肯定，每个幼儿都是不平衡的个体，幼儿建构的作品没有好与坏之分，只要他努力完成，用自己方式表现作品，就应得到肯定。

下面附上各年龄段建构区游戏发展总目标数。见表 4–3 所示。

表 4–3　各年龄段建构区游戏发展总目标

内容	小班	中班	大班
知识技能	1．幼儿学会简单的堆叠、平铺、围封； 2．幼儿能了解各种拼插玩具的名称； 3．幼儿能初步认识各种形状的积木； 4．尝试小型拼插玩具，掌握初步的插法	1．学会基本的建构技能（延伸、叠高、架空、围封、对称等）； 2．能有目的、有主题地进行建构； 3．学习使用辅助材料，增强其造型的表现性	1．幼儿能正确使用不同的建构材料拼搭； 2．幼儿能熟练运用中心点支撑的技能，在掌握基本建构方法的基础上，能依据不同的建构内容选择相应的材料，进行综合搭建； 3．幼儿有创造意识，能根据自己的经验进行想象搭建
社会性	1．幼儿在游戏中能运用一定的语言交往； 2．幼儿能简单地介绍自己拼插作品的名称； 3．游戏喜爱搭建，能独立地进行搭建； 4．幼儿能大胆与同伴交流分享自己的想法，体验一起游戏的快乐	1．游戏中可相互协商、共同搭建； 2．幼儿能用较简单的语言大胆地表达自己的作品； 3．幼儿能理解、欣赏他人的作品，养成友爱互助的良好品德； 4．幼儿能克服以自我为中心，主动参与同伴合作搭建，并体验合作的乐趣	1．幼儿能友好地协商主题和建构方案，大家分工合作，完成搭建任务； 2．活动后能完整地讲述活动的过程和主题内容； 3．幼儿有正确的合作态度，能养成合作的习惯和宽容、友善的好品质； 4．幼儿能在合作中张扬自己的个性，并感受到挑战成功的乐趣
常规	1．能在游戏后按标记将材料摆放整齐； 2．不敲打积木，爱护玩具； 3．在游戏中不争抢、不打闹； 4．进入活动区后，将鞋放在固定的位置上，摆放整齐	1．在游戏中能认真、坚持将拼插作品完成； 2．收玩具方法正确，会按类摆放整齐； 3．能按人数进入活动区	1．幼儿能随时清理现场，有一定的安全意识； 2．能分工协作，动作迅速，将玩具和各种辅助材料分类摆放整齐； 3．幼儿按标记进区活动，并能自动调整人数

第三节 结构游戏指导案例与评析

【案例一】

小班游戏：我在搭什么?

在桌面游戏时间，杨坤用雪花片积插。只见他以一片红的雪花片为中心，把其他雪花片一片一片往上插。教师问："你在插什么？"他看看手上的雪花片，又看看教师，没有说话。直到他把这片红雪花片的周围插口都插满了其他各种颜色的雪花片，才把它放在桌面上，然后又开始同样地积插另一个。这时教师又问："杨坤，你插的是什么？"他回答："花。"他插好一个，再插一个，最后一连插了7个，排成一排，用手指着"花"数："一、二、三、四、五。"他得意地告诉教师："王老师，5朵花。"教师说："哟，坤坤今天插了这么多花呀。来，我们一起数数。"教师拿着杨坤的手指边指着"花"边数，"一、二、三……啊，一共有七朵花。"还剩四片雪花片，杨坤拿起两片插在一起，又拿起一片在其中一片的另一边插上，只剩一片了，他拿起来随意地插在边上一片的插口上，四片连成弯弯的一条。他看了片刻，便从插好的花上取下一片插在边上，马上做开车的动作，嘴里"嘟嘟""嘟嘟"地唱着，然后又从另一朵花上取下一片接着插，直至手上的作品变圆，但没有封口。此时教师说："小朋友，要去吃饭了，桌上的积木不用整理。"其他幼儿都去小便洗手，杨坤将塔好的花和方向盘一片一片拆下，放进盒子里，将盒子放进玩具橱才去小便。

中班游戏：我的三个家

San是个比利时与越南的混血儿，一个月以前，他随父母先后到比利时、越南探亲，游戏中，他选了"演示积木"，用堆积的方法，一会儿就搭出三栋房子（房子形状对称，没有颜色对称）。他拉着教师，手指着三座外形不同的小房子，说："这是越南的家。这是比利时的家，这里有大花园。这是上海的家，这是门口的楼梯，屋顶是尖的。"

大班游戏：有趣的"沙"坦克

周周和陶陶是对好朋友，他们常常一起做游戏。这天，他们一起玩沙。周周对陶陶说："我们来搭个公园，好吗？"陶陶不语，用铲子不断地往盆里装沙，好一会才回答："今天我来做'坦克'。"

周周看看陶陶，他拿起杯子、水壶为陶陶去装水，并慢慢地往盆里倒。陶陶则用双手将水和沙搅拌在一起。水倒完了，周周又开始帮陶陶往盆中加沙，还不断地问："沙还要吗？沙够了没？"陶陶终于说话了："不要了，够了。你再去装点水吧！"周周再次拿起容器去装水，这下倒进盆里的水没过了沙，他们赶紧把多余的水倒掉，直到水与沙正好齐平，陶陶满意地对周周说："我可以做'坦克'了。"陶陶从盆中取一把沙，两手将沙捏成个大圆放在干沙上。他再抓起一把沙，捏成小圆状，放在大圆左边，又将手中剩下的沙再捏紧，放在另一边，并不断重复以上动作。周周似乎看明白了什么，他也不断地从盆中抓起沙，捏紧一团交给陶陶。几分钟后，陶陶起身满意地看看自己做的"坦克"，自顾自地洗手去了，周周紧跟在后。等他们再一次回到"坦克"边，发现"坦克"坏了。陶陶开始修补，他用双手拢起坍塌的"坦克"，将其拍紧。并用同样的方法做了一辆又一辆的"坦克"。旁边的周周始终不断地帮陶陶抓沙、和沙。最后，他们数了一下，一共8辆"坦克"。陶陶请来了教师。自豪地说："我们的'坦克'做好了！"周周也高兴，他将沙盆端起，让教师看得更清楚。

思考题：如何指导不同年龄班的结构游戏？

案例分析：

（小班）首先，这个幼儿的行为目的性已从先做后想，到边想边做。他一开始在构建之前并没有要搭成什么的意图。当无意构造的作品特征诱发了他的想象——"花"时，他便出现了构造意图，一连插了七个。当剩下的四片雪花片偶尔形成一个弧度时，他就做了开车的动作，接着就开始拆原作品来继续新的作品，表明有做方向盘的意图。其次，这个幼儿的游戏满足于积插过程，对结果并不在乎，刚刚完成的花就被自己拆除了，兴趣转移到新的游戏，活动结束，马上又拆除所有的作品。再次，这个幼儿对数的认识还是唱数阶段，还不能口手一致地数数。教师在两个地方进行了引导，通过诱发想象，增强行为意识，以鼓励的形式帮助幼儿口手一致地数数。

（中班）San的家太多，经常往返于三个国家，所以他常常关注着"房子"。游戏中他对构造活动感兴趣，所以选积木，一下子他就搭建了三栋房子，并且通过搭"房子"，产生了归属感、安全感，这是San的心理需要。从幼儿的构造水平上看，三座房子形状对称，却没有颜色对称，使用堆积的方法符合中班幼儿构造的年龄特点。

（大班）在上述案例中我们看到陶陶已经有了用湿沙进行简单造型的经验，并能根据自己的想象将立体坦克改为纵向平面的，构造出俯视的想象中的坦克。他们在造型游戏中已经运用了对称的概念、大小概念、数概念，并掌握了水与沙之间的关系，同时，用手捏出沙团，对损坏的坦克的修补，可见其动作的灵巧。在两个幼儿合作建构中，可见陶陶是主动一方，构思主题，示范领导着建构过程；周周也很善于配合，两个幼儿协调建构主题，很自然地形成了主配角分工，在合作中共同完成了自己的作品。

（资料来源：http://www.baby611.com/jiaoan/jyzc/201406/1112916936.html）

【案例二】

小班结构游戏案例分析

一、案例描述

在小四班的一次结构游戏活动中，幼儿被随机分为两组围坐在教室里的两张桌子旁边。马老师说："我把装有积木的小筐子放在桌子中间，大家从筐里拿积木，一次只能拿一个，拿一个用一个。要是有小朋友抢别人的玩具，他就不能玩了，只能坐在旁边看其他小朋友玩。"马老师给每组放过积木后，幼儿就马上玩了起来。马老师则坐在一旁玩手机。由于积木数量较少，有的幼儿之间发生了争抢积木的情况。马老师抬起头调解矛盾，并重申抢玩具的幼儿就不能玩了。过了一会儿，幼儿基本上都已经完成了自己的作品。已经完成建构的幼儿没有拆掉重新建构，而没有完成建构的幼儿只是不断摆弄自己拿到的仅有的几块积木。整个游戏活动过程中，马老师除了重申规则的时候抬起头，大部分时间都是在自顾自地低头玩着手机。

二、案例分析

幼儿游戏具有社会性、对象性、主体性和发展性的特征，真正的游戏能使幼儿通过游戏获得游戏性体验、兴趣性体验、自主感体验以及胜任感体验，上述案例是结构游戏。

（一）理论分析

案例中所描述的是幼儿园小班的一次结构游戏的情景，小班的幼儿基本都是 3 ~ 4 岁的幼儿，处于这一阶段的幼儿的一个显著进步就是摆脱自我中心，学习按指令行动。在成人的指导下，他们形成了许多日常生活、游戏和学习活动时所必需的生活自理能力。3 岁的幼儿对别人的意见、别人感情的反应的敏感性逐渐增强，当做错事受到成人批评时，会感到害羞、难为情。羞耻感的出现，为幼儿遵守集体规则提供了动力基础。幼儿能够在操作摆弄物品时逐渐认识一些事物的属性。他们的注意力很不稳定，易受外部环境的干扰。由于注意力水平低下，幼儿的目的性较差，缺乏顺序性和细数性。3 岁幼儿的思维缺乏可逆性与相对性，思维大多由行动引起，一般先做后想，或者边做边想，不会思考好以后再做。

小班幼儿在结构游戏中的特点是对结构动作感兴趣，结构时无目的，不会事先构思要结构什么，只是当人们问起时，才开始注意并试图给予一个名称，这也就是丁海东所指出的："小班幼儿对于建构物的操作前命名往往很难实现，很多幼儿都是在建构成形后才给最后建构物命名的，有的小班幼儿对正在建构的物体会进行多重命名，不断变更建构着的物体名称，这也是对最后建构物假想不清晰的标志。"这与 3 ~ 4 岁幼儿想象活动没有目的、没有前后一贯主题的表现也是相对应的。

建构主义认为，教师是学习的组织者，教师应当发挥"导向"的重要作用，发挥教

学组织者的作用，调动学生的积极性，帮助他们发现问题并解决问题。幼儿游戏是幼儿主动建构的学习过程，幼儿通过游戏来学习，同时在游戏中得到发展。教师对幼儿游戏的干预过程，正是体现了教师的“导向”作用和幼儿的“主体性”相结合的原则。

（二）实践分析

结构玩具作为一种素材玩具，为幼儿的结构游戏提供了想象创造的广阔天地。可是由于积木数量较少，平均到每个幼儿手中的积木无法满足幼儿建构的需求，所以幼儿之间发生争执，甚至出现抢玩具的现象，都是不可避免的。在上述案例中，完成作品的幼儿因为害怕自己的积木被其他幼儿拿走，因此不敢拆掉已经建构好的作品去完成其他建构。而没有完成建构的幼儿明显受到教师制定的游戏规则影响，无法根据拿到的几块材料完成自己的建构。游戏材料是可以刺激幼儿动手操作、展开想象思维的物质基础。丰富适宜的游戏材料对于幼儿建构事物意义、扩展幼儿的知识经验有重要作用。所以结构游戏材料的不足直接影响幼儿游戏的进程和效果，间接影响到幼儿想象力和创造力的发展。

在这次的结构游戏过程中教师对于游戏的干预仅仅限于纪律的维持，这也就等于教师将教育置于消极被动和无所作为的地位。刘焱在《幼儿园游戏学论》中指出“游戏在幼儿教育领域中，从来就不是纯粹的‘自然活动’，而是负载着一定的教育理念的教育活动”。教师的指导是发挥结构游戏教育作用的关键。由于幼儿年龄特点的局限，他们在游戏中反映出来的各种要求、思想、能力、行为、认知水平等问题，都离不开教师的合理帮助、正确指导。案例中的教师虽然在游戏的选择上给了幼儿很大的自由，却同时出现了放任现象。教师并没有参与进去加以适当引导，教师没有引导幼儿说出结构物体的名称，也没有引导幼儿理解和明确结构的目的性。游戏是促进幼儿发展的途径而不是惩罚幼儿的手段。游戏本真意义在于游戏的“自由”。教师在指导幼儿游戏过程中，应该是幼儿学习的促进者和引导者，而不是纪律的维持者和幼儿的惩罚者。

三、案例总结

（一）存在问题

案例中有两个很突出的问题：一是结构游戏材料不足；二是教师在游戏过程中的指导不到位。

（二）对策与建议

（1）结构材料是结构游戏展开的物质基础。幼儿是否对结构游戏活动感兴趣，是否能够顺利地开展游戏活动，很大程度上依赖于结构材料的提供。因此结构游戏材料要丰富、有层次，不能一成不变，而要根据教育目标和幼儿的发展需求，定期或不定期地进行调整、补充。而且，在投放结构游戏材料时教师应注意：

①材料的投放要符合幼儿的年龄特点和游戏需要，又要照顾到不同幼儿的能力差异。

②指导幼儿自制玩具材料，满足游戏发展的要求。

③考虑幼儿收拾玩具的便利。

（2）教师在结构游戏过程中的指导应注意以下几个问题。

①应具有游戏指导的教育意识。教师应通过不断学习，认识到结构游戏在幼儿发展过程中的重要作用。在幼儿进行结构游戏时应注意观察幼儿，适时介入。

②教师应对幼儿园游戏和结构游戏指导有正确的理解。

首先，教师应树立正确的幼儿游戏观。教师在结构游戏中对于幼儿不适宜行为的控制，目的不是要彻底剥夺幼儿游戏的权利，而是让幼儿在游戏中认识到遵守规则的必要性，为了让每个幼儿都能从游戏中得到欢乐，使游戏真正成为幼儿发展的源泉。

其次，教师对于游戏价值要有正确的理解。每一类游戏对幼儿身心发展都有独特的意义，教师只有在理解游戏的潜在价值基础上，才能够在游戏中充分起到促进幼儿发展的作用。

再次，教师在结构游戏中的指导要科学合理，按小班的年龄特点指导小班结构游戏。

最后，指导结构游戏的同时应注意幼儿良好品德的培养。在结构材料配备不够充足的情况下，针对争抢结构游戏材料的现象，教师可以有目的、有计划地把谦让品质教育渗透到游戏过程中，让幼儿在游戏中学会协调和克制，为满足同伴的愿望而做出让步。结构游戏活动本身蕴含了幼儿学习社会规则和社会性交往的教育契机，教师如果对结构游戏的潜在教育价值有深刻思考和理解，就能最大限度发挥游戏的教育意义。

（资料来源：毛冰萌．小班幼儿结构游戏案例分析：以A市某幼儿园结构游戏为例［J］．青年与社会，2019（30）：239-240，有改动）

【案例三】

中班结构游戏“雪花片”教学方案

［设计意图］

雪花片是我们传统的一种结构游戏材料。雪花片有各种各样的形状、颜色、大小，幼儿通过自由拼搭，就能初步感受到雪花片可以变成各种各样形象有趣的造型，可以拼出丰富多彩的图案，还可以表达无尽的含义，正是这样才更加吸引幼儿想去玩雪花片，想去参与操作探索的欲望。

我们设计本次结构游戏，是有机地整合了语言、艺术、社会等学科领域的相关内容，另外采用集体与分组教育相结合的游戏形式让幼儿学会合作，共同建构一个生活情境，促进幼儿社会性的发展，并以此为切入点开发幼儿的智力，锻炼幼儿动手动脑的能力，启迪幼儿的智慧和创造意识。

［活动目标］

（1）通过学习观察的技巧，培养幼儿的观察能力和审美能力。

（2）多种方式培养语言表达能力。

（3）培养幼儿的探索意识，动手操作能力，发挥想象力和创造力。

（4）培养幼儿的合作意识，体验玩雪花片的成功和乐趣。

［活动准备］

（1）雪花片若干（颜色、形状、大小不同）。

（2）自制生活情境图片2张（室内布置，室外环境）。

（3）背景音乐（柔和的钢琴曲）。

［活动过程］

一、教师提问问题，引起幼儿兴趣

（1）教师："老师家刚刚盖了新房，那新房要怎样布置才美观，让老师住得舒服呢？请小朋友们帮老师想一想。"

（2）幼儿自由讨论：自己家里都有些什么生活用品？房子周围都有些什么？

（3）讨论完后让幼儿自由发言，可以是自己见到的，也可以是自己想象的。

提示：幼儿用连贯的描述性的语言讲给其他的幼儿听。

（4）幼儿发言结束后展示之前准备好的彩色生活情境图。（室内布置、室外环境）

二、幼儿自己动手

（1）每一组幼儿选择一个生活情境，并且分配任务。

一个场景中有多种生活物品，幼儿根据自己的爱好和能力进行分工，完成场景搭建。

注：幼儿在进行分工的时候教师需要在一旁适当帮助，避免幼儿因为分工争吵。

（2）首先按照分工完成教师提供的生活情景的建构。完成自己任务的幼儿可以根据自己的构想用雪花片搭建生活器物，教师在一旁适当指导，在一些时候适当给予一些言语提示，如："爸爸妈妈跟小朋友用的碗是不是一样啊"，启发幼儿注意碗的大小组合。

注意：搭建过程中幼儿可能会出现争夺游戏材料的情况，教师需及时分配好材料，照顾每个幼儿的需要。

（3）展示幼儿成果，并且向其他幼儿介绍操作过程及自己的想法。（颜色搭配、外形结构、实用意义）

注：即使幼儿的作品存在一些缺陷，也需要给予鼓励，不能引导其他幼儿对其缺陷注意及评价。

（4）情景组合。

由于幼儿搭建的均是一件件独立的生活器物，在教师的帮助下将所有的器物进行适当的组合，共同形成生活场景。

三、活动评价

现在的幼儿多是独生子女，幼儿的自我中心比较严重，因而帮助幼儿增强合作的能力非常必要。每个幼儿的发展水平有所不同，用雪花片搭建的作品也会存在一定的好差之分，但是在共同的努力合作下的作品是完美的，让幼儿认识到合作的力量，这样，既可以帮助幼儿回忆游戏前教师提出的要求，又可以培养幼儿养成良好的倾听习惯，正确对待自己和他人劳动成果的意识。

四、课后延伸

在幼儿搭建的所有器物中选出一个最形象、最逼真的作品进行奖励，同时鼓励幼儿可以通过自己做手工来装饰自己的家，让自己的家变得漂漂亮亮的。

[活动总结与反思]

游戏是一种娱乐，可以给幼儿带来快乐。游戏中常常会有许多不确定因素发生或减少，这种不可预计的偶然性，让幼儿体验着意想不到的最大乐趣。游戏是非强制性的，幼儿之所以游戏，就是因为处于自发、自愿的需要，因为游戏给他们带来欢乐，他们在游戏中可以自由选择游戏的内容、玩法及同伴等。

雪花片是他们玩得很熟悉的游戏材料，所以简单的玩雪花片不能引起幼儿的兴趣，而且不能达到建构游戏的目的。于是我想出了一个布置新家的题材，这不仅可以让幼儿关心生活细节，还能锻炼他们的空间想象能力。

另外，考虑到幼儿喜欢模仿的现实，在游戏中我们应注意不给幼儿示范，完全让幼儿自主构思，只是在适当时进行一些言语的指导，帮助幼儿完美作品。从幼儿自身的发展来说，同伴可以帮助幼儿去除自我中心的习惯，促进社会化发展，给予稳定感和归属感，加上现在的幼儿基本都是独生子女，游戏中的合作设计不仅锻炼了幼儿与同伴交往的能力，而且培养了幼儿的合作意识，帮助幼儿社会化发展。

在整个游戏过程中，我发现有的幼儿想象力是很丰富的。在准备教案教具的时候，担心幼儿不能如我们想象的那样用雪花片搭建一些器物，所以准备的生活场景图十分简单，都是生活中简单的摆设用品，如衣柜、桌椅、床等，锅碗之类感觉搭建有些难度的均被我们省略了。但在实际游戏的过程中，他们会想到要搭建锅碗，虽然搭建的有一些抽象，但是我感觉可以搭建出来就已经很不错了。于是，我接着启发："爸爸妈妈跟我们小朋友用的碗是不是一样啊？"幼儿立刻就反应过来，碗可以有大小的。还有的幼儿完成了自己分配的任务后想到家里还可以有飞机、花篮、汽车、电视等东西的布置，继而按照自己的想法搭建物品。但是也出现了一些问题，比如一个幼儿搭建了汽车，但是由于空间能力的局限，汽车只是一个侧面的模型，并不能站立起来；再如，幼儿的思维能力发展水平不同，有的幼儿搭建的物品并不能让其他幼儿认同，这个时候往往容易发生争吵……

不同幼儿的发展水平不一，由于搭建的需要幼儿会考虑雪花片的大小，但是对于颜色搭配的考虑就有所欠缺，加上在游戏进行之前我没有说明搭建物品要注意颜色的配合，幼儿在搭建的时候就很随意，最后形成了五颜六色的桌椅。

游戏的时间是快乐的，而快乐的时间总是过得很快，当宣布游戏结束的时候，很多幼儿还沉浸在玩雪花片的乐趣中，迟迟不愿结束游戏。在游戏结束的时候出现了一些失误，由于对幼儿能力估计的失误，幼儿搭建的一些物品在组合场景的时候出现布局困难，而且幼儿都急于想在其他幼儿面前展现自己的作品，出现了小小的混乱。

在进行活动评价的时候不管幼儿的作品怎么样，都应当给予一定的肯定，不能让幼儿有挫败感，特别是对于那些发展比较慢的幼儿，应尽可能多的挑出他们作品的优点进行鼓励，激发他们不断学习的动力。在评价幼儿的作品时要注意照顾到所有幼儿的心理，要表示大家做得都很好，有个别不是十分好，但是下次一定会很好的。

另外，在游戏中，教师不要以老师的身份，而是作为与幼儿一同游戏一起玩耍的同伴，共同体验游戏的乐趣。

（资料来源：https：//www.doc88.com/p-740827495542.html）

【案例四】

大班结构游戏“我们的古田街道”教学方案

［设计意图］

这几日我们都在开展“我爱祖国”的主题活动，有个幼儿提出：“我们的古田是不是祖国的一部分？”这使我想到培养幼儿爱祖国的情感何不从幼儿身边能接触的事物开始。于是在确定结构游戏主题时，搭建“我们的古田街道”的主题就产生了！

［活动实录］

片断一：忻睿与几个小朋友用长条建构材料在拼接，由于拼接的长条过长，桌子上明显放不下了，拼接出来的长条几次断掉到地上。我判断他们在搭建一个大的东西！

师：你们在搭什么？

幼儿：我们想搭体育广场。

我发现幼儿搭这么大的体育广场，桌子显然太小了，它已经影响了幼儿游戏的顺利进行。于是，我提出：“桌子够大吗？不够的话，哪里更大一点？要不要挪个地方？”在我的启发下，幼儿从桌上换到了地上，又从活动室里一头移到了另外一头。他们将建构材料连接起来围成一个大大的圆圈，足以容下七八个人。幼儿从圈外跳到圈内，又从圈内跳到圈外，嬉闹着：“体育广场搭好啦！”

片断二：渐渐地，我发现在“体育广场”跳进跳出的幼儿越来越少了，有的幼儿开始无所事事。于是，我将幼儿组织过来。

师：你们谁去过体育广场？去干什么？

幼儿：我去过。体育广场有游泳池，我去那里游泳。

幼儿：我也去了。有滑冰场，我去滑冰。

师：体育广场里有些什么东西？你最喜欢的是什么？

幼儿 1：体育广场里有很多椅子，我最喜欢去那里看表演。

幼儿 2：还有乒乓球桌，可以打乒乓球。

幼儿 3：体育广场前面有个大大的操场，还有一个会转的圆球。

幼儿 4：还有草坪、旗杆、卖东西的人。

同伴间的交流引起了幼儿对体育广场的回忆。在此基础上，我请幼儿将谈话的内容搭建到游戏中去，有了丰富经验的支持，幼儿又能继续开展游戏了。

[活动分析]

《纲要》中指出："教师要从幼儿游戏行为和情感态度中学习分析幼儿的需要、经验以及动作、语言、认知和社会性等方面的现有发展水平，为设计教育环境、投放材料、组织教育活动收集信息。"自从学习新《纲要》以来，我摆正了教师在自主游戏中应处的位置。在游戏的过程中教师应时刻关注观察幼儿在玩什么、用什么东西玩、怎样玩，从而了解幼儿的兴趣、经验、需要、能力等，以便在幼儿需要时及时介入游戏，支持幼儿实现愿望。如以上的案例，我在游戏中时刻关注、观察着幼儿，并对他们的游戏行为进行分析，使我能了解幼儿的真实愿望，然后决策我的指导行为，保证了幼儿自主活动能顺利进行！

[活动反思]

自主游戏活动模式的结构凸显了游戏是幼儿自主自发的意愿活动这一本质特点，明确了教师作为游戏环境的创设营造者、游戏过程的观察支持者、游戏成果的分享激励者的角色地位。教师作为幼儿游戏的支持者，应如何在游戏进展中扮演这一角色呢？

1. 观察与分析形成联系是支持游戏的手段之一

观察幼儿游戏开始的行为，可以发现幼儿的表现是不同的。有的幼儿能很快找到游戏材料、伙伴，友好协商，达成共识进入游戏；有的幼儿到处转悠未有结果；有的幼儿行动迟缓，无所适从……游戏中所产生的困难和矛盾，需要教师的指导帮助，以使幼儿顺利开展游戏。同时教师对观察的游戏行为要加以分析：游戏中，幼儿的建构玩具为什么要搭那么长？为什么幼儿不感兴趣了？等等。

教师通过观察分析才能决定在什么时候或以什么方式参与幼儿的游戏过程，哪些幼儿需要帮助，需要什么样的帮助，等等。我觉得我们还可以制作一些简单的观察表格做观察记录，以便于分析总结，及时调整教育或游戏的目标方案。

2. 时机与方法的适宜组合是支持游戏的手段之一

《纲要》中明确指出，为了保证幼儿的安全与游戏的顺利进行，教师可适度介入游戏，教师介入游戏的方法有多种，但要把握好时机和分寸，以不干扰幼儿的游戏为前提，以幼儿游戏的快乐为根本，以促进幼儿的全面发展为目的。如以上片断一，幼儿由于经验不足不懂得要调整场地开展游戏，导致游戏受到阻碍。这时教师及时介入，给他们提出建设性的意见，支持幼儿的游戏愿望得以实现，体现了时机与方法的适宜组合。

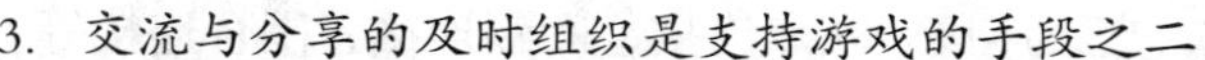

3. 交流与分享的及时组织是支持游戏的手段之二

幼儿在游戏中常常会遇到困难或出现问题，有的解决了，有的自己无法解决。如上述片断二，幼儿在搭完体育广场后游戏无法延伸，幼儿渐渐失去了兴趣。这是由于他们缺乏相关经验，他们需要支持。这时，我让幼儿之间相互介绍体育广场，共同分享知识经验，分析讨论游戏中出现的问题，它是推动幼儿游戏发展的重要手段之一。当然，是否需要交流，以何种形式交流应视需要而定，形式方法是灵活多样的。如：个别、小组、集体交流，过程交流，结束交流，等等。我们切忌把幼儿对游戏的自发讨论变成教师对幼儿游戏与行为好坏的评价判断。

自由选择、自主展开、自发交流是幼儿自主游戏的基本品格，也是衡量幼儿自主游戏的起码标尺。共享、观察、帮助是教师指导自主游戏的基本态度和任务，应该贯穿幼儿游戏的全过程。教师在指导幼儿游戏时应考虑幼儿游戏的基本过程，灵活指导，尊重幼儿游戏的实际需要，促进幼儿的发展。

（资料来源：https：//www.docin.com/p-670564333.html）

●**思考与练习**

1. 什么是结构游戏？其特点是什么？
2. 结构游戏具有哪些教育作用？
3. 各年龄班幼儿应掌握的结构知识和技能是什么？
4. 小班、中班、大班幼儿结构游戏分别具有什么特点？如何针对小班、中班、大班幼儿结构游戏的特点进行指导？

第四节　结构游戏技能实训

实践与训练一　构造技能

【实训目标】

（1）通过建构实践掌握积木、积塑等各类结构游戏的基本技能。

（2）培养学生用各种材料构建各种结构物及制作拼图拼板的能力。

（3）培养学生的想象力、创造力和动手操作能力。

【实训内容与要求】

（1）到幼儿游戏实训室熟悉各种类型的结构材料，采用小组或个人形式，训练排列组合、接插镶嵌、拼搭连接、穿套、编织、黏合造型等结构操作技能。

训练的基本技能包括：

①积木的排列组合——平铺延长、堆高加宽、对称排列、架空盖顶、间隔堆积等。

②积塑的连接——整体连接、交叉连接、端点连接、间隔连接、围合连接等。
③积塑的接插——一字插、十字插、整对插、环形插、正方形插等。
④穿珠——单线交叉、单线循环、多线分合。
⑤编织——辫子、穿插、圆心、打结编织。
⑥黏合——橡皮泥、糨糊、胶水等黏合物。
⑦旋转螺丝——锤子、螺丝刀、扳手等工具及旋转螺丝的技能。

（2）根据小、中、大班幼儿的特点制作一份分割拼图玩具。

实践与训练二　七巧板的制作与拼摆技能

【实训目标】

（1）掌握七巧板的分图法，能制作七巧板。

（2）培养学生指导幼儿开展七巧板游戏的能力。

（3）培养学生的想象力、创造力和动手操作的能力。

【实训内容与要求】

（1）以边长为 8 厘米的规格，按规范制图制作一副七巧板。

（2）用自制的七巧板拼摆各种图形。

【资料】七巧板制作和拼摆方法

1. 七巧板分图法

如图 4–11 所示。

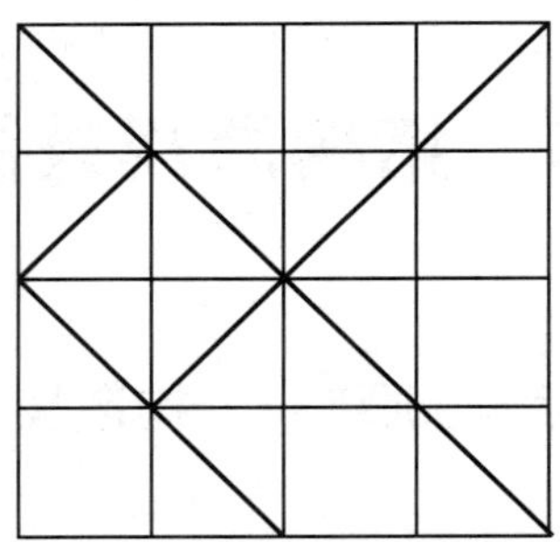

图 4–11　七巧板分图法

2. 七巧板拼图基本规则

（1）拼图时七个组件都必须使用到，而且只能使用这七个组件。

（2）七个组件之间要有连接，可以点与点、线与线或点与线连接，但不能重叠，即无论拼成什么图形，总面积一定相等。

（3）可以一个人玩，也可以几个人同时玩。

3. 七巧板的基本玩法

（1）依图成形，即从已知的图形来拼出答案。

（2）见影成形，从已知的图形找出一种或一种以上的拼法。

（3）自创图形，可以自己创造新的玩法、拼法。

4. 七巧板的拼图千变万化，玩法多种多样

（1）给出甲、乙两种拼图，由甲到乙需移动其中组件，若进行一个比赛，则可规定移动步数最少者胜。

（2）固定其中 2 块或 3 块位置，剩余的组件可自由摆放，则摆出的图案最多者胜。

国外也发明了七巧板的许多新奇玩法，这正是七巧板的魅力所在。

5. 七巧板拼图示例

（1）数字（如图 4–12）。

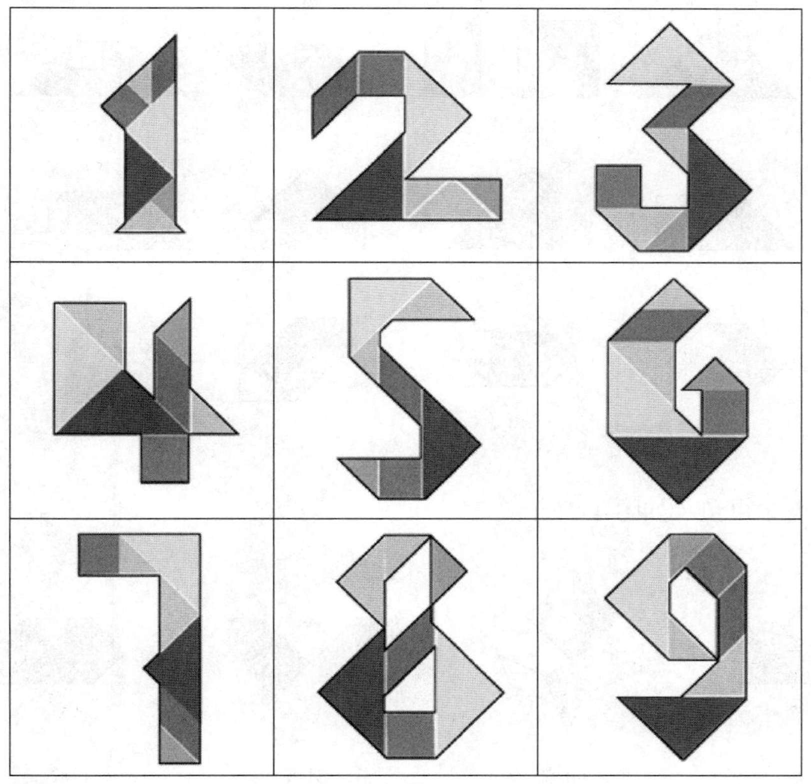

图 4–12

（2）字母（如图 4–13）。

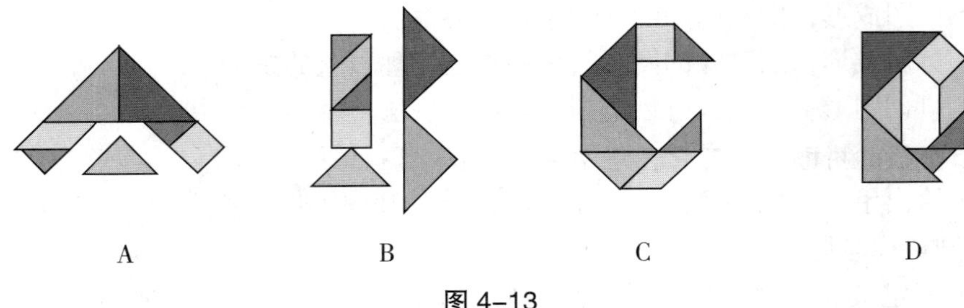

图 4–13

（3）多边形。

我国学者证明用七巧板能拼的凸多边形有如下 13 种（见图 4–14），这一结论发表在 1942 年的《美国数学月刊》上。

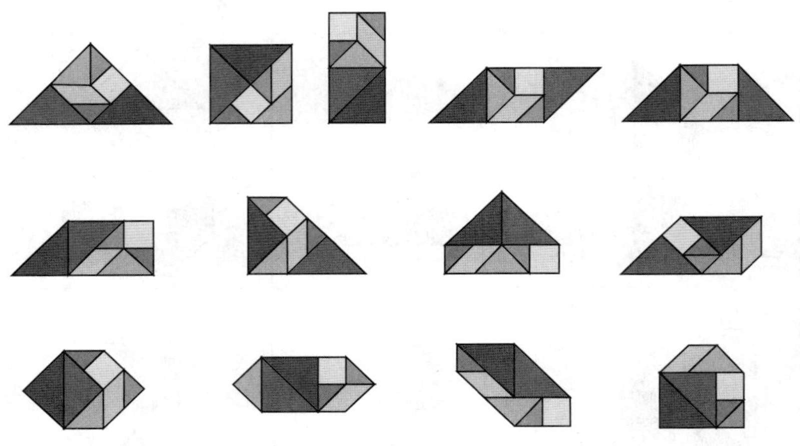

图 4–14

（4）花果虫鱼（如图 4–15）。

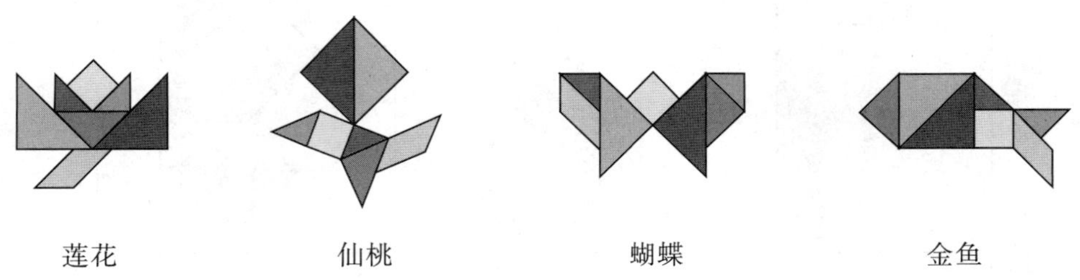

图 4–15

（5）走兽禽鸟（如图 4–16）。

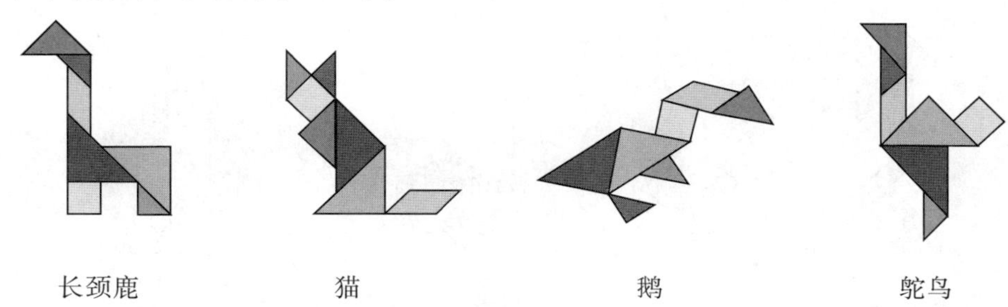

图 4–16

（6）车亭船桥（如图 4–17）。

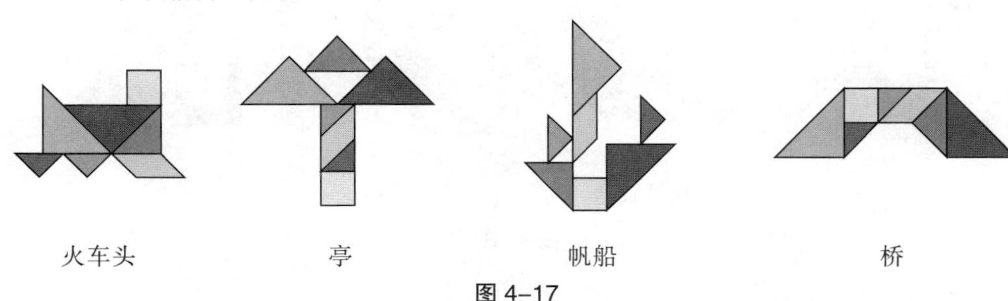

图 4–17

（7）工具兵器（如图 4–18）。

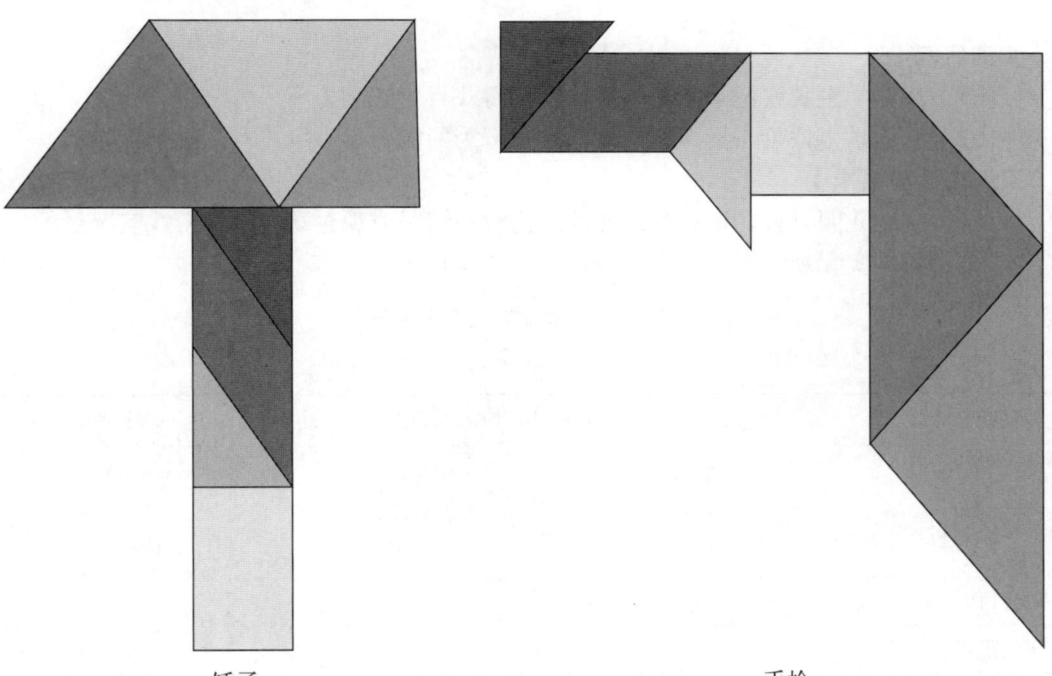

图 4–18

（8）生活百态（如图 4–19）。

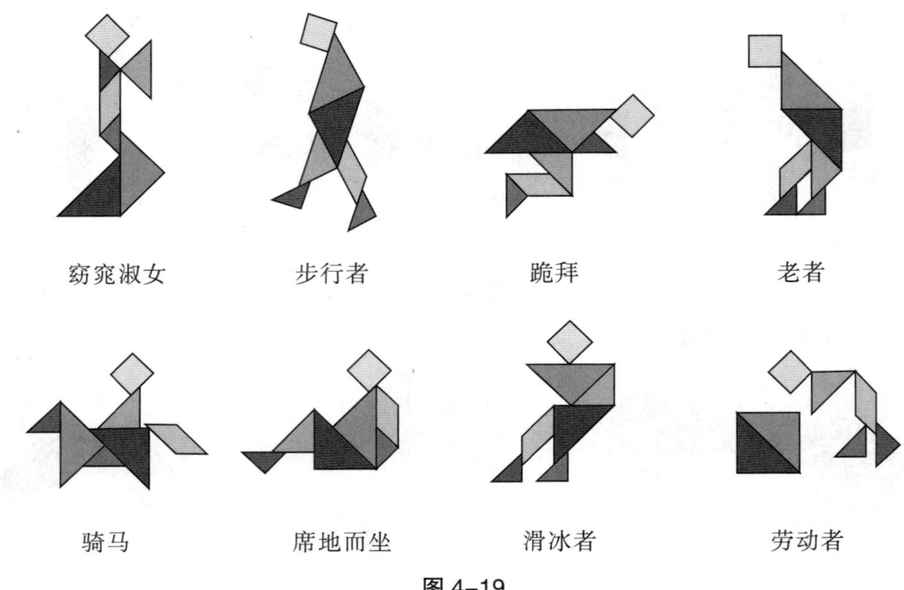

图 4–19

实践与训练三　观察记录与评价幼儿的结构游戏

【实训目标】

（1）培养学生观察记录、分析幼儿结构游戏行为的能力。

（2）培养学生评价与指导幼儿结构游戏行为的能力。

【实训内容与要求】

（1）到幼儿园有目的地观察幼儿的结构游戏情况或观看幼儿结构游戏实况录像。

（2）根据实际观察填写以下记录表（表 4–4）。

表 4–4　结构游戏观察记录表

观察者姓名:________________

<table>
<tr><td>日期</td><td></td><td>起始时间</td><td>10: 00—10: 06</td><td>地点</td><td>× 幼儿园，× 班</td><td>年龄班</td><td>× 班</td></tr>
<tr><td rowspan="2">幼儿姓名</td><td rowspan="2"></td><td rowspan="2">性别（如果多人则分开标注）</td><td rowspan="2">幼儿：
教师：</td><td rowspan="2">幼儿人数及成年人数量</td><td rowspan="2"></td><td>观察法</td><td></td></tr>
<tr><td>记录法</td><td></td></tr>
<tr><td>观察目的</td><td colspan="7"></td></tr>
<tr><td>观察重点</td><td colspan="7"></td></tr>
<tr><td>区域</td><td colspan="7"></td></tr>
</table>

续上表

时间	观察内容	行为分析
结论		
建议		

实践与训练四　设计结构游戏活动指导计划

【实训目标】

（1）培养学生针对幼儿的年龄特点确定合适的教学目标的能力。

（2）培养学生按规范的格式制定结构游戏指导方案的能力。

【实训内容与要求】

（1）先分组到幼儿园各年龄班进行幼儿结构游戏观摩活动，然后自定主题设计一份相应年龄段的结构游戏教案。

（2）教案要求格式规范，有明确的活动目标、合适的活动内容、活动准备以及具体的活动指导。

实践与训练五　模拟幼儿教师进行结构游戏组织与指导

【实训目标】

掌握各年龄班结构游戏的组织与指导。

【实训内容与要求】

（1）预先分好组，采取小组合作的形式，选择年龄对象与主题，在小组内互相交换幼儿教师与幼儿的角色进行模拟教学活动。

（2）预先设计好结构游戏教案，准备好游戏所需材料或替代品。

（3）模拟游戏组织中，至少模拟 2 个幼儿游戏中可能出现的问题，教师给予指导。

（4）模拟幼儿教师对游戏进行讲评。

实践与训练六　教师资格考试面试场景模拟

【实训目标】

模拟教师资格考试面试，使学生在考试场景中能运用所掌握的幼儿结构游戏的基本理论，分析实际案例，形成应用理论于实际解决实践中遇到的问题的能力。

【实训内容与要求】

（1）以小组为单位，每位学生从题库中随机抽取题目。

（2）学生按考试的程序进行当场作答，小组其他成员担任考官，对答题情况打分。

（3）每个同学作答后小组同学进行讨论，教师点评，以使学生能准确理解、掌握结构游戏知识和技能。

【题目示例】

题目 1：

幼儿园小班的幼儿动手能力差，在结构游戏中常见幼儿不知道怎样用积木建造形体，假如你是幼儿园教师，你怎样帮助小班幼儿学会玩积木？小班幼儿还不懂得爱惜建造成果，你将在这方面采取怎样的教育措施？

题目 2：

风车为什么站不起来？

——当幼儿发生造型技能困难时

大班上学期的一天，良良拿着雪花片搭成的四根小棒，说是“大风车”，还说风车马上就会站起来。同伴们都期待着风车出现。

良良在风车四片叶子的交叉处，用雪花片连接，垂直搭一根单层雪花片连接的柱子。他一边连接，一边喊：“我的大风车马上就要站起来了。”教师听了鼓励他说：“我们等着看呢。”

他在柱子下端搭了一个由 8 片雪花片构成的小圈，可是风车没有站起来，柱子断了。良良歪着脑袋看着断了的柱子，一脸的茫然。教师在良良耳边轻轻说：“没关系，柱子为什么断了，再试试？”

良良一个人研究起来，一会儿高兴地跑去对教师说：“老师，老师，我有办法啦。”教师说：“那你试试。”只见良良用重叠的方法，把柱子加粗了，柱子底下还是那个小圈。风车刚站起来，又倒下了。这次柱子没断，可底下的圈圈散了。良良哭丧着脸自言自语：“怎么搞的？”他看着散落的雪花片沉思着。教师轻轻说：“这次柱子没断你用的是什么好办法？再试一试也许就能行。”

良良兴冲冲地看着教师说：“我有办法啦。”他径直朝放雪花片的玩具柜跑去。教师边答应边跟上："真的？让我看看。"只见他先把底圈放大，再用重叠的方法加厚，变成了双层底，这次风车真站稳了。突然良良又不满意地说："还有点摇。"他马上再次放大底圈，这次风车完完全全站稳了。良良兴奋地拉着教师和同伴，请他们去看大风车。

思考题：在幼儿的建造活动中，幼儿的造型技能发生困难说明了什么？教师应当怎样指导？

题目3：

一个男孩在用积木搭"大高楼"，但他把小块积木放在下面，大块积木放在上面，因此"大高楼"总也搭不高、站不稳。教师发现这种情况后，便坐在他身旁去，但没直接搭理他，也拿一堆积木来搭"大高楼"，一边搭一边说："我把大积木放在下面，小积木放在上面，这样我的大高楼就搭得高了。"

思考题：这是教师哪一种指导策略，请你解说这种指导策略的理论原理和优点。

第五章 幼儿表演游戏

学习目标

1. 知识目标

（1）理解表演游戏的概念和特点，掌握常见的表演游戏种类，理解表演游戏对幼儿的教育功能。

（2）掌握幼儿表演游戏组织指导工作各环节的主要内容，掌握各年龄班幼儿表演游戏的特点与指导要点。

2. 技能目标

（1）能对幼儿的表演游戏行为进行观察与记录，能根据观察分析与评价幼儿的表演游戏水平。

（2）会制订幼儿角色游戏计划并能实际开展表演游戏指导活动。

（3）能用手影、木偶、语言、舞蹈等常见的表演形式进行动物造型表现、故事讲演、儿童歌舞剧表演等。

3. 素质目标

（1）产生对表演游戏的浓厚兴趣。

（2）树立重视组织幼儿进行表演游戏的意识。

案例导入

六一儿童节快到了，幼儿园开展六一庆祝活动。为了体现幼儿英语水平，向全园师幼及家长观众们展示一个高质量的节目，香蕉班教师准备排演一个英语童话剧。教师找来英语文学作品《丑小鸭》，根据幼儿语言能力和表现能力进行角色分配。能力强的幼儿扮演主角，能力差一些的幼儿扮演配角或当背景。为追求生动逼真的表演效果，教师采用示范、旁白、手把手教等方式进行指导，严格要求幼儿必须按教师的要求做，每天教师和家长都让幼儿反复练习角色的固定对话和动作。教师为童话剧准备背景和道具，家长为幼儿购置了服装，六一儿童节那天，香蕉班为全园表演了一个《丑小鸭》的英语童话剧。

（资料来源：刘炎．儿童游戏通论［M］．北京：北京师范大学出版社，2004：503．有改动）

思考题：案例中的教师的做法对吗？你认为教师应如何组织和指导表演游戏？

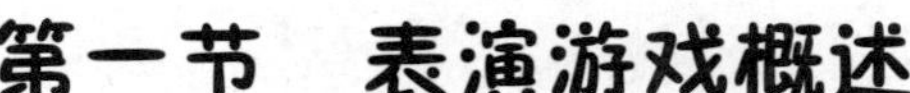

第一节　表演游戏概述

一、表演游戏的概念

表演游戏是幼儿根据文艺作品（各种故事、童话等）的内容和情节，通过扮演角色，运用语言、动作、表情进行表演的游戏。如图 5–1 所示。

图 5–1

二、表演游戏的特点

1. 表现性

表演游戏是幼儿根据文艺作品的内容进行表演的游戏。表演游戏和角色游戏一样，都是幼儿扮演角色的游戏，以表演角色的活动为满足。不同的是在表演游戏中，幼儿所扮演的角色是文艺作品中的角色，游戏的情节内容也是反映文艺作品的情节内容。而角色游戏中，幼儿扮演的角色是生活中的各种人物，反映的是幼儿生活印象。游戏的角色情节内容可以由幼儿自由选择创造。

2. 自创性

表演游戏是以文艺作品为依托的幼儿自创表演。表演游戏与文艺表演都是以文艺作品作为表演的依据，但文艺表演是严格按文艺作品的角色与情节内容和一定的表演程序来进行表演的；而表演游戏则只是大致地依据文艺作品，表演方式是幼儿按自己的意愿自创的，表演情节也可以按照幼儿的爱好增减，所以表演游戏是幼儿的一种创造性活动。

3. 自娱性

表演游戏是以幼儿自娱而进行的游戏。表演游戏与幼儿文艺表演不相同，文艺表演是一种演出，以演给别人看为目的，必须有观众；而表演游戏是幼儿的一种自娱活动，即使没人看，幼儿也会饶有兴趣地进行表演。

三、表演游戏的种类

（一）根据角色扮演形式区分

根据角色扮演形式的不同，表演游戏可分为自身表演、桌面表演、影子戏表演和木偶表演等四种表现形式。

1. 自身表演

自身表演即幼儿自己扮演角色进行表演的游戏活动。幼儿以故事、诗歌、童话等作品为蓝本，按自己对作品的理解，在游戏中自编、自导、自演，自娱自乐，非常专注投入，充满激情，每一遍演出都可能不一样。此类型在幼儿园最常见。

2. 桌面表演

桌面表演，是指在桌面上以小玩具替代作品中的角色，幼儿通过口头语言（独白、对白）和操纵玩具角色的动作来再现作品的内容。桌面游戏一般以个人游戏为主。如图 5–2 所示。

图 5–2　桌面游戏

3. 影子戏表演

幼儿玩的影子戏有头影、手影和皮影戏等，其中以手影游戏居多。手影游戏是令无数幼儿着迷的游戏。它十分简便，只要一灯或一烛，甚至一轮明月，就可以展开。一双手在光线的照耀下，做出各种变化的手势，在墙上变成活灵活现的黑影，勾勒出一幅幅神奇变幻的动画。因幼儿喜爱动物，于是各种动物就成了手影的主要表现对象。如图 5–3 所示。

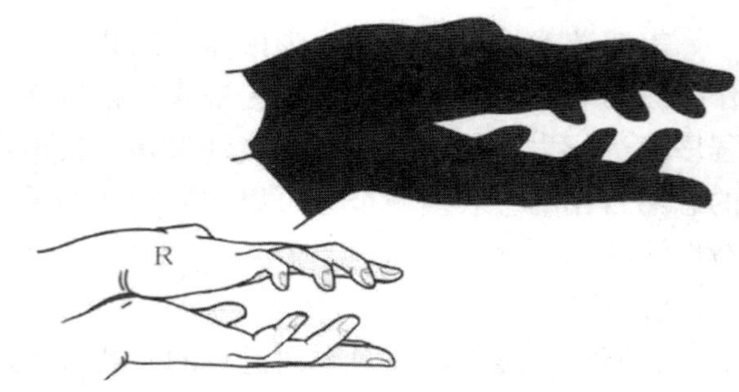

图 5–3　手影游戏

皮影戏是演员一边操纵影人，一边配词拟声，在灯光照射下用隔亮布进行表演的一种戏剧形式。幼儿皮影戏可以就地取材，选用硬纸片、透明胶片、马粪纸等代替传统的皮革，用剪纸和刻花的方法制作影人、布景和道具即可。皮影戏对幼儿的言语表达能力、手眼协调能力、动手操作能力、分工合作及相互协调能力都有较高的要求，所以一般在大班才出现。如图 5–4 所示。

图 5-4　皮影戏

4. 木偶表演

木偶是指用木头制作的偶人。现代人把用瓶、盒子、蛋壳、泥等各种材料制成的偶人都称为木偶。

用木偶表演来再现文艺作品的内容，称为木偶戏。

常见的木偶有布袋木偶、手指木偶、杖头木偶和提线木偶等几种，还有一种重要的表演形式就是人偶同演。如图 5-5 所示。

（1）布袋木偶

（2）手指木偶

（3）杖头木偶

（4）提线木偶

（5）人偶同演

图 5–5

幼儿很喜欢看木偶表演，因为木偶的造型生动有趣，形象夸张。幼儿更喜欢自己操纵木偶。幼儿在游戏时用的木偶一般以布袋木偶和手指木偶为主，比较简单，可以由教师带领幼儿自己动手制作，也有市售的布袋木偶玩具可供选择；演出的舞台只要拉一块幕布挡住操纵者即可，非常简便易行，很受幼儿喜爱。童话故事《金鸡冠的公鸡》《三只小鸡》等常被用来作为木偶表演的内容。

（二）根据表演游戏内容区分

根据游戏内容的不同，表演游戏分为故事表演游戏和歌舞表演游戏两种。

1. 故事表演游戏

故事表演游戏即幼儿扮演文艺作品中的角色，用对话、动作、表情等富有创造性的表演再现文艺作品。它又可分为三种类型。

（1）整体表演型。即要求幼儿在理解文艺作品的基础上，按照故事的情节发展连贯完整地表演，表演的成分比较多。在表演活动时，幼儿一对一地扮演角色，即故事中的个体角色由一名幼儿表演，群体角色则不做严格限制，可由若干幼儿同时担任。

（2）分段表演型。即将整个故事切割成若干段落进行表演。这种类型的表演游戏降低了表演难度，适合小中班幼儿。这种表演游戏可以由多人扮演同一角色，允许全班幼儿共同参加，没有台上台下的感觉，幼儿能够比较轻松地进入角色。例如，中班幼儿玩《三只蝴蝶》的游戏时，就可以让一组幼儿表演红蝴蝶，一组当黄蝴蝶，再由一组幼儿扮白蝴蝶，红花、白花、黄花、太阳公公、雨都可以根据需要，让若干幼儿扮演，这种类型可以解决角色少、观众多的矛盾。

（3）区域活动型。即在活动区（或者表演区、语言区）开展的故事表演游戏。特点是自主性强，游戏成分多。

2. 歌舞表演游戏

歌舞表演游戏又可分为模仿性律动游戏和歌唱式表演游戏两种。

（1）模仿性律动游戏。简单地讲，律动就是动作模仿，其核心是节奏。律动的内容主要取材于人的劳动生活方式、人在日常生活及运动中的动作、动物的动作、自然现象等，其中动物形态的律动备受幼儿的喜爱。动物模拟性律动，通过角色扮演，戴上头饰或面具，幼儿的兴趣更浓。

（2）歌唱式表演游戏。即幼儿根据自己对歌曲中词意和曲调的理解，通过身体动作或舞蹈动作，塑造人物形象。其教育功能主要在于运用唱歌和舞蹈来培养幼儿的创造性，使幼儿在歌舞活动中获得乐趣的同时陶冶情操。

三、表演游戏的教育作用

1. 可以加深幼儿对是非的认识，形成良好的道德品质

幼儿通过富有创造性的表演，可以更好地领会作品的主题与人物的思想感情，可以受到作品中先进角色的品质与性格的熏陶和感染，更易于培养幼儿良好的品德。例如，表演《小熊请客》，幼儿对小熊的憨厚、热情，小猫、小花狗、小公鸡的亲切、懂礼貌等性格，就很喜爱。对狐狸的狡猾、贪婪就表现出鄙视与憎恨。

2. 可以促进幼儿想象力的发展

幼儿依据作品进行表演是一种创造性的活动，他们只有充分发挥想象，才能使表演更逼真、更生动；同时，表演中对话、动作、情节等的增减或者语词的替换，也需要幼儿充分发挥自己的想象力。

3. 可以促进幼儿语言发展

幼儿通过表演再现故事或童话中优美、生动的语言，提高了他们的言语表现力。幼儿在表演过程中，学会掌握正确的语音，富有创造性地表现符合角色性格特征的语调和表情，这都有利于提高幼儿的语言表达能力。

4. 可以促进幼儿集体观念的形成，同时，还有利于他们自信心和独立性的培养

表演游戏能使幼儿具有共同的体验和协调一致的行动，它有助于培养幼儿的集体观念。在表演过程中，可促进幼儿克服羞怯、胆小，增强幼儿的自信心。表演游戏本身就是一种艺术活动，它有助于发展幼儿的表演才能，给幼儿以美的享受，对培养心灵美的一代新人有积极作用。

第二节　表演游戏的组织指导与观察评价

一、表演游戏的组织和指导

（一）选择适合幼儿表演的文艺作品

不是任何故事、童话作品都适合幼儿表演，因此教师指导幼儿进行表演游戏的第

一步就是协助幼儿选择容易为幼儿理解，又便于幼儿表演的作品。适合幼儿表演的作品应具备三个特征：一是主题健康，具有一定的教育意义；二是适合幼儿的身心发展水平，便于幼儿理解；三是作品要有一定的表演性，也就是说要有一定的场面和动作，但场面又不宜变化过多。

选择好合适的作品之后，教师还要引导幼儿理解作品内容，并激发幼儿表演游戏的愿望。

（二）创设适合表演的游戏环境

游戏环境是影响幼儿能否顺利开展表演游戏的重要因素。表演游戏所需要的环境主要有舞台、服饰、道具等。在创设环境时，教师应启发幼儿根据表演的主题和情节，认真思考，共同创设有关的环境，为幼儿提供多种辅助材料，和幼儿一起商议并制作道具。

表演游戏是自由、灵活、富有创造性的，不受道具、场所与时间的限制。因此表演游戏的舞台、服饰、道具等（见图 5–6）不必过于追求逼真，有象征性即可。道具不足还可用动作去表现。幼儿在表演游戏中最为关心的是自己能否以角色的身份谈话和做动作。

（1）表演舞台

（2）表演道具

图 5–6

（三）培养和提高幼儿的表演技能

培养和提高幼儿的表演能力是进行表演游戏的一个重要前提。为此，教师必须做好以下两点：

1. 明确幼儿所需要具备的表演技能

表演游戏中常见的表演技能有语言表达技能、歌唱表演技能、形体表演技能。

（1）幼儿口头语言的表达技能。

语言表演技巧表现在对语调的处理上，即通过声音的轻重、快慢、高低、停顿等变化去表达人物的思想感情。

教师首先要让幼儿能大胆地把角色的语言表达出来，其次要让幼儿能较清晰、流畅地用普通话表演，最后要让幼儿知道运用自己的语调来表达思想感情。

（2）幼儿的歌唱表演技能。

歌唱表演技能包括用自然好听的声音歌唱，不大声喊叫，音调准确，吐字清晰，能根据乐曲的快慢、强弱等变化有表情地演唱。

在表演游戏中，教师应指导幼儿唱歌要吐字清楚，旋律曲调要准确，快慢音量要适度，表情要符合角色的要求。

（3）幼儿的形体表演技能。

形体与表情动作除了人们的日常生活动作外还包括一些小动物的典型动作。

在表演时，需要幼儿的步态、手势、动作比日常生活中的夸张一些，要有表演的舞台效果。各个角色因其角色特点不同，还要求幼儿在表演游戏中要恰当而准确地把握。例如，《下雨的时候》中有三个角色，小白兔上场用“兔跳”，小鸡上场用“点头踏步走”，小猫上场用“交替步”和双手“捋胡子”的动作。教师在指导幼儿表演时，应要求他们把动作幅度做得稍大些，并带点夸张。

2. 培养幼儿表演技能

培养幼儿表演技能的常用方法有教师示范表演、师幼共同表演、随机进行指导、鼓励幼儿自编自演的创作活动等。

（四）引导幼儿积累社会经验，鼓励幼儿创造性的表演

社会经验的丰富程度会直接影响幼儿表演水平的高低，因此，教师应注意在幼儿的社会生活、教育活动与游戏活动中丰富幼儿的社会经验，不断提升幼儿表演游戏的水平。此外，表演游戏是幼儿以文艺作品为依托的创造性表演，幼儿在表演游戏中不是简单地再现作品，教师应鼓励和指导幼儿在原作品的基础上进行合理的创造性表演，如根据已有的社会经验，增减作品中的角色、情节，改变人物的对话等。

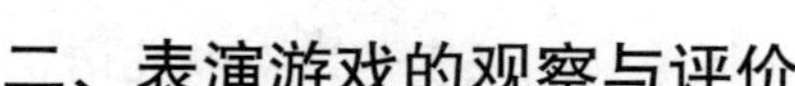

二、表演游戏的观察与评价

（一）表演游戏的观察

与其他类型游戏一样，观察表演游戏中幼儿的表现，是进行有效指导的前提和依据，也是更好地促进幼儿学习与发展的手段。教师可以根据观察的目的和内容选择、编制观察工具。

表演游戏观察记录可参考表 5-1 使用。

表 5-1　表演游戏观察记录表

幼儿姓名：	表演内容：	游戏时间：
自主创设游戏场景	强（　　）中（　　）弱（　　）	
自主选择和制作服装道具	强（　　）中（　　）弱（　　）	
有角色意识	强（　　）中（　　）弱（　　）	
认真倾听、大胆表达	强（　　）中（　　）弱（　　）	
语气、语态形象	强（　　）中（　　）弱（　　）	
表情生动	强（　　）中（　　）弱（　　）	
动作丰富	强（　　）中（　　）弱（　　）	
遵守规则、协同合作	强（　　）中（　　）弱（　　）	
有目的地改编创编剧本	强（　　）中（　　）弱（　　）	
对表演有兴趣	强（　　）中（　　）弱（　　）	
主动、大胆、自信表演	强（　　）中（　　）弱（　　）	
特殊事件：		

（二）表演游戏的评价

在观察的基础上正确评价表演游戏，能提高幼儿表演游戏的水平，促进幼儿在表演游戏中获得发展。

评价主要看幼儿能否根据角色装扮自己，布置场景，与同伴合作，运用语言、动作、表情等创造性地表现文学作品。

具体来说，对表演游戏进行评价可以从以下几点着手。

1. 对幼儿在表演游戏中的语言和动作表现进行评价

语言和动作在表演游戏的开展中十分重要。故事的角色对话简单，或复杂，或重复都表达了角色的特色和故事的主题。例如针对大班幼儿的能力，教师可以让幼儿在理解角色的基础上，用鲜明的语言表达角色的感情，并让幼儿根据故事内容和情节发展，用动作来表达。如：《金鸡冠的公鸡》故事结尾，三个好朋友一起高兴的场面，就需要幼儿动起来，用欢呼、挥手、拍手、跺脚、跳舞等共同来表达。对幼儿语言和动作进行评价，能使幼儿懂得和理解语言、动作这两种表演手段的妙处，使幼儿扮演的角色更加逼真丰富。当然在表演游戏的评价中，教师只要评价幼儿语言的清楚、准确程度，不必一字一字死抠，只要能把有关情节发展的语言讲清楚即可。动作也不需像跳舞一样讲究是否到点到位，不管简单或复杂，相似或各异，优美或难看，只要动作明显，能把角色的特征表现出来即可。

2. 在幼儿表演中对角色性格特点的表现情况进行评价

每个故事都会有不同性格的角色出现，这些角色大致可分为正、反两角色。这两类角色的明显差别对大班幼儿来说可以在情节发展中清楚地表现出来。例如，反面角色——老虎、狼等凶猛、残暴，讲话唱歌时音调要低些，音量要大些，音色要粗哑些，讲话的语气要阴险、凶狠，有些字的发音可以从牙缝中挤出来。表演时神态要显出凶恶，动作幅度可以大些。而正面角色——小羊胆小、软弱，表演时说话的音调要高些，音量要小些，动作幅度小些。教师在评价时可以从幼儿语言的语气表达、音调的高低、表情的变化、神态的流露、动作的幅度及模仿情况来着手。

3. 对幼儿在表演游戏中所表现出的想象力进行评价

表演游戏的内容应基本遵循作品的原意，在这一前提下幼儿在表演时也可以根据自己对作品的角色、情节的体验，在语言、动作表现上有所增添或改动，创造符合故事的主题又增加故事的趣味性。这是幼儿在理解故事的基础上发挥想象力，进行创造的表现。例如:《小羊和狼》的故事虽然发生在小羊家附近，但却拥有好几个场面：有小羊喝水的河，小羊在家门口哭，小动物们在小羊家里商量如何对付大灰狼，以及对付大灰狼的场面，等等。在布置场地时，塑料框、纸箱、水桶倒扣就是灶台；小擦塑、纸条往地上随意洒成条状即是小河；还有椅子、可乐瓶围成方形是小羊的家；等等。这些布置是幼儿在表演游戏时想象出来的。表演游戏的过程，是幼儿想象活动的过程。幼儿所扮演的角色是假的，但情感是真的，他们手中的道具是假的，却当成真物对待，这种以假当真正是依靠想象活动进行的。因此教师要仔细观察游戏、评价幼儿表现出的想象力，还要针对幼儿富于想象力的表演给予高度的评价，并引导幼儿从各个角度、各个渠道进行想象，从而鼓励幼儿进一步提高想象能力。

4. 对幼儿在游戏中的独立性的表现进行评价

在表演游戏中，幼儿能否对故事情节加以想象而表演，是幼儿是否有独立性的表现。因此，对游戏的评价也要围绕这点进行。教师要对幼儿表现出来的“独立性”给予大大的表扬和肯定，使幼儿真正成为游戏的主人。为使评价极具正确性、准确性，教师可以从游戏准备工作、分配角色，直至开展游戏过程这几个环节评价幼儿独立性的表现情况。

5. 对幼儿制作、设计布景道具和场面布局的能力加以评价

表演游戏的准备，也是一种创造性的活动，让幼儿创设游戏环境还可以激发和调动幼儿参加表演游戏的意愿和积极性。比如在玩《小羊和狼》中，房子可以用积木、可乐瓶、椅子等来建筑；灶台可用筐子、桶、木凳、纸箱等，这些都可以发挥幼儿的想象力、创造力。在游戏中，教师要充分肯定幼儿这方面的表现。幼儿的表演游戏应

体现自由性和灵活性，可随时随地进行表演，不受道具限制，对于道具的准备不必过分追求真实齐全，只要稍有象征性即可，要求过多或过于真实的道具，不但幼儿的能力和体力达不到，反而会限制幼儿表演的积极性和创造性。使用的材料可成品、可半成品，也可废物利用。因此，教师在评价时要从这儿方面着手才能做到评价恰如其分。

6. 对幼儿表演游戏中显示的计划性和组织性进行评价

随着幼儿的年龄增长，参加游戏的体会增加后，教师可以逐渐让幼儿自己来组织表演。从选择角色到角色对话、表演动作都可以让幼儿以小组形式自己讨论、设计、决定。并就小组的计划、组织情况给予有针对性的评价，这样能使幼儿不断获得小组合作进行游戏的经验。

游戏评价是每次表演游戏的必要环节。评价时间长短可根据教育的需要适当进行。评价形式可灵活多样，有教师评价与幼儿自评、幼儿互评；个别评价与集体评价；正面评价与反面评价；可采用语言评价也可请幼儿示范表演。评价可渗透在表演中也可放置于表演后。总之，正确的评价能让幼儿获得更多的表演经验，使游戏更加有趣味性，使幼儿在表演游戏中既获得快乐的体验又得到能力的提高。

下面表 5-2 呈现幼儿各年龄段表演游戏的目标。

表 5-2　表演游戏各年龄段目标

班别	小班	中班	大班
目标	1．对玩表演游戏和扮演角色感兴趣，通过游戏，感受与同伴共同游戏的乐趣，能与同伴友好相处。 2．愿意在教师的帮助、提示下尝试按文学作品中的主要情节和人物的对话、动作玩表演游戏。 3．愿意学习并遵守简单的游戏规则。 4．尝试按意愿选择并扮演角色，初步理解有关作品的中心思想、主要情节和角色特征	1．进一步激发幼儿对表演游戏的兴趣，尝试根据推荐的故事，选择表演的内容，加深对文学作品的理解，尝试学习分组、分配角色。 2．能运用不同的、清楚连贯的语句开展表演游戏，适当地运用动作、表情表现角色性格特征。 3．有初步的集体观念和交往合作能力，能合作游戏，学会协商、轮流扮演角色和使用玩具。 4．养成爱惜玩具和游戏材料的习惯，游戏后有条理地加以整理。 5．建立扮演角色、使用物品和整理场地等游戏规则，会遵守游戏规则。 6．能根据作品主题、情节加以想象，并进行较有创造性的表演。 7．根据文学作品制作简单的表演道具，布置场景	1．积极参与表演游戏活动，认真扮演角色，在游戏中加深对文学作品的理解，激发对文学作品的兴趣。 2．愿意并主动选择表演内容，自主分配与自主扮演。根据自己对作品的理解，在语言（包括体态语言）、动作、表情等方面大胆地、富有创造性地表现角色性格特征。并能改编故事情节，发展想象力、创造力和表演能力。 3．会与同伴协商分配角色、合作游戏，正确处理游戏中的纠纷。 4．喜欢进行角色表演，有主动解决问题的能力。 5．自主设计游戏场景，会自制简单的道具，正确使用自制和代替的游戏材料布置游戏场地，发挥创造性。 6．有爱护游戏材料的意识，在游戏结束时会正确整理游戏材料和场地

第三节 表演游戏指导案例与评析

【案例一】

大班表演游戏“金鸡冠的公鸡”主题活动案例

一、活动背景

《纲要》明确指出，要“引导幼儿接触优秀的儿童文学作品，使之感受语言的丰富与优美，并通过多种活动帮助幼儿加深对作品的体验和理解”，使他们“在快乐的童年生活中获得有益于身心发展的经验”。表演游戏是幼儿的一种游戏形式，是幼儿的一种创造性的戏剧活动，它以文艺作品为内容，以幼儿扮演作品中人物（角色）为表演手段，通过表演再现文艺作品的内容与文艺作品的情感。它是培养幼儿感受美，表现美的情趣的重要手段。儿童文学作品中鲜活而有趣的角色是幼儿爱模仿的对象，虽语言简单、重复，动作零碎，幼儿却乐此不疲。为此，根据我班幼儿爱模仿、喜欢表演的特点，我选用了《金鸡冠的公鸡》作为表演游戏的内容。如何让大班幼儿将自己喜欢的文学作品生动形象地表演出来，我进行了以下探讨。

二、活动内容

总目标：（1）幼儿能大胆地用语言和动作表现文学作品，在表演中能合作表演，协商分配角色，互相装扮。

（2）培养幼儿的表演欲望和自信心，鼓励幼儿乐于参加表演。

（一）第一次活动：故事《金鸡冠的公鸡》（一）

1. 活动目标

（1）反复地播放故事，使幼儿能记住故事的名称、角色，理解其内容，对故事有个完整良好的印象，引起学习的兴趣和愿望。

（2）在听故事的过程中，能找出故事中优美的语句，并能初步理解其词意。

（3）在边听、边议故事的过程中，使幼儿知道公鸡因为贪吃，又爱听恭维的话才上当受骗。

2. 活动准备

《金鸡冠的公鸡》的故事图片和录音，公鸡木偶。

3. 活动过程

（1）交代任务。

①出示公鸡木偶，激发幼儿学习的兴趣。

小朋友，你们看谁来了？（公鸡）它不是一只普通的公鸡，它是一只“金鸡冠”的公鸡。

②介绍故事名称。

今天老师就给小朋友讲讲它的故事，故事的名字叫《金鸡冠的公鸡》，仔细听听故事里有谁。

（反思：我以出示木偶公鸡的形式引题，符合幼儿思维的具体形象性特点，为后面活动的开展做了铺垫。同时，向幼儿抛出问题，为此，幼儿最想知道的是这个故事讲了什么，故事里有谁。）

（2）听故事。

①教师结合图片讲故事一遍后提问。

a．故事的名字叫什么？

b．故事里有谁？（猫、公鸡、画眉鸟、狐狸）

②教师再讲一遍故事，讲完后提问。

a．请小朋友想想公鸡被狐狸捉走几次？

b．狐狸每次是怎样骗公鸡的？狐狸每次骗公鸡说的话一样吗？

教师示范狐狸第一次骗公鸡和第二次骗公鸡的语言，让幼儿讨论有什么不一样。

教师示范狐狸第三次骗公鸡的语言，请幼儿讨论和第一次、第二次有什么不一样，为什么。

幼儿讨论后小结：狐狸很狡猾，为了把公鸡骗出来，所以三次说的话都不一样。

c．公鸡为什么会被狐狸捉走那么多次？公鸡有没有缺点呢？

幼儿讨论后小结：公鸡有缺点，因为贪玩，爱听好话，所以才受骗的。

（反思：本环节通过教师的语言示范，引导幼儿在讨论的基础上理解故事的内容和主要情节。幼儿很快地明白狐狸为什么对公鸡的三次对话都不一样，知道公鸡因为贪玩，爱听好话，所以才上当受骗。）

（3）这个故事很好听，里面有许多优美的句子，找出来好吗？（听故事录音）听后组织幼儿讨论。

①画眉鸟、猫叮嘱公鸡什么？什么叫叮嘱？（“叮嘱”就是告诉一遍又一遍。画眉鸟、猫再三告诉公鸡要听话，不要上狐狸的当，受狐狸的骗。）

②公鸡为什么忍不住？什么叫忍不住？（因为贪吃，听狐狸说不给他吃小豆，就赶紧把头伸出了窗口说：“干什么不给我吃！”）

③狐狸把公鸡捉走，走过了什么地方？

a．什么是黑幽幽的森林？（就是一大片很偏僻、很安静、光线很暗的森林。）

b．什么叫急腾腾的河？（就是水流很急，水的浪花像跳起来一样。）

c．什么是高耸耸的山顶？（就是山很高很高，很陡很直，很难爬上去。）

d．画眉鸟和猫去救公鸡时，在狐狸洞前唱了什么？

（4）总结。

今天我们听了三遍故事，你们想不想表演这个故事？下次我们就来表演吧。

4. 活动反思

《金鸡冠的公鸡》是幼儿园语言教材中幼儿非常喜欢的一部文学作品，故事中的人物、情节生动、形象，是幼儿所喜欢的，符合幼儿的年龄特点。提问时能关注幼儿的语言表达，引出问题讨论，启发幼儿进行思考，帮助幼儿理解故事内容。在活动过程中，我班幼儿能主动参与问题的讨论，渐渐对这个故事产生了浓厚的兴趣。

指导教师（张燕飞）点评：

教师通过生动的语言讲述故事，通过向幼儿提出启发性问题来帮助幼儿理解故事内容，使幼儿对《金鸡冠的公鸡》的故事产生了浓厚的兴趣。同时，通过幼儿喜欢的故事，充分挖掘故事的教育作用对幼儿进行教育。

幼儿对故事情节的记忆还不熟悉，建议下次活动重点在幼儿对故事角色之间的对话的理解和掌握上下功夫。

（二）第二次活动：故事《金鸡冠的公鸡》（二）

1. 活动目标

（1）在幼儿初步熟悉故事情节的基础上，学习狐狸和公鸡的对话以及猫和画眉鸟的语言，并试着让幼儿学习旁白。

（2）启发幼儿能初步用表情、动作、语调的变化进行表演，鼓励幼儿大胆地参与表演。

2. 活动准备

头饰。

3. 活动过程

（1）交代任务。

老师知道小朋友都想上台为大家表演，老师也很想表演，现在老师来表演，谁来帮老师？（讲旁白）

（2）老师表演一遍，幼儿分析、评价学习。

①狐狸用什么样的语言、动作骗公鸡的？（狡猾的声音）

②怎样才能表现出狐狸狡猾的样子呢？

引导幼儿分析讨论后小结：狐狸的声音要尖尖的，声音要拉长，身体要扭来扭去，眼珠子要转来转去。

③公鸡被狐狸捉走后，心里怎样想的？用什么样的声音来向猫和画眉鸟求救？

幼儿讨论后小结：公鸡很着急、很害怕，声音要喊得越来越大，猫和画眉鸟才听得见。

④公鸡不听话，一次一次地被狐狸捉走，猫和画眉鸟是怎么想的？怎么做的？

幼儿讨论后，学习猫、画眉鸟和公鸡的对话。

（反思：此环节充分体现了幼儿启发性和创造性原则，启发幼儿进行思考，启发鼓励幼儿创造性地表现狐狸、公鸡的语言和动作。运用分析、讨论法引导幼儿积极地参与讨论，表达自己的观点，使幼儿的语言表达能力得到锻炼。）

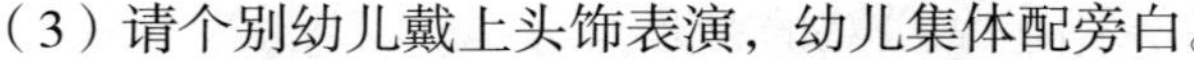

（3）请个别幼儿戴上头饰表演，幼儿集体配旁白。

（4）活动延伸。

今天小朋友们观看了表演，你们喜欢表演吗？如果大家都来表演，我们的道具又不够，怎么办呢？（幼儿讨论）

范淑婷、宝阳、余晨都说：再做些头饰。

李婧萱说：叫妈妈教我做狐狸的衣服，我要表演狐狸。

廖振杰说：我也要表演狐狸，我要做狐狸头饰。

高俊杰说：我要做鸡冠，我要表演公鸡。

……幼儿你一句我一句议论开了，于是，生成了第三次活动。

4. 活动反思

本次活动大胆地让幼儿对故事中狐狸、公鸡、猫和画眉鸟的语言进行分析、评价的尝试，让幼儿在相互讨论中，加深对故事情节以及角色对话的理解和掌握。通过相互对比，最终讨论出符合角色特点的语言和动作进行表演，大胆地刻画角色的形象，为后面的表演做好铺垫。

活动的最后提出问题引发幼儿思考，没想到幼儿表现出对制作道具有很强烈的欲望，于是决定下次活动让幼儿自己来制作表演道具。

指导教师（张老师）点评

（1）教师生动形象的示范演出，使幼儿在不知不觉中产生了表演的冲动，并逐渐为幼儿所演绎。

（2）本次活动教师为幼儿提供了更多的机会，让幼儿思考问题、解决问题，引导幼儿在众多答案中进行总结，问题的设计灵活。

（3）教师在活动的最后能抛出问题引发幼儿思考，激发幼儿再创作的欲望，思路清晰，想法独特。

（三）第三次活动：制作表演道具

1. 活动目标

（1）学习用废旧材料表现头饰、服装等表演工具。

（2）运用基本元素的发散性联想：寻求相同的表现方式进行学习表现。

（3）操作完毕后，将桌面、地面收拾干净。

2. 活动准备

（1）各种废旧材料（如塑料袋、编织绳、碎布、纸袋、挂历纸、卡纸、纸盒等）。

（2）剪刀、双面胶、透明胶、胶水、油画棒、牛筋等。

3. 活动过程

（1）小朋友们，你们想表演《金鸡冠的公鸡》吗？那么，你们想自己做表演道具吗？今天，老师给小朋友准备了许多材料，我们一起来看看吧。

（2）教师引导幼儿观察教师提供的操作材料，让幼儿思考这些材料可以做什么。

子烨：纸盒的纸很硬，可以做头饰。

陈瑶：挂历纸可以做衣服，我要用它做公鸡的羽毛。

昱恒：老师，做操的器械戴在头上可以变成“鸡冠”。

苏畅：我们玩游戏的“尾巴”也可以做成狐狸的尾巴。

婧萱：老师，这些布可以做成画眉鸟的翅膀……

师：小朋友们真聪明，想出了这么好的办法，让我们现在就开始动手吧。

（反思：这一环节，运用直观性原则，让幼儿观察教师为他们准备的材料，并根据材料拓宽幼儿想象的空间，引导幼儿结合自己已有的经验进行想象，为后面的制作活动打下基础。）

（3）幼儿操作，教师巡回指导，帮助幼儿解决制作中遇到的问题。

幼儿自己选择材料来做自己喜欢的道具，也可以多做一些，不同样式的都可以。

（4）展示幼儿作品，引导幼儿进行评价。

4. 活动反思

本次活动是针对上次活动结束时通过引发幼儿讨论生成的活动。在材料上做了充分的准备，投放的材料便于幼儿操作和探索，对于较难操作的材料，考虑到幼儿的年龄特点，提供了一些半成品，这样，幼儿通过努力就能完成。幼儿的想象力是丰富多彩的，他们所想的、所做的，出乎我们的意料。

在做头饰时幼儿画的头饰图案比例掌握不准确，多数偏小。于是，在活动中，我及时改变方式，自己先用铅笔为幼儿画上轮廓，幼儿进行勾边、涂色，最后帮助幼儿上牛筋，教师和幼儿共同完成。

指导教师点评

（1）为使幼儿的表演游戏在自然状态下得以逐步升华，使表演冲动内化为主动活动，教师及时因势利导，创设良好环境，提供自由空间和丰富材料，扩展表演内容和形式，确保游戏展开，让幼儿自由选择材料，并引导幼儿自制服饰道具，就地取材，充分发挥幼儿主体作用和创造潜能，使之不断获得愉悦的成功体验。

（2）幼儿的想象力非常丰富，想出了许多好的方法和建议，但毕竟幼儿年龄小，能力有限，做出的道具比较粗糙。建议：这次活动如果能开展成“亲子活动”，让家长和幼儿一起制作，收效一定更好。

（3）在幼儿制作道具过程中，如果能播放一些音乐，让幼儿在轻松、愉快的气氛中操作会更好。

（四）第四次活动：我们来演童话《金鸡冠的公鸡》

1. 活动目标

（1）在反复感受、主动学演的基础上，要求幼儿自由结合，协商分配角色，合作表演。

（2）要求幼儿表演时声音响亮，让人听得明白。自己布置场景、准备道具，共同商量决策。

（3）积极愉快地表演角色。

2. 活动准备

（1）为幼儿提供小图片：琴、山、树叶、篮子。

（2）幼儿在活动中制作的部分道具。

（3）家长为幼儿制作的道具。

3. 活动过程

（1）谈话引出活动。

①师：你们想表演《金鸡冠的公鸡》吗？如果想表演，你们可以怎样表演？

②教师组织大家讨论：在分配角色时应该怎么分比较好？（大家互相协商）

（2）决策性活动。

①教师先请几位组织能力强的幼儿（7 位）担任每组的组长，其他幼儿自由组合，大家商量、分配角色。

②提出表演的要求：表演要在指定场地进行。

③幼儿自由活动。教师分别到各小组了解幼儿“决策”情况。

（3）分组表演，教师观察指导。

（反思：观察中发现廖振杰小朋友这组表演得很好，他们并不是完全照搬，有一定的创新。于是，立即对他们的表演进行肯定、表扬。婧萱这组小朋友表演完后，他们懂得交换角色再进行表演。宝阳这组的小朋友在场景的布置上与众不同，他们自己将公鸡的家和狐狸洞进行了装饰。活动中我没有给幼儿太多的指导和暗示，目的在于让幼儿根据自己的需要进行协商，分配角色所需的道具，以此来培养幼儿的合作意识。不过在游戏中还是出现个别幼儿争角色和抢表演道具现象，发现后，我及时进行处理，让幼儿自己说应该怎么办，让幼儿明白：大家不相互合作是不能表演好的。）

（4）游戏评价。

①幼儿自评和互评。

请小朋友说说你们表演得好不好，觉得谁表演得好，为什么。

（反思：评价环节我采用了幼儿自评、互评和教师点评的形式进行。在幼儿自评和互评中，幼儿表现得非常自信，勇敢地说出自己表演得好，也能大胆地对同伴的表演进行评价。通过幼儿的相互评价，我认为对幼儿辨别是非，以及对事物的分析和判断能力的提高有很大的帮助。同时也不能避免幼儿间违心的对他人的评价，在今后的活动中应加强对幼儿进行正确的引导和帮助。）

②教师评价。教师从幼儿角色分配情况、道具的使用情况以及表演中幼儿语言、动作的表现上进行分析、肯定。

4. 活动反思

教师不仅是一个活动的设计者、组织者，更是一个观察者。作为一个教师，在活动过程中要善于观察幼儿，并对幼儿在活动中存在的问题及时给予引导和帮助，同时，对幼儿在活动中的好的想法，有创造性的活动及时给予肯定和表扬，这样不仅能使幼儿更好地进行下一环节的活动，还能增强幼儿的自信心和表演欲望。本次活动中，幼儿的观察能力、想象能力与大胆创造表现能力同时都得到了发展，而且还在与同伴诉说自己的想法、交流自己的感受中提高了语言交往能力。

指导教师点评

（1）教师在组织活动中能充分发挥幼儿的创造性，在幼儿玩表演时，鼓励幼儿创造性地表演角色的形象，为幼儿提供了宽松、愉快的表演环境。以至于每组幼儿都能创造出同一内容的不同语言和动作，表演得生动、形象。

（2）教师始终运用启发性原则，启发、引导幼儿进行分析和思考，让幼儿学会与同伴进行协商、分工、合作地进行表演，培养了幼儿的创造性、合作意识以及交往的能力。

（3）最后的评价环节体现了幼儿的自主性，让幼儿对自己的表演和同伴的表演进行评价这样非常好。不仅锻炼了幼儿的语言表达能力，而且还锻炼了幼儿的观察力和分析、判断事物的分辨力。

（4）如果能将整个活动过程拍摄下来，让幼儿观看后再进行评价活动会更客观，效果会更好。

三、案例研究启示

（1）通过此案例的研究，可以看出幼儿对表演文学作品的兴趣。他们通过玩表演游戏，以具体、生动的形式来体会所表演对象的思想内容，了解人物之间的关系，明辨是非，培养了幼儿美好的心灵和积极的情感，寓教于乐。

（2）幼儿在玩表演游戏时，要协商分配角色、共同准备道具、场景，要克服怕羞、胆怯心理，并大胆地扮演角色等，这就培养了幼儿的交往能力、合作意识、自信心和表演欲望。

（3）在玩表演游戏过程中，幼儿接触了大量丰富、优美的语言。并学习运用语调、表情、动作去表现人物的形象和情绪，这对发展幼儿的语言和表演才能有重要作用。

（4）通过表演游戏的组织，教师从中受到很大启发，在道具的制作上可以充分利用家长资源，让家长参与到活动中来。

（5）引导幼儿进行角色分配时，可以用游戏的方式决定（如锤子、剪刀、布或轮流的方式等）。

（资料来源：http：//www.doc88.com/p-982342054572.html）

【案例二】

中班表演游戏“萝卜回来了”

一、情况分析

中班的幼儿已初步能按意愿选择角色，能较完整地表演文学作品，常 3 ~ 5 人为一

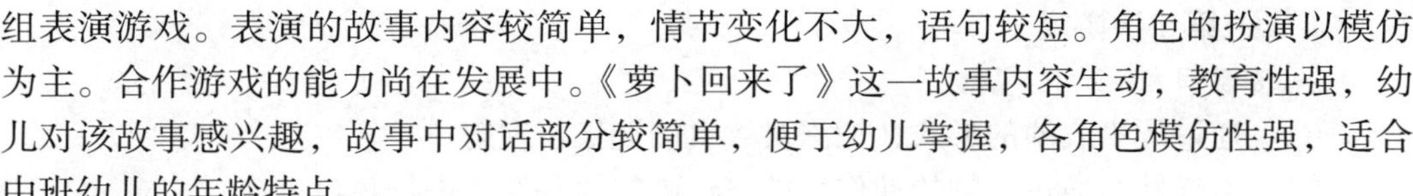

组表演游戏。表演的故事内容较简单，情节变化不大，语句较短。角色的扮演以模仿为主。合作游戏的能力尚在发展中。《萝卜回来了》这一故事内容生动，教育性强，幼儿对该故事感兴趣，故事中对话部分较简单，便于幼儿掌握，各角色模仿性强，适合中班幼儿的年龄特点。

二、游戏目的

（1）能较完整地复述各角色的对话，激发幼儿对表演游戏的兴趣。

（2）初步学会与同伴协商、分配角色。

（3）能较完整地进行表演。

三、游戏准备

（1）物质准备：小兔的头饰、小鹿的头饰、小猴的头饰、小熊头饰、四座小动物房子。

（2）知识经验准备：事先请幼儿看动画片表演，熟悉故事内容。

四、游戏指导

（一）第一次指导

1. 活动目标

（1）能用较连贯的语言说出故事情节，并会重复故事中反复出现的句式。

（2）通过故事表演的形式，加深对故事的记忆与理解。

2. 活动准备

（1）小兔、小猴、小鹿、小熊的头饰若干。

（2）萝卜、花生、青菜、白薯实物。

（3）故事磁带、录音机。

3. 活动过程

（1）幼儿欣赏故事，引导幼儿进一步理解故事内容。

教师:《萝卜回来了》这个故事说了些什么？

根据幼儿的回答，教师出示萝卜以及相应的小兔、小猴、小鹿、小熊的头饰，请幼儿说说这些小动物在雪地里找东西吃时，心里是怎么想的。

引导幼儿进一步学习描述小动物心理活动的语言：雪这么大，天气这么冷，××在家里，一定也很饿。我找到了东西，去和他一起吃。

（2）教师和幼儿共同讨论。

教师：小兔、小猴、小鹿、小熊出去找东西吃，什么地方不一样？

引导幼儿通过人物的动作、神态、语气的基调来区别。鼓励幼儿做相关的动作，进行表演活动，大家互评。

游戏观察与推进：幼儿对表演游戏表现很有兴趣，表演欲较强。大部分幼儿都能很好地复述故事对话。部分幼儿还能配上相应的动作，在引导幼儿通过人物的动作、神态、语气的基调来区别还有待加强和锻炼。

（二）第二次游戏

1. 活动目标

（1）通过故事表演的形式，加深对故事的记忆与理解。

（2）引导幼儿通过人物的动作、神态、语气的基调来进行角色表演。

2. 活动准备

（1）小兔、小猴、小鹿、小熊的头饰若干。

（2）萝卜、花生、青菜、白薯实物。

（3）故事磁带、录音机。

3. 活动过程

（1）回顾上次活动情况。

（2）教师和幼儿共同讨论动作、表情的表演。

教师：小兔、小猴、小鹿、小熊出去找东西吃，什么地方不一样？

引导幼儿通过人物的动作、神态、语气的基调来区别。鼓励幼儿做相关的动作，进行表演活动，大家互评。

（3）故事表演，教师观察。

教师和幼儿共同确定、布置场地，用头饰代表不同小动物的家。

请幼儿根据自己的意愿，自主扮演角色，随着故事磁带播放的进度有序地表演故事内容。

（4）评价结束。

教师：你扮演了谁？你是怎么演的？

请幼儿来示范，大家一起肯定。

游戏观察与推进：经过教师和部分幼儿的示范表演，大部分幼儿在游戏时都能努力做到有表情、有动作，但是表演时还是不够大胆，他们对布置游戏场景很感兴趣，能创造性地使用一些替代物，但是在合作能力上还有待加强，比如他们在共同布置场景、选择道具、表演故事时有争抢的现象，不会相互合作，在下次的活动中将加强这一点，引导幼儿学习互助互让，并尝试解决相互间的矛盾。

（三）第三次游戏

1. 活动目的

（1）能与同伴友好协商角色的分配，尝试解决出现的矛盾。

（2）继续学习生动地扮演角色，体现角色特点。

2. 活动过程

（1）教师启发幼儿回顾上次表演的情况。

①上一次游戏你开心吗？为什么？

②教师小结：重点提醒幼儿如何在组长的组织下相互协商分配角色，顺利地开展活动。

（2）教师提出游戏的要求。幼儿尝试自由组合，选举一位组长。

（3）幼儿分组表演，教师巡视观察。

①让幼儿按自己的意愿自由组合，选择小组，并与同伴轻声商量角色的分配。

②教师重点指导幼儿在组长的组织下相互协商分配角色，顺利地开展活动。

（4）游戏结束。

针对重点指导进行简评。

表扬表演认真、生动、形象的幼儿，并请其他幼儿以此为榜样学习。

游戏观察与推进：在本次活动中，幼儿在教师的帮助下，针对上次活动进行讨论，分析了上一次活动中玩得不开心，而且游戏时间又短的原因，同时请一组幼儿介绍了“先进经验”，通过对比、讨论，使幼儿知道了争吵是没用的，互相协商能解决很多问题，能有更多的游戏时间。在具体游戏中，我有目的地对幼儿的分组进行引导，努力做到能力强弱搭配，帮助幼儿在最短的时间开展游戏。

（四）第四次游戏

1. 活动目的

（1）能创造性地对角色进行表演。

（2）喜欢并思考百宝箱的使用，有效使用辅助材料。

（3）能与同伴友好合作。

2. 活动过程

（1）出示桌面教具，问：这是哪个游戏中的人物？

（2）评价前次游戏的优点及不足。

（3）让幼儿讨论这次游戏时你可以怎么表演更好。

（4）提出游戏要求。

①可以玩两种游戏。

②每组要互相协商进行表演。

③可以到百宝箱寻找需要的物品。

④游戏结束后，要一起收拾材料。

（5）幼儿分组表演，教师巡视观察。

①让幼儿按自己的意愿分成五小组，并与同伴轻声商量角色的分配。

②注意：表演过程中不随意离开自己的游戏场地。

③注意人物出场的顺序。

（6）结束部分。

①引导幼儿小组评议。

②集中评议。对于有创造性表演的幼儿给予鼓励和表扬。

五、游戏观察、反思与小结

通过四个阶段的游戏，幼儿对《萝卜回来了》的故事表演有了很大的兴趣，他们能按自己的意愿在小组长的组织下，初步学会用协商的方式开展游戏活动，在活动中能用自己喜欢的方式去表现故事中角色，尽情地宣泄自己的情绪，表演的水平得到很大的提高，我认为这对中班的幼儿已是很好的表现。

但通过这次活动，也暴露出班上幼儿存在的问题：组织能力弱，依赖性极强，在活动中盲从心态大，分析其中的原因除了幼儿的年龄特点外，家长的因素占很大的部分：①班上幼儿都是独生子，平时家长工作很忙，幼儿由老人照看，老人溺爱，凡事包办，使幼儿形成一种无助感，在活动中无主见，只有盲目跟从；②有个别幼儿以自我欲望为中心，遇事不懂得与同伴协商，不愿接受同伴的建议，时常引起纠纷；③有一些家长唯恐孩子吃亏，无论是幼儿在生活上、学习上或与同伴发生矛盾时，总喜欢越俎代庖，为自己的孩子出头解决，这就使幼儿遇事只等教师来解决……诸多的原因造成幼儿在社会交往方面形成障碍，首先表现在游戏活动中：无组织号召能力、无协商解决问题的能力。要想解决这个问题，幼儿必须学会与同伴合作和以社会接受的方式来行动，单靠几次的游戏是不够的，我想利用一日生活的各个环节，开展值日生、小组长等活动，尽量“权力下放”，多给幼儿一些机会，培养幼儿的组织能力；当幼儿遇到问题或发生小纠纷时，让幼儿学习自行协商解决；有针对性地开展一些主题活动：我们是好朋友……多采用小组合作共同完成的形式；同时通过家长会，提出一些家园配合的措施，如：请家长对幼儿适当的“放手”，不要过度溺爱、凡事包办，培养幼儿的独立性；鼓励胆小的幼儿与别人交往、对幼儿的无理行为和要求说“不”；当遇到问题需要帮助时，与幼儿共同商讨解决的方法；等等。我想，通过采取行之有效的方法、措施，耐心细致地引导，一定能促使幼儿社会交往能力的发展。

（资料来源：https：//max.book118.com/html/2018/0622/6033214033001202.shtm）

【案例三】

对大班表演游戏的观察与反思

山东省利津县第二实验幼儿园　刘令燕

一、观察纪录

兰润小朋友带来了《白雪公主》动画片，孩子们对其中的部分情节和角色非常感兴趣，并在表演区借助各种材料，自由分配角色，设计台词进行表演。

在最初的游戏中，孩子们特别喜欢表演“巫婆炮制毒苹果杀害白雪公主”这一段。博睿小朋友首次担任了巫婆角色，并当起了导演，和小伙伴一起设计情节开始了第一次游戏。他从图书角拿来了书籍当作巫婆的魔法书，从美术角拿来颜料瓶当作魔法药水，用皮球当苹果，念起咒语，将老巫婆角色表演得惟妙惟肖。看到巫婆的角色表演起来非常有趣，大家都争着要扮演巫婆。没办法，大家协商轮流扮演。在一次次的游戏中，情节日渐丰富起来。

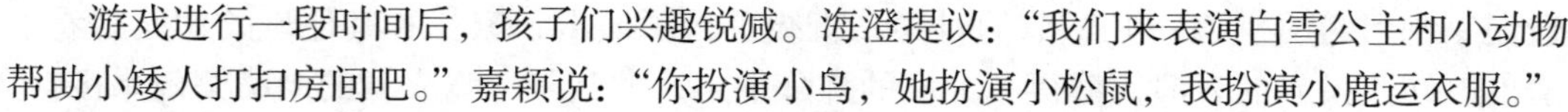

游戏进行一段时间后，孩子们兴趣锐减。海澄提议：“我们来表演白雪公主和小动物帮助小矮人打扫房间吧。”嘉颖说：“你扮演小鸟，她扮演小松鼠，我扮演小鹿运衣服。”

玩了一会儿，兰润说：“没有鹿角，运衣服太少了。”

浩冉：“我有办法了，用我们的手指头表示鹿角（他边说边要求同伴将衣服挂在食指、中指之间）。”

博睿：“那是小兔的耳朵，小鹿的角是分叉的，而且那样放衣服少，又不牢固。我用拇指、食指、小指来做鹿角（衣服果真放得多了，孩子们开始尝试用4个、5个手指作鹿角）。”

这时，教师介入游戏中来：“刚才，大家都是用手协助我们来表演鹿角，还有其他办法吗？”

孩子们想到了小女孩的辫子，几番尝试后都没有成功，大家总结出：辫子软，衣服挂不住。怎么办呢？兰润想到了把辫子编起来，增加硬度，尝试后也以失败告终，结论是：头发太光滑。

有一天，兰润和嘉颖合作表演洗衣服的松鼠一下子吸引了幼儿。原来兰润用“小乌龟”的肚子当搓衣板洗衣服，幼儿积极尝试，搓得“小乌龟”哈哈大笑。

有了这些好玩的角色，幼儿玩得非常开心。有一天，浩然在扮演扫灰尘的松鼠时，遇到了难题，他说他的尾巴扫不动灰尘，于是，教师鼓励幼儿选择各种材料进行尝试，没有成功。兰润想到了变换“灰尘”材料，让它变得轻一点，比如用纸屑、羽毛。于是大家一起搜集了较轻的灰尘材料，有各类纸、毛线、羽毛等，为了让它们变得更轻一点，大家又通过撕、剪等方式，将它们变为纸屑、毛线头。

浩然说：“我还有一件事情要请大家帮忙，你们能帮我设计一张蛛网吗？我想扮演小松鼠扫蛛网。”大家积极献计献策，用毛线、身体，还有一种更具创造性的打扫蛛网的方式，当“松鼠”用尾巴扫蛛网时，他们就立刻手拉手缠在“松鼠”身上，多好的创意呀！

兰润：“这里怎么有女孩鞋呀？小矮人都是男人。”

她的发现引来了大家的争议，一迪说：“也许是他们女朋友的吧。”女鞋最终保留下来。

白雪公主是幼儿最喜欢的角色，却没人扮演。经过交流，教师了解到原来大家觉得这个角色表演难度大，要唱歌好、跳舞棒，还要长得漂亮，大家不敢尝试。于是向大家发出倡议：“《白雪公主》童话剧马上要开演了，现就主要角色——白雪公主向小朋友发起挑战，请大家自愿报名，竞选主角。”这个主意得到了家长的大力支持，第二天，幼儿的表演精彩纷呈，大家争相表演，白雪公主终于“名花有主”了。

几天之后，问题又来了，喜欢搞恶作剧的一鸣将衣服、鞋子、袜子扔得到处都是，妨碍了游戏的正常进行，他却玩得不亦乐乎。大家都纷纷指责他，教师和他一起观看了别人愉快的游戏，引导他思考联想自己开心玩耍时因别人“捣乱”而使游戏无法进行的经历，并借机鼓励他向老巫婆角色发起挑战。他居然同意了，并且演得相当出色，让大家刮目相看。六一儿童节的时候，班级进行了演出，家长和其他班的幼儿观看了演出。幼儿投入的表演，博得了大家的阵阵掌声，尤其是一鸣表演的老巫婆效果极佳，此后，他参与各种活动的积极性明显提高。

二、解读

以上表演游戏，突破了教师高控制之下，幼儿对教师模仿和服从的传统表演游戏模式，以促进幼儿主体性发展为宗旨，力求凸显游戏中一种新型的师幼关系。教师除了提供时间、空间和基本材料外，很少干预幼儿的游戏。如情节、台词的设计、角色选择以及女鞋问题是否保留等游戏过程，都是按照幼儿的意愿进行的。当幼儿在游戏中遇到困难，或因思维受到限制、缺少创新而使游戏无法继续深入时，教师参与的策略核心都是引导幼儿自己试着去解决，如：

方法一，抛出能启发幼儿思维的问题；

方法二，帮助幼儿出谋划策；

方法三，为幼儿提供多样化的游戏材料，以鼓励和支持他们进行多样化探索；

方法四，为幼儿营造一种民主平等的讨论氛围，让幼儿的经验、困惑进行有益的碰撞，激发他们不断思考，自己发现存在的问题，找出解决问题的方法。

所有这些都收到了很好的教育效果，一段时间后，幼儿语言表达能力、自我表现能力和合作交往能力等都有明显的提高。

三、反思

1. 提供充足的游戏时间和空间，保证游戏顺利进行

因为每天游戏时间充足，幼儿可以充分投入游戏，这为游戏多样化、创新性地开展提供了时间上的保障。游戏过程中以集体、分组、个体活动相结合的形式交叉进行，当幼儿不敢尝试白雪公主角色时，为了保证游戏继续进行，教师还开展了幼儿、家长共同参与的“竞选公主”活动，使得受“冷落”的公主角色成了“热门”角色，激活了幼儿的表演欲望，将游戏推向了高潮。基于游戏空间的延伸，家长资源也给游戏注入了新的活力，浩冉和妈妈的“鹿角”创意，就是一个很好的例子。

2. 投放丰富的游戏材料，支持幼儿探究

根据幼儿兴趣和游戏需要，向幼儿提供半成品或一物多用的游戏材料，有助于幼儿主动性、创造性的发挥，如各种饮料瓶、易拉罐、纸盒、纸箱等。为了更好地发挥游戏材料的教育作用，教师还应在活动过程中启发幼儿扩充材料和改造材料。如：游戏中，不变“尾巴”材料变“灰尘”材料问题是幼儿发现的，教师惊讶于他们敏锐的观察力和对已有经验的迁移，并大力支持，积极为孩子们提供了各种纸、羽毛、毛线等操作材料，创设探索空间，让幼儿原有经验在表演游戏中得到不同程度的调动、丰富、建构和巩固。

3. 关注幼儿的“捣乱”行为，引导幼儿学会换位思考

幼儿在游戏中经常会以自我为中心，很多矛盾冲突就是因为不能理解对方，所以引导幼儿学会换位思考是很重要的。喜欢搞恶作剧的一鸣将衣服、鞋子、袜子扔得到处都是，妨碍了游戏的正常进行，他却不以为意。教师和他一起观看了大家愉快的游

戏，引导他联想自己开心玩耍时因别人“捣乱”而使游戏无法进行的经历，并借机鼓励他扮演老巫婆，演出获得了极大成功，也使他从此变得自信和慢慢自律起来，更乐于参与活动。

4. 关注幼儿需求，适时引导

教师要在不干扰幼儿游戏的前提下，参与幼儿游戏，关注幼儿需要，并适时给予引导、支持。当幼儿在表演小鹿，思维局限于用手表演鹿角时，教师及时提出问题，使幼儿突破原有思维，不断探索和尝试。当幼儿不敢尝试白雪公主角色时，教师巧妙利用家长资源，开展“角色竞争”活动，激活了幼儿的表演欲望，将游戏推向了高潮。当个别幼儿没有足够勇气时，教师建议他担任小乌龟、小老鼠、小鸟等角色参与游戏。

要让幼儿真正成为游戏的主人，教师不仅是教育者，更是幼儿游戏的伙伴；要让幼儿在游戏中玩得开心，玩有所得，教师就要用心观察幼儿的游戏行为，带着童心去参与幼儿游戏，重视良好游戏环境的创设，营造良好的游戏氛围，引导幼儿参与游戏环境、材料的创设。把游戏的自主权还给幼儿，让幼儿在游戏中自主活动、自主发展，为不同能力的幼儿提供不同展示自己才能的机会。教师也在不断地对游戏的观察、调整中获得专业化发展和自我不断完善。

［资料来源：山东教育，2009（1）］

【案例四】

表演游戏活动：三只小猪（大班）

魏正凯

一、游戏目标

（1）积极参与《三只小猪》故事结尾的创编，能大胆提出自己的想法和建议。

（2）尝试与同伴合作构思，表演故事结尾。

（3）能运用所选择的材料表现故事情节。

二、游戏准备

（1）知识经验的准备。

①幼儿：能够按原有故事情节进行表演；具有初步的记录能力。

②教师：了解幼儿现有的表演水平。

（2）物质材料的准备。

①表演游戏“三只小猪”所需的游戏材料：纸箱，“猪鼻子”，“猪妈妈”的头巾；其他可利用的各种废旧物品。

②记录表（表 5–3），以及上一次表演游戏的照片、电脑、照相机、摄像机、投影仪等。

表 5-3

序号	小猪打败狼的过程	所用材料
1		
2		
3		

（3）环境的准备。

创设区角“百宝库”，用蓝色即时贴分割出四个表演区域。

三、游戏过程

（1）歌舞表演《三只小猪》，导入故事主题。

（2）看记录表，回顾游戏，提出新任务。

①讨论上次游戏中的问题：猪妈妈的头巾总是掉怎么办？故事中的大灰狼每次都是被开水烫死，总这样表演没意思，怎样调整更好？

②提出新问题，分组创编故事结尾。思考：大灰狼又会出什么坏点子？小猪们又将怎样打败大灰狼呢？需要什么材料来进行表演？

③分组讨论故事结尾，并请小组代表相互交流，教师做记录。

（3）分组表演。

第一次分组表演：分配故事角色，选择、准备表演道具。

第二次分组表演：幼儿分成表演组与评议组，交替进行表演、评议，教师做记录。

（4）播放录像，展示照片，师幼共同讨论。

幼儿观看第一次表演的录像和照片，进行集体交流：你喜欢这个小组创编的故事结尾吗？为什么？你觉得什么材料选择得巧妙合理？你有什么好的建议？

四、游戏延伸

（1）在表演区，鼓励幼儿继续创编有创意的故事情节。

（2）丰富“百宝箱”的材料，为丰富幼儿的创造性表演做好准备。

［资料来源：学前课程研究，2008（9），有改动］

点评：该份表演游戏活动教案内容完整，格式规范。游戏活动目标明确具体，活动前的知识储备、环境创设（区域材料准备、活动材料准备、空间安排等）均符合实现活动目标的要求。游戏内容合适并处理得当。游戏活动过程安排合理，活动指导得当，充分体现了师幼互动。

●思考与练习

1. 什么是表演游戏？其特点是什么？
2. 表演游戏具有哪些教育作用？
3. 如何指导幼儿开展表演游戏？
4. 幼儿的表演技能有哪些？

第四节　表演游戏技能实训

实践与训练一　表演游戏的观察记录

【实训目标】

（1）培养学生观察记录幼儿表演游戏行为的能力。

（2）培养学生分析评价幼儿表现力的能力。

【实训内容与要求】

（1）到幼儿园实地观察大班幼儿的表演游戏活动，或观看大班幼儿表演游戏实录。

（2）根据观察实际填写下面记录表（表 5–4）。

（3）根据记录情况分析评价大班幼儿表现力发展状况。

表 5–4　大班表演游戏中的幼儿表现力观察记录表

观察者：　　　　被观察者：　　　　观察日期与时间：　　　　观察地点：　　　　表演游戏形式：

观察目的：观察大班某幼儿在表演游戏中的表现力发展情况。

观察目标：了解某大班幼儿表现力发展状况，主要关注其语言表现、肢体语言、面部表情和运用道具的能力，用以辅助教师优化大班幼儿表现力的指导策略。

<table>
<tr><td rowspan="4">观察项目</td><td colspan="12">语言表现</td><td colspan="3">肢体语言</td><td colspan="3">面部表情</td><td colspan="3">运用道具的能力</td></tr>
<tr><td colspan="3">声音自然</td><td colspan="3">表达连贯</td><td colspan="3">语气符合角色特征</td><td colspan="3">演唱合拍</td><td rowspan="2">肢体动作单一</td><td rowspan="2">肢体动作多样</td><td rowspan="2">肢体动作合拍</td><td rowspan="2">面无表情</td><td rowspan="2">表情自然</td><td rowspan="2">表情丰富</td><td rowspan="2">使用单一道具</td><td rowspan="2">使用多种道具</td><td rowspan="2">创造性使用道具</td></tr>
<tr><td>偏低</td><td>偏高</td><td>适宜</td><td>不连贯</td><td>基本连贯</td><td>非常连贯</td><td>不符合</td><td>基本符合</td><td>非常符合</td><td>不合拍</td><td>基本合拍</td><td>非常合拍</td></tr>
<tr><td></td><td></td><td></td><td></td><td></td><td></td><td></td><td></td><td></td><td></td><td></td><td></td><td></td><td></td><td></td><td></td><td></td><td></td><td></td><td></td><td></td></tr>
<tr><td>要点实录</td><td colspan="12"></td><td colspan="3"></td><td colspan="3"></td><td colspan="3"></td></tr>
</table>

使用说明：

1. 本样表参照《3—6 岁儿童学习与发展指南》。该《指南》提出：“5 ~ 6 岁儿童能用基本准确的节奏和音调唱歌，能用律动或简单的舞蹈动作表现，能为表演选择和搭配简单的服装、道具或布景。”

2. 观察者就座于表演区观众席观察某一幼儿，根据其表现在相应栏内打“√”，“要点实录”栏内记录其表演行为。

实践与训练二　表演游戏指导方案制定与组织指导技能

【实训目标】

（1）培养学生针对幼儿的年龄特点确定合适的教学目标的能力。

（2）培养学生按规范的格式制定表演游戏指导方案的能力。

（3）培养学生掌握组织与指导表演游戏的能力。

【实训内容与要求】

（1）分组到幼儿园各年龄班进行幼儿表演游戏观摩活动，然后自定主题设计一份相应年龄段的表演游戏教案。

（2）教案要求格式规范，有明确的活动目标、合适的活动内容、活动准备以及具体的活动指导。

（3）根据表演游戏指导方案，分组模拟幼儿教师进行表演游戏组织与指导。

实践与训练三　手影表演技能

【实训目标】

（1）培养学生用手影表现常见动物造型的能力。

（2）培养学生运用手影游戏进行表演的能力。

【实训内容与要求】

（1）练习并掌握各种手影动物造型（如图 5-7）。

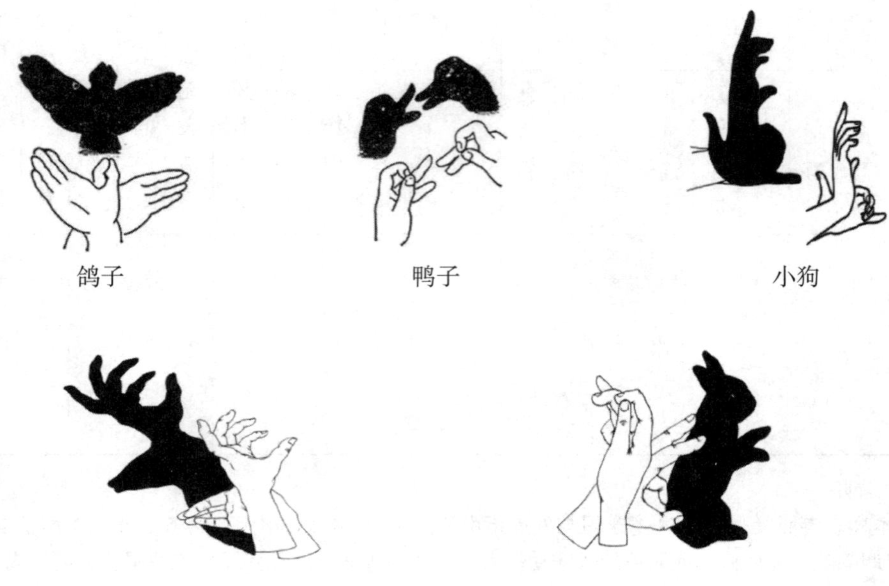

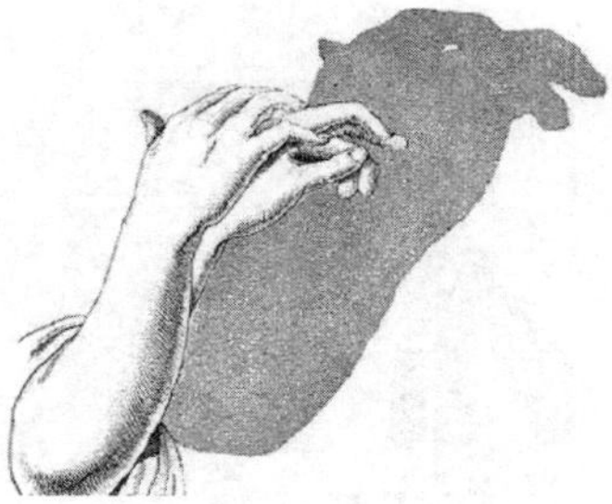

骆驼 　梅花鹿 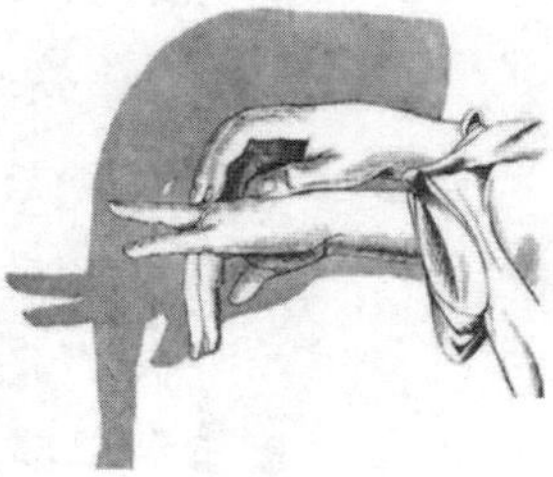　大象

老鹰 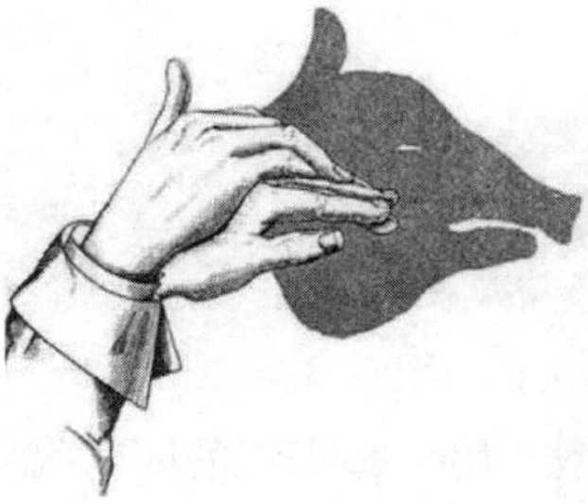　小猪 　鹅

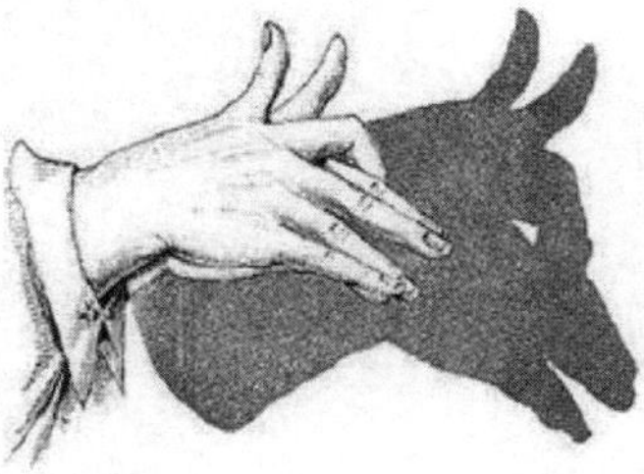

小羊 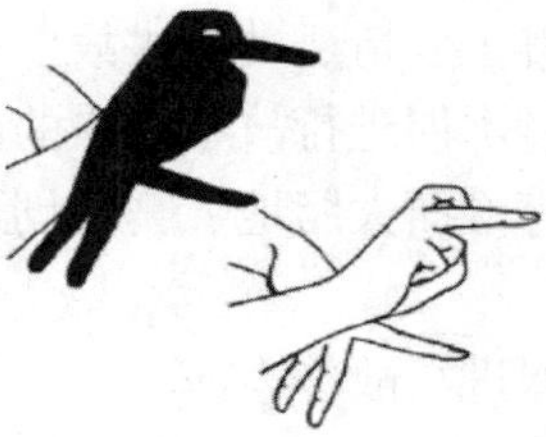　小鸟 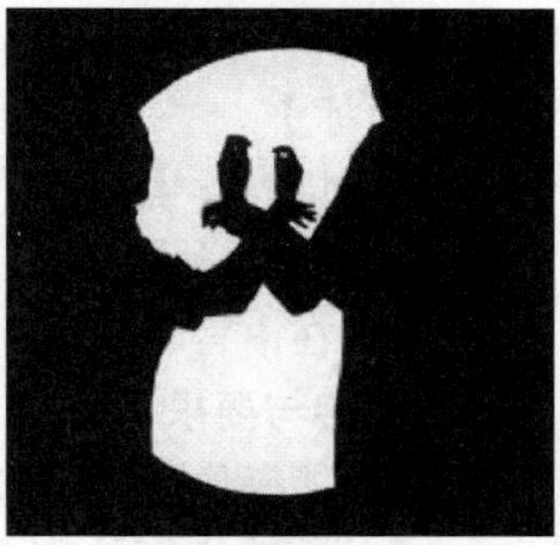　两只小鸟

乌龟 　蜗牛 　鹦鹉

图 5–7

（2）试用手影表演下面儿歌（图 5–8）。

图 5–8

（3）尝试用手影表现其他造型，用手影表现的同时编儿歌。

实践与训练四　木偶表演技能

【实训目标】

（1）培养学生用生动的语言、表情、动作讲故事的能力。

（2）培养学生用手指或布袋木偶进行故事表演的能力。

（3）在语言、动作、表情等方面大胆地、富有创造性地表现角色性格特征。

【实训内容与要求】

（1）能操作手指或布袋木偶进行故事表演。

（2）准确把握故事中人物的性格特点，讲演时能运用恰当的语气、语调、语速、节奏，有层次、有区别地对故事中不同的角色进行模仿。

手偶剧《小白兔和小鸟的森林探险记》剧本

人物：小白兔，小乌龟，大灰狼，小鸟，小袋鼠，袋鼠妈妈。

场景：茂密的大森林里。

（动物园放学了，小动物都准备回家了，小白兔、小鸟和小袋鼠背着书包走在回家的路上，阳光普照着大地，树叶被风儿吹着发出了哗啦啦的声音，小鸟唱起了美妙的歌曲……）

小白兔：（开心）小鸟小袋鼠，我们今天放学早，我们一起去森林探险吧！

小鸟：（鼓掌）好呀好呀，我好想知道大森林里都有什么呀！

小袋鼠:（皱着眉头）妈妈说，不能到危险的地方去，万一碰到大灰狼，会把我们吃掉，我们就再也见不到爸爸妈妈了。

（小白兔和小鸟劝说小袋鼠一起去，可是小袋鼠一直不同意，最后小白兔和小鸟决定两人一起去。）

小白兔:（惊讶）小鸟小鸟，这是玫瑰花吧！好漂亮呀！

小鸟:（快步跑过去闻了闻）是玫瑰花，不仅漂亮还好香啊！

小白兔:（惊讶）小鸟小鸟，这个绿色的石头是什么呀？好奇怪。

小鸟:（走过去查看）小笨兔，这是玉石，听说在人类世界很值钱的。

（小白兔把玉石放在了自己的口袋里，它们继续向前走去，小白兔和小鸟完全被这个森林迷住了……）

小鸟:（震惊）小白兔小白兔，你快看那有只乌龟好像受伤了，我们走近看看吧。

小白兔:（飞快地跑过去）它的腿流血了，我们快给它止血包扎一下吧！

（小鸟从森林里找到了布条和其他东西，小白兔给小乌龟包扎……）

大灰狼:（从树后面扑过来）啊哈哈哈，这么多小动物呢，我大灰狼饿了多日，今日可以饱餐一顿了。

（小白兔和小鸟吓了一跳，小鸟、小白兔带着小乌龟飞快地向森林中逃去，大灰狼在后面紧追不舍……）

大灰狼:（得意）小白兔小鸟，你们停下吧，别挣扎了，你们逃不掉的。

小鸟:（紧张）小白兔往这跑，这边有路。

小白兔：好的（更加努力往前跑）。

（小白兔听着小鸟的指挥一路逃窜，最终小白兔因为体力不支停在了一片草地前，小鸟也不知道去哪了。）

大灰狼:（得意）小白兔，我就说你逃不出我的手掌心吧，你偏要跑，偏要跑，看看，现在不是还落在我手里了，你们就乖乖跟我回家吧！

小白兔:（气急败坏）大灰狼，我是不会跟你走的，我也不会让我的朋友跟你走的。

（大灰狼一步步逼近小白兔，露出了自己锋利的爪子……）

小鸟、小袋鼠、袋鼠妈妈:（着急）小白兔，小白兔，你在哪呀？

小白兔:（虚弱）我在这，我在这。

（小鸟、小袋鼠、袋鼠妈妈循着声音找到了小白兔。）

大灰狼:（斗志满满）你们人多我也不怕，今天就叫你们有来无回，接下来的一星期都不用出去觅食了，哈哈哈哈哈。

（小鸟、小袋鼠、袋鼠妈妈和大灰狼打了起来，袋鼠妈妈三下五除二就把大灰狼打晕了，她们带着小白兔和小乌龟回家了，远离这个危险的地方……）

（夕阳西下，候鸟归巢，传来了小白兔的声音。）

小白兔：小鸟，你当时怎么突然就消失了呢，我好害怕。

小鸟：小白兔，我们是朋友，我是不会丢下你的，当时情况危急，我回去搬救兵了。

（过了一段时间，小乌龟的伤养好了，小白兔、小鸟、小乌龟和小袋鼠成了最好的朋友，这次的探险也给小白兔和小鸟留下了深刻的印象。）

（画外音：小朋友，要听爸爸妈妈的话，千万不要到危险的地方去哦！）

实践与训练五　儿歌与儿童舞表演技能

【实训目标】

（1）培养学生准确而有表情地演唱幼儿歌曲的能力。

（2）培养学生的幼儿舞蹈表现力。

【实训内容与要求】

（1）每生至少对两首幼儿歌曲进行自跳自唱。

（2）能准确地把握歌曲的节奏，并能根据幼儿歌曲的风格、内容及其旋律特点恰当地设计舞蹈动作。

实践与训练六　综合表演技能

【实训目标】

（1）培养学生运用语言（包括体态语言）、动作、表情、歌曲、舞蹈、琴法等多种技能合作进行表演的能力。

（2）培养学生自主设计游戏场景，综合运用各种技法制作表演服装、道具的能力。

【实训内容与要求】

（1）分组排练儿童歌舞剧《小熊请客》，每6～7人一组，各组自行确定各人扮演的角色，其中一人为钢琴伴奏。

（2）各组自行确定表演的形式，并自行设计制作全部场景道具。

（3）在忠实原作品的基础上，可以适当地再创造，但表演必须能刻画出每个角色鲜明的性格特征。

附：儿童歌舞剧《小熊请客》剧本和音乐

儿童歌舞剧：小熊请客

雪人（编故事的梦想家）

第一场：在树林中

（太阳透过树丛，照射着绿油油的草地，草地上开着各种颜色的野花，树上的小鸟快活地叫着。在一阵怪里怪气的音乐声中，狐狸顺着林中小路一颠一拐地走了过来。）

狐狸：我的名字叫狐狸，没有朋友没亲戚，人人见我都讨厌，说我好吃懒做没出息。

（他抬头看了看太阳。）

（白）太阳升得高又高，肚子里还没吃东西。唉，真倒霉！到现在连一点吃的还没弄到手，饿得我两条腿一点劲都没有了，我还是先在大树背后歇一会儿吧！

（狐狸靠着大树懒懒地眯上了眼睛。）

（一阵轻快的音乐由远而近，小猫提着一包点心，连唱带跳地跑了过来。）

小猫：（唱第一曲《到小熊家里去》）

喵喵喵，真呀真快活，今天过节，小熊请客。我们到他家里去，又吃又玩又唱歌。喵喵喵，喵喵喵，真呀真快活！

（狐狸听见小猫的歌声，就从树后跳了出来。）

狐狸：喂！小猫咪！你到小熊家去吗？带我一块去吧！

小猫：你？

（唱第二曲《我才不带你！》）

狐狸，狐狸！你没出息，你自己不做工，还想白白吃东西。我呀，哼！我才不带你！

（小猫头也不回，连蹦带跳地渐渐走远了。狐狸看着小猫的背影气呼呼地骂了起来。）

狐狸：哼！真气死我啦！小猫咪真是个坏东西！（他伸了伸懒腰，打了个哈欠。）唉！我还是在这儿躺一会吧！

（狐狸靠着大树，两眼刚刚眯起来，远远又传来一阵愉快的音乐声。小花狗带着给小熊的礼物，蹦蹦跳跳地跑来了。）

小花狗：（唱第一曲《到小熊家里去》。）

汪汪汪，真呀真快活，今天过节，小熊请客。我们到他家里去，又吃又玩又唱歌。汪汪汪，汪汪汪，真呀真快活！

（狐狸等小花狗走近了，又从树后跳了出来。）

狐狸：小花狗，你今天打扮得真好看，上哪儿去呀？

小花狗：今天过节，我们到小熊家去玩！

狐狸：小花狗，你带我一块去吧！

小花狗：你？

（唱第二曲《我才不带你！》）

狐狸，狐狸！你没出息，你自己不做工，还想白白吃东西。我呀，哼！我才不带你！

（小花狗瞪了狐狸一眼，蹦蹦跳跳地走远了。）

狐狸：哼！小花狗也是个坏东西！我还是在这儿再歇会儿吧！

（狐狸又伸出个懒腰，垂头丧气地靠在树背后。这时远远传来了小鸡的歌声。）

小鸡：（唱第一曲《到小熊家里去》）

叽叽叽，真呀真快活，今天过节，小熊请客。我们到他家里去，又吃又玩又唱歌。叽叽叽，叽叽叽，真呀真快活！

（狐狸又跳了出来，满脸含笑地迎着小鸡走过来。）

狐狸：哎呀呀，亲爱的小鸡呀！我简直都不敢认你啦！你今天打扮得多么漂亮呀！你这是要上哪儿去呀？

小鸡：今天小熊请客，我到他家玩去！

狐狸：这可太好啦！我们可以在一块儿好好地玩玩啦！我跳舞给你看。（狐狸把两眼眯成一条缝，声音特别柔和地）小鸡，你带我一块去吧？

小鸡：（上下看了狐狸一眼）你？

（唱第二曲《我才不带你！》）

狐狸，狐狸！你没出息，你自己不做工，还想白白吃东西。我呀，哼！我才不带你！

（小鸡也是连头都没有回一下，就一跳一跳地走远了。狐狸可真气死了，他看着小鸡的背影，狠狠地骂起来。）

狐狸：哼！又是一个坏东西！（想了想）好哇，你们不带我去，我自己去。到了小熊家，我就把好东西一口气吞进肚子里，你们等着吧！

（狐狸眨了眨眼睛，舔了舔舌头，一颠一拐地朝小熊家走去。）

（音乐也随着渐隐下去。幕落。）

第二场：在小熊家里

（在一间用石头堆起来的屋子中间，放着一张木桌，四个小木凳，桌上摆着小熊给朋友们准备好的小鱼、肉骨头和小虫子，开得非常好看的红花放在桌子中央。）

小熊：（唱第三曲《朋友来了多高兴》）

把地扫干净，桌子椅子擦干净，朋友来了多高兴，多高兴。啦啦啦，啦啦啦！朋友来了多呀多高兴！

（嘭嘭嘭，响起了敲门声。）

小熊：谁呀？

小猫、小花狗、小鸡：是我们！

（小熊高兴地跑去把门打开，亲切地把伙伴们迎进来，又把门关好。）

小熊：（唱第四曲《欢迎曲》）

欢迎你，欢迎你，好朋友，我欢迎你！……这是骨头、小虫和小鱼，随便吃点别客气！

（在欢乐的音乐声中，大家把给小熊带的东西放下，围在一起高兴地吃起来。忽然响起了几下重重的敲门声。）

小熊：谁呀？

狐狸：快开门，我是大狐狸！

小熊：（惊讶地）哎呀！原来这个坏东西来了！

（门敲得更厉害了。）

狐狸：快开门！把好吃的东西都拿来！

（大伙儿很快地凑在一块儿，小鸡、小猫不停地问：“怎么办？怎么办呀？”）

小熊：（低声地）别急！我有办法啦！

小鸡、小花狗：快说呀！

小猫：什么办法？快说！

小熊：我盖房子的时候，还剩下好些石头，我把它们分给你们。等一开门，咱们就一块儿拿石头扔他！

小猫：好，快点！

（小熊很快就把石头分完了。）

小熊：（轻声地）好了吗？我去开门。

（门“吱呀”一声开了，狐狸一步就跨进了门。）

狐狸：快把好吃的东西拿来，别惹我生气！

小猫：好吧！给你！给你！

小鸡：给你！

（大伙儿一面喊着，一面把石头狠狠地朝狐狸扔过去。狐狸抱着头，狼狈地叫起来。）

狐狸：哎哟，哎哟……疼死我喽！……快点逃走吧！……

（狐狸夹起尾巴，想夺门逃走。他猛一转头，一下子碰在石头墙上，疼得他倒退了两步，才看准门口，一溜烟跑了出去。）

（紧接着响起一阵快乐的笑声。）

小熊：现在咱们大家可以好好地玩玩啦！

（大家一边唱歌，一边跳起舞来。）

小猫：（唱第五曲《赶走大狐狸》）喵喵喵。

小花狗：汪汪汪。

小鸡：叽叽叽叽，叽叽叽叽。

齐：哈哈哈哈，

小熊：赶走大狐狸！

齐：心里多欢喜！

小熊：跳起舞来唱起歌，

齐：高高兴兴来游戏！

啦啦啦啦啦啦啦啦！

啦啦啦啦啦啦啦！

赶走大狐狸！

心里多欢喜！

跳起舞来唱起歌，

高高兴兴来游戏！

啦啦啦啦啦啦啦啦！

啦啦啦啦啦啦啦！

（欢快的尾声音乐清脆地响了起来……帷幕慢慢地落下来。）

（资料来源：http：//www.baby-edu.com/）

附：

狐狸的自白（数板）

1=F 2/4 3/4

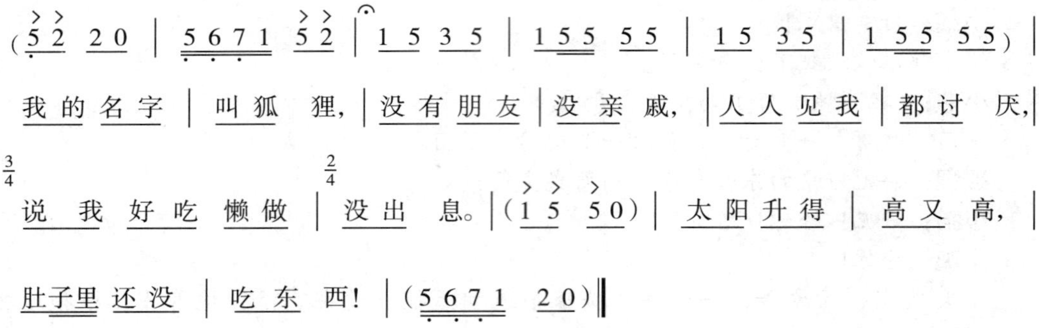

（5 2 2 0 | 5 6 7 1 5 2 | 1 5 3 5 | 1 5 5 5 5 | 1 5 3 5 | 1 5 5 5 5）|

我的名字 | 叫狐 狸，| 没有朋友 | 没亲 戚，| 人人见我 | 都讨 厌，|

3/4 说 我 好吃 懒做 | 2/4 没出 息。|（1 5 5 0）| 太阳升得 | 高又 高，|

肚子里还没 | 吃东 西！|（5 6 7 1 2 0）‖

到小熊家去

1=F 2/4 （第一曲）

（愉快、活泼地）

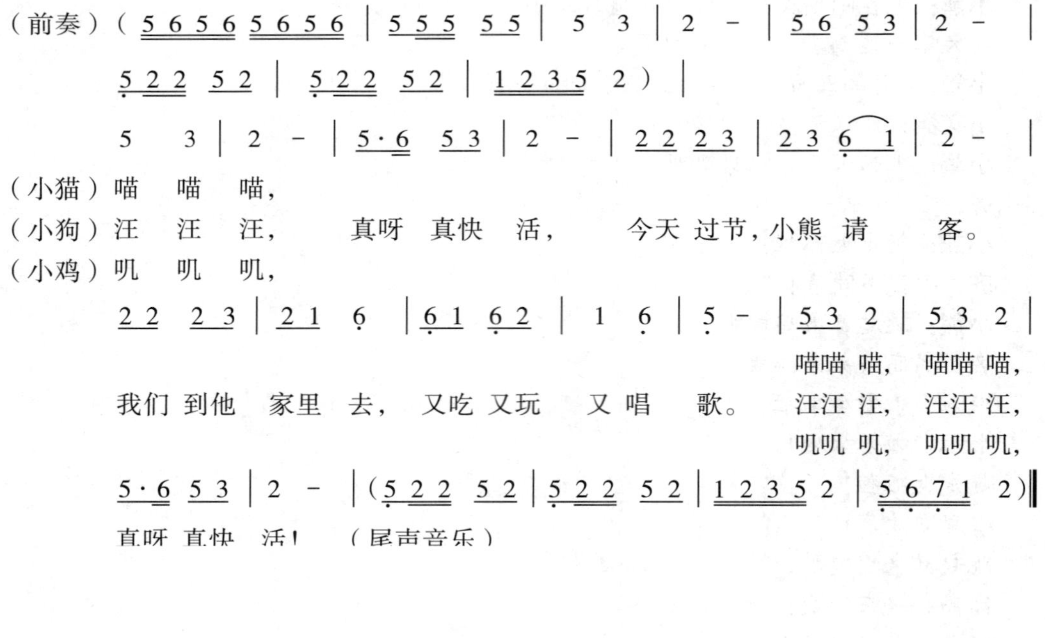

（前奏）（5 6 5 6 5 6 5 6 | 5 5 5 5 5 | 5 3 | 2 - | 5 6 5 3 | 2 - |

5 2 2 5 2 | 5 2 2 5 2 | 1 2 3 5 2）|

5 3 | 2 - | 5·6 5 3 | 2 - | 2 2 2 3 | 2 3 6 1 | 2 - |

（小猫）喵 喵 喵，

（小狗）汪 汪 汪， 真呀 真快 活， 今天 过节，小熊 请 客。

（小鸡）叽 叽 叽，

2 2 2 3 | 2 1 6 | 6 1 6 2 | 1 6 | 5 - | 5 3 2 | 5 3 2 |

喵喵 喵， 喵喵 喵，

我们 到他 家里 去， 又吃 又玩 又 唱 歌。 汪汪 汪， 汪汪 汪，

叽叽 叽， 叽叽 叽，

5·6 5 3 | 2 - |（5 2 2 5 2 | 5 2 2 5 2 | 1 2 3 5 2 | 5 6 7 1 2）‖

真呀 真快 活！ （尾声音乐）

我才不带你

1 = F 2/4 （第二曲）
（轻蔑地）

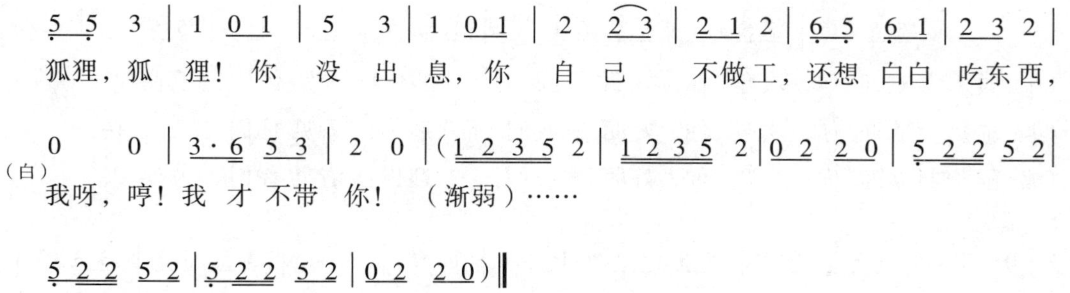

5 5 3 | 1 0 1 | 5 3 | 1 0 1 | 2 2 3 | 2 1 2 | 6 5 6 1 | 2 3 2 |
狐狸，狐 狸！你 没 出 息，你 自 己 不做工，还想 白白 吃东西，

0 0 | 3·6 5 3 | 2 0 |（1 2 3 5 2 | 1 2 3 5 2 | 0 2 2 0 | 5 2 2 5 2 |
（白）我呀，哼！我 才 不带 你！（渐弱）……

5 2 2 5 2 | 5 2 2 5 2 | 0 2 2 0）‖

朋友来了多高兴

1=C 2/4 （第三曲）
（轻快地）

（前奏）（5 5 | 5 6 5 | i i 6 i | i 6 5 | 3 3 2 3 | 5 6 5 | 6 5 3 2 | 5 - |
i 6 | i 2 3 5 | i 6 | 5 i 6 5 | 3 3 2 3 | 5·6 3 2 | 1 - ）|

5 5 | 5 6 5 | i i 6 i | i 6 5 | 3 3 2 3 | 5 6 5 | 6 5 3 2 | 5 - |
把 地 扫干 净，桌子椅子 擦干 净，朋友来了 多高 兴，多 高 兴。

i 6 | i - | i 6 | 5 - | 3 3 2 3 | 5·6 3 2 | 1 - |（i 6 |
啦 啦 啦， 啦 啦 啦！ 朋友 来了 多呀 多高 兴！（渐慢）……

1 2 3 5 | i 6 | i 2 3 5 | i -）‖

欢 迎 曲

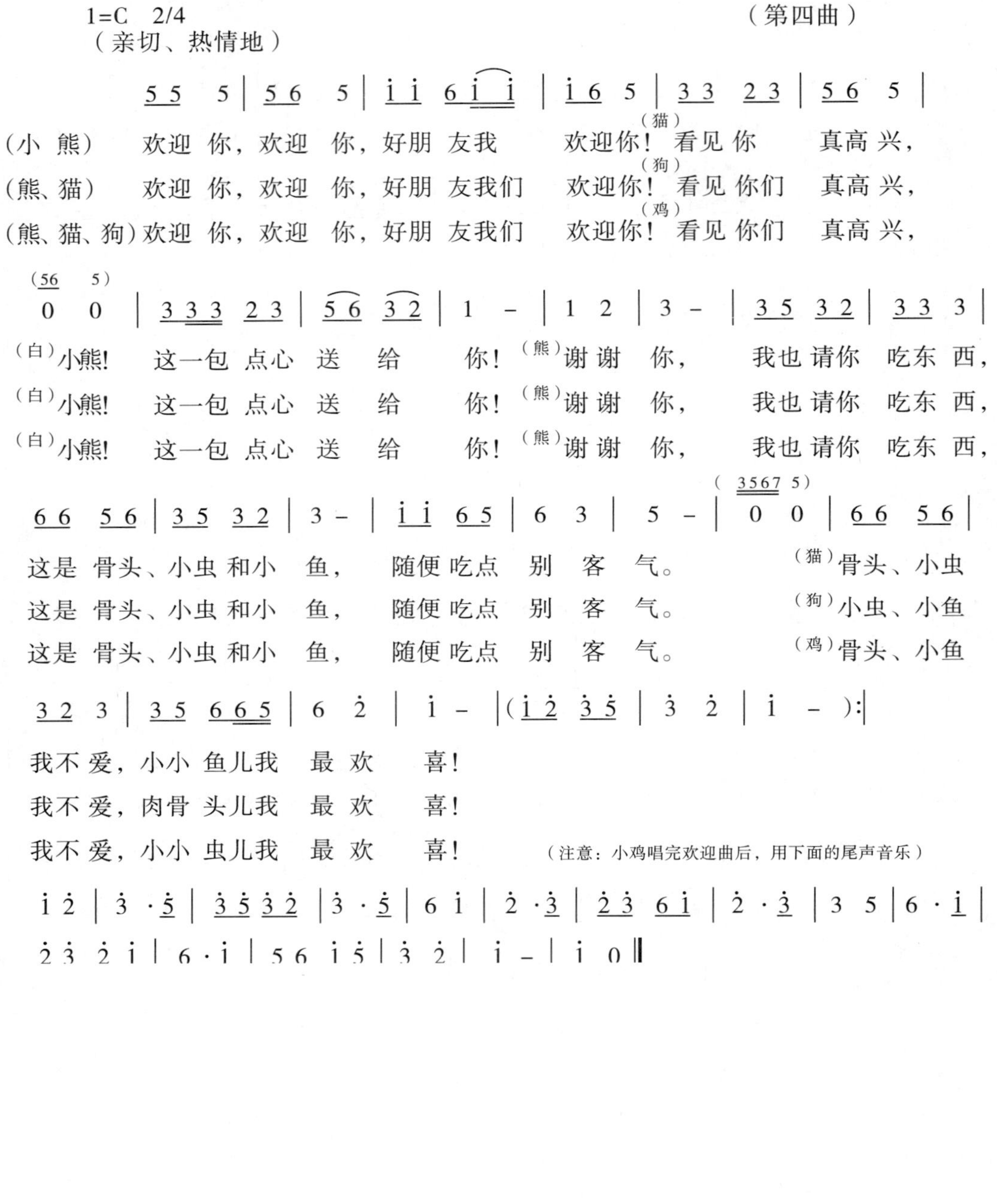

1=C 2/4 （第四曲）

（亲切、热情地）

5 5 5 | 5 6 5 | 1̇ 1̇ 6 1̇ 1̇ | 1̇ 6 5 | 3 3 2 3 | 5 6 5 |

（小 熊） 欢迎 你，欢迎 你，好朋 友我 欢迎你！（猫）看见 你 真高 兴，

（熊、猫） 欢迎 你，欢迎 你，好朋 友我们 欢迎你！（狗）看见 你们 真高 兴，

（熊、猫、狗）欢迎 你，欢迎 你，好朋 友我们 欢迎你！（鸡）看见 你们 真高 兴，

（56 5）

0 0 | 3 3 3 2 3 | 5 6 3 2 | 1 – | 1 2 | 3 – | 3 5 3 2 | 3 3 3 |

（白）小熊！ 这一包 点心 送 给 你！（熊）谢 谢 你， 我也 请你 吃东 西，

（白）小熊！ 这一包 点心 送 给 你！（熊）谢 谢 你， 我也 请你 吃东 西，

（白）小熊！ 这一包 点心 送 给 你！（熊）谢 谢 你， 我也 请你 吃东 西，

（3567 5）

6 6 5 6 | 3 5 3 2 | 3 – | 1̇ 1̇ 6 5 | 6 3 | 5 – | 0 0 | 6 6 5 6 |

这是 骨头、小虫 和小 鱼， 随便 吃点 别 客 气。 （猫）骨头、小虫

这是 骨头、小虫 和小 鱼， 随便 吃点 别 客 气。 （狗）小虫、小鱼

这是 骨头、小虫 和小 鱼， 随便 吃点 别 客 气。 （鸡）骨头、小鱼

3 2 3 | 3 5 6 6 5 | 6 2̇ | 1̇ – |（1̇ 2̇ 3̇ 5̇ | 3̇ 2̇ | 1̇ – ）:|

我不 爱，小小 鱼儿我 最 欢 喜！

我不 爱，肉骨 头儿我 最 欢 喜！

我不 爱，小小 虫儿我 最 欢 喜！ （注意：小鸡唱完欢迎曲后，用下面的尾声音乐）

1̇ 2̇ | 3̇ · 5̇ | 3̇ 5̇ 3̇ 2̇ | 3̇ · 5̇ | 6 1̇ | 2̇ · 3̇ | 2̇ 3̇ 6 1̇ | 2̇ · 3̇ | 3 5 | 6 · 1̇ |

2̇ 3̇ 2̇ 1̇ | 6 · 1̇ | 5 6 1̇ 5 | 3̇ 2̇ | 1̇ – | 1̇ 0 ‖

赶走大狐狸

1=F　2/4　　　　　　　　　　　　　　　　　　　　　（第五曲）
（兴高采烈地）

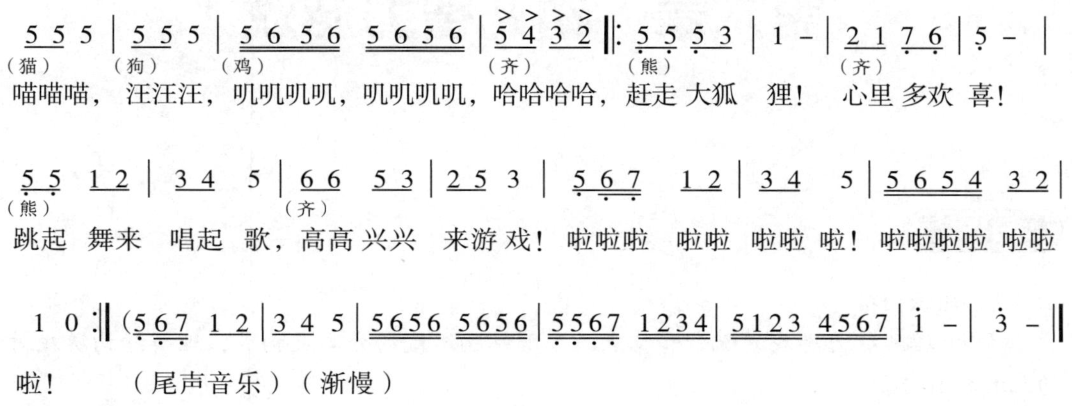

5 5 5 | 5 5 5 | 5 6 5 6　5 6 5 6 | 5 4　3 2 ‖: 5 5　5 3 | 1 - | 2 1　7 6 | 5 - |
（猫）　（狗）　（鸡）　（齐）　（熊）　（齐）
喵喵喵，汪汪汪，叽叽叽叽，叽叽叽叽，哈哈哈哈，赶走 大狐　狸！　心里 多欢　喜！

5 5　1 2 | 3 4　5 | 6 6　5 3 | 2 5　3 | 5 6 7　1 2 | 3 4　5 | 5 6 5 4　3 2 |
（熊）　（齐）
跳起　舞来　唱起　歌，高高 兴兴　来游 戏！ 啦啦啦　啦啦　啦啦 啦！ 啦啦啦啦 啦啦

1 0 :‖ (5 6 7　1 2 | 3 4　5 | 5656　5656 | 5567　1234 | 5123　4567 | i̇ - | 3̇ - ‖
啦！　（尾声音乐）（渐慢）

第六章　幼儿智力游戏

学习目标

1. 知识目标

（1）理解智力游戏的概念和特点，了解结构游戏的分类及构成，理解结构游戏对幼儿的教育作用。

（2）掌握智力游戏的组织和指导方法，以及不同类型智力游戏的特点与指导要点。

2. 技能目标

（1）能根据幼儿年龄特点和智力游戏特点制作智力游戏玩具。

（2）能对幼儿的智力游戏行为进行观察与记录。

（3）能根据观察分析与评价幼儿的智力游戏。

（4）能制订各年龄班幼儿智力游戏计划并实际开展智力游戏指导活动。

3. 素质目标

（1）产生对智力游戏的浓厚兴趣。

（2）形成重视组织幼儿进行智力游戏的意识。

案例导入

传口令

区域游戏时间，毛毛、梓圻、熹熹等几个好朋友又玩起了传口令游戏。梓圻听完熹熹传的口令后马上耳传给背后的文璨，第一次文璨说听不清楚后梓圻又说了一次，文璨点了点头传达给最后的毛毛。毛毛说：“我们队的口令是我喜欢吃苹果！”梓圻说：“不对，文璨我刚刚明明告诉你的是‘我最爱吃苹果’。”文璨说：“可是你讲得太小声了。”梓圻说：“就是要悄悄地呀！是你没认真听。”教师看到两人就快吵起来，立即过来分开他们，说：“规则就是要悄悄在耳边说的，不然大家都听到了就不用猜了，不好玩。文璨你们可以再玩一次，慢慢听好吗？”小矛盾解决后，在第二次传口令时，文璨很自信地说出了正确的口令，梓圻也开心地夸文璨很聪明。

思考题：你认为智力游戏的规则重要吗？教师应如何设计和实施智力游戏？

第一节　智力游戏概述

一、智力游戏的概念

智力游戏是指以思维和心智策略为主要竞争手段的游戏，如七巧板（见图6–1）。这种游戏需要游戏者开动脑筋、认真思考，经常被人们用作开发幼儿的智力，锻炼幼儿思维的手段。

图 6–1

二、智力游戏的结构

智力游戏由目的、方法、规则和结果四个部分组成。

（一）游戏目的

游戏目的是指对玩家提出的任务要求或者训练要求。

（二）游戏方法

游戏方法是根据游戏的目的提出的，是指对游戏动作和活动的要求，比如摸一摸、看一看、画一画等。

（三）游戏规则

游戏规则是指对游戏动作的约束和要求。幼儿根据规则来具体进行游戏的动作、对违反游戏规则的行为进行惩罚或让其禁止游戏。游戏规则在游戏中起指导、组织、约束、调整幼儿行为的作用，以保证游戏目的的实现。

（四）游戏结果

游戏结果是指对游戏目的和游戏任务的完成程度。如果幼儿顺利完成游戏，可以增强他们游戏的兴趣和信心；如果幼儿在游戏过程中遇到困难，可以刺激他们求胜的心理，促进其意志力的发展。而这需要一定的成人指导。

一个好的智力游戏应该是有明确的游戏目的、新颖的玩法、简单易行的规则，能够刺激幼儿积极的心理活动的游戏。

三、智力游戏的特点

（一）启智性和学习性

智力游戏是以启发幼儿思维、发展幼儿智力为目的的。它将学习因素与游戏形式紧密结合起来。幼儿在参与智力游戏的过程当中，充分联系、调动和整合已有的经验，积极思考和运用心智策略，以获取最后的胜利。不同的智力游戏有着不同的游戏目的，有的是发展幼儿的感官如嗅觉、听觉、味觉等，有的是发展幼儿的注意力、记忆力和观察力。

（二）规则性和任务性

智力游戏是根据一定的智力任务设计的，以智力活动为基础的一种有规则的游戏。规则是指在游戏中向幼儿提出的，禁止某些行为和动作，或指导某些行为和动作的具体要求，规则从属于游戏的目的，带有必须遵守性。恰当的游戏规则可以增强游戏的刺激性和趣味性。

（三）竞争性和求胜性

智力游戏是具有一定规则性和任务性的，因此它往往也具有竞争性。这种竞争既可以是来自同伴的，例如“图画找茬”，以谁先找出来为胜利者；也可是来自游戏者内部的，例如“走迷宫”，以顺利走出迷宫为成功。

四、智力游戏的种类

根据游戏的目的，可以将智力游戏分为视觉游戏、听觉游戏、嗅味觉游戏、触觉游戏、推理游戏、记忆力游戏、操作游戏、注意力游戏等。

（一）视觉游戏

视觉是人类获取信息的第一渠道。人类在与环境相互作用的过程中，主要是通过视觉来获取大量信息的。幼儿通过观察、欣赏周围的人和事来认识这个世界。

视觉游戏是以提高幼儿观察的准确性和敏感性为目的的，幼儿通过看一看、认一认、比一比的方法来发现事物的颜色、外形以及空间的特征，从而提高目测力和视觉分辨力。视觉游戏主要包括分辨颜色游戏、分辨图形游戏、分辨空间游戏（见图 6–2）。

图 6–2

（二）听觉游戏

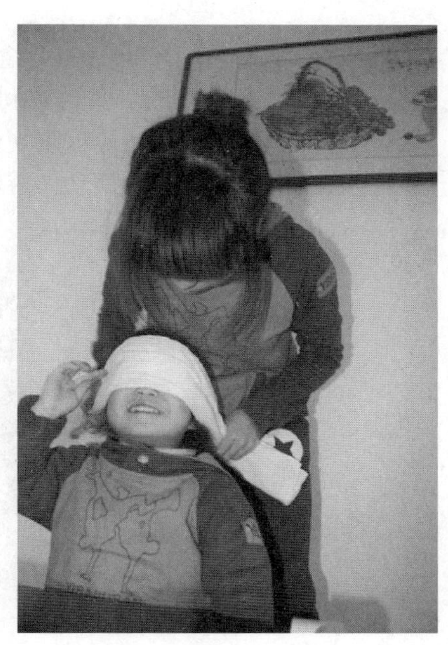
图 6–3

听觉是人类获取信息的第二渠道，人类通过听觉获取的信息仅次于视觉。听音能力的发展是幼儿口语发展的前提。如果没有良好的听音，即使有完好的发音器官也很难能正确地发音。例如很多聋哑幼儿其实发音器官是没有任何问题的。因此，听觉的训练对幼儿口语的发展是很有必要的。

听觉游戏是以提高幼儿辨音、听音能力为目的的，幼儿通过听一听、辨一辨的方法来判断和分清声音的来源和差别，从而提高幼儿的听觉分辨能力。听觉游戏主要包括分辨声音特征的游戏、判定声源方位和声向的游戏。见图 6–3。

（三）嗅味觉游戏

尝一尝和闻一闻这类构思的智力游戏注重发展幼儿的嗅味觉。通过尝尝，可使幼儿区别溶解在水里或自己唾液中有味道的物质的酸、甜、苦、辣等；通过闻闻，可使幼儿从各种不同的物体所发出的特殊气味中来识别物体。

嗅味觉游戏所使用的分辨物可以是食物，也可以是非食物；可以是固态物质，也可以是液态物质。游戏设计可以单就一种感觉进行训练，也可以把两种感觉综合起来进行游戏。见图 6–4。

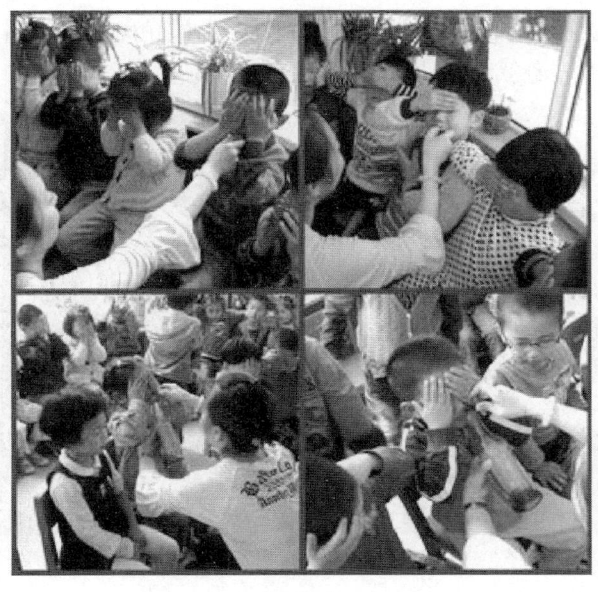
图 6–4

（四）触觉游戏

触觉是我们感知事物的一大途径。对物体的软硬、冷热、光滑及粗糙等质地的认识，主要通过触觉完成。蒙台梭利认为“幼儿常以触觉代替视觉或听觉，即常以触觉来认识周围事物，因此更应该重视触觉”。触觉游戏主要包括触摸辨物游戏、触摸分类游戏、触摸造型游戏和触摸动作游戏。见图 6–5。

图 6–5

（五）推理游戏

逻辑判断和推理能力是抽象思维必备的要素。一般人要到 12 ~ 15 岁才具备有逻辑根据地进行判断和推理的能力。对于幼儿，我们可以借助游戏，利用形象的材料，培养他们初步的逻辑判断和推理能力。

推理游戏是指利用自然现象、生活现象、图形、数字和文字，让幼儿找寻其中的规律，从而提高幼儿抽象推理能力的一种游戏。推理游戏主要包括类比推理游戏、演绎推理游戏、运算推理游戏、逻辑推理游戏。见图 6–6。

（1）

（2）

图 6–6

（六）记忆力游戏

记忆是人对过去感知过的事物和语言的再认和再现。记忆力是智力结构的基础，是整个心理活动的基本条件。如果没有记忆，人类的一切活动都不可能实现；而如果没有好的记忆力，则其他各种能力都无法得到正常发展。

记忆力游戏主要是通过对实物、图片、图形、数字、词汇等内容识记后，进行诸如寻找、发现、传话、取物等形式去再认和再现的活动，提高幼儿记忆的敏捷性、准确性和持久性的一种游戏形式。见图 6–7。

（1）

（2）

图 6–7

（七）操作游戏

操作能力是指人以确定的思想为指导，通过行为来完成思维成果的能力。操作游戏是指通过幼儿动手制作，从而提高幼儿手眼协调和操作能力的一种游戏。见图 6–8。

图 6–8

（八）注意力游戏

注意是人的心理活动对一定事物的指向和集中。注意是各种心理活动的开端，也是各种心理活动共有的一种心理现象。注意是构成智力这种综合认识能力的一个重要因素，是智力活动的组织者和维持者。离开了注意，人们就无法正确地认识世界，也无法进行记忆、思维、想象等较复杂的智力活动。

注意力游戏的任务主要是通过游戏训练幼儿注意的稳定性，扩大其注意的范围，发展有意注意，提高注意的分配和转移的能力。

五、智力游戏的作用

智力游戏的作用主要有以下几个方面。

（一）智力游戏有助于发展幼儿的想象力和创造力

例如，一些具有形象性的智力游戏如“老狼老狼几点钟”，幼儿可以尽情发挥自己的想象，将自己融入游戏的角色扮演中。同时，幼儿还可以根据自己游戏的需要，以及现实的条件对游戏的规则以及角色的设计进行改编跟再创造。

（二）智力游戏有助于幼儿思维的发展

0～6岁的幼儿，大脑处于迅速生长发育、日臻完善，直到基本成熟的时期；6～7岁时脑重量已基本接近于成年人。但是，要使人脑真正发育完善，提高脑的功能，除了需要有充足的食物营养外，还必须要有足够的精神营养——接受信息刺激，及时地教育和训练，多动脑。正如有位心理学家所说：“幼儿的智力也像肌肉一样，如果不给予适当的负担加以锻炼，它就会萎缩、退化。”所以对婴幼儿来说，恰当的刺激对他们的大脑发育具有不可忽视的意义和作用，而游戏正是最适合于幼儿的刺激形式。

智力游戏作为游戏的一种形式是向幼儿提出了智力任务要求的。因此，幼儿在游戏的过程中会积极思考怎样去完成任务。而游戏的比赛结果又会促使幼儿去反思为什么失败、应怎么取胜的问题。此外，由于幼儿在游戏中需要及时对各种情况做出恰当合理的反应，幼儿在轻松快乐的环境下不知不觉就形成了敏捷的思考反应能力。

（三）智力游戏可以激发幼儿的求知欲

我国著名教育家陈鹤琴先生说过：“小孩子生来是好动的，是以游戏为生命的。”游戏对于幼儿犹如生命那么重要，它是幼儿认识世界的途径，是幼儿通过实际行动探索周围世界的一种积极活动。幼儿在智力游戏的欢乐中，进一步提升对游戏的兴趣和求知的欲望。

（四）智力游戏有助于幼儿的心理健康

幼儿的欢乐情绪是生长发育和健全心理形成的重要因素。然而，幼儿的情绪具有

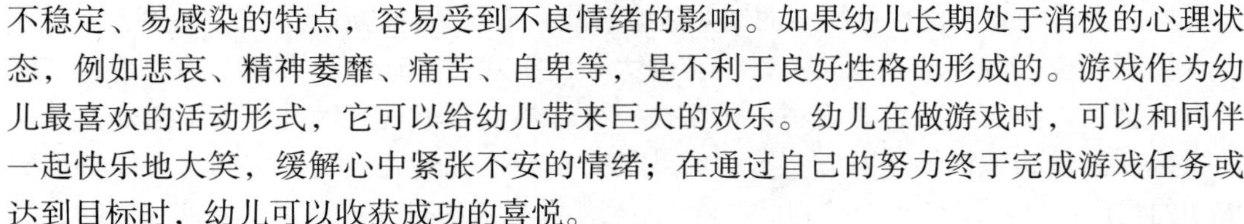

不稳定、易感染的特点，容易受到不良情绪的影响。如果幼儿长期处于消极的心理状态，例如悲哀、精神萎靡、痛苦、自卑等，是不利于良好性格的形成的。游戏作为幼儿最喜欢的活动形式，它可以给幼儿带来巨大的欢乐。幼儿在做游戏时，可以和同伴一起快乐地大笑，缓解心中紧张不安的情绪；在通过自己的努力终于完成游戏任务或达到目标时，幼儿可以收获成功的喜悦。

（五）智力游戏可以锻炼幼儿的意志力

意志是由目的性、坚持性、果断性以及自制力等要素构成的。它们之间的不同结合构成了人们意志品质的差异。健康的意志表现为行为有明确的目的性、持久性、明智的果断性、较强的自制力等。幼儿是带着任务参与智力游戏的。在游戏的过程中，幼儿会遇到这样或那样的困难，为了使游戏能够继续下去，他们会坚持不懈地克服困难，努力寻找解决问题的办法。

（六）智力游戏有助于促进幼儿社会性的发展和常规意识的培养

著名的发展心理学家皮亚杰认为："幼儿的社会化行为处于自我中心和真正社会化之中的中间地位，只有当他们从自我中心状态中解放出来，具备了与同伴进行有效的协作能力时，社会化才进入了一个新的阶段。"有许多智力游戏是需要幼儿协作完成的，例如将瓶中的几个小球以最快速度拿出来，瓶口只能容纳一个小球。幼儿在游戏过程中，逐渐学习如何与别人交往。幼儿社会化的进程也在逐渐地进行。

第二节 智力游戏的组织指导与观察评价

一、智力游戏的组织与指导

（一）智力游戏的一般活动流程

（1）激发游戏兴趣。

（2）教师介绍游戏规则。

（3）幼儿参与游戏活动。

（4）游戏活动的延伸。

（二）创编智力游戏的方法

智力游戏的种类繁多，在编选时切忌拿来就用，一定要根据训练的目的按类择取或设计。同时，智力游戏的针对性很强，而适应面较窄，因而编选和设计时，应充分考虑幼儿的生活经验与接受能力，既要符合幼儿智力发展的水平，又要照顾到幼儿智力发展的个体差异，使尽可能多的幼儿适应游戏，或有适合的游戏。

控制好智力游戏的难度是关键。难度太小的游戏任务往往让人提不起兴趣，难度太大又会令人望而却步，难度适中的游戏任务才最具挑战性。因此，要引起幼儿足够的兴趣和活动的积极性，必须将智力游戏的难度控制在幼儿经过一定的努力能够达到成功的程度，即“跳起来能够到的高度”。当幼儿克服困难完成一定的游戏任务时，其自信心会受到鼓舞，游戏的积极性也会更加高涨。所以，游戏设计既要有适合的难度，又要循序渐进，不断提出新的挑战。

一个好的智力游戏应该是：智力训练的目的任务明确，玩法新颖，内容多变并逐步复杂化，规则简单易行，能够激起幼儿积极的心理活动。

（三）开展游戏的方法

1. 教会幼儿正确的游戏

每个智力游戏都有一定的教育任务，要通过游戏的玩法与规则来实现。因此，幼儿必须通过学习才能掌握游戏的玩法。教师要用简明生动的语言和适当的示范，将游戏的目的、要求、玩法及规则介绍给幼儿。某些带有操作练习的游戏，教师应事先教会幼儿一些有关的技能，难度较大和要求较高的游戏应做分步练习和分阶段练习。幼儿之间也可以互教互学。在游戏中教师要督促幼儿遵守游戏规则，要求他们按既定的玩法和步骤去认真地完成任务，并对游戏时机的掌握与游戏方法的运用进行评价。

小班幼儿的智力游戏多是利用玩具材料进行的。教师首先要考虑的是选用什么样的玩具、教具，用什么样的方式来激发幼儿的游戏兴趣。小班幼儿智力游戏的玩具和材料应该颜色鲜明、品种简单、形象生动。在游戏时，教师应用自己的兴趣影响幼儿，讲解力求生动、简明和形象。过多的解释将会冲淡幼儿的注意力，使他们失去游戏的兴趣。有些游戏的讲解可与示范动作相结合，如“百宝箱”游戏，教师应先摸给幼儿看，边摸边讲解。同时，在游戏过程中还需要不断提醒幼儿遵守规则。

中班幼儿仍需要教师对智力游戏的玩法和规则进行讲解和示范。在游戏中，教师应注意检查他们对游戏玩法的掌握与执行规则的情况。对遵守规则的幼儿应给予鼓励，使幼儿明确只有严格遵守游戏规则，游戏才有趣味。要鼓励幼儿关心并努力争取好的游戏结果。一般说来，中班幼儿应能独立地玩熟悉的游戏，教师只需在必要时给予指导。

大班幼儿对活动强度高的智力游戏更感兴趣，也喜欢参加带竞赛性的智力游戏。教师一般只需用语言讲解游戏，要求幼儿能独立地进行游戏，严格遵守游戏规则，争取最好的游戏结果，并能对游戏的结果适当地进行评价。

2. 使每个幼儿在参与游戏中得到充分发展

智力游戏简便灵活，也不拘环境条件和时间的长短，无论是在上课时间还是在自由活动时间均可进行。教师在组织游戏时可以采用集体、分组和个别游戏相结合的方法，尽可能地考虑幼儿的个别差异，适当区分不同的层次，提不同的要求，使每个幼儿都能在参与游戏中得到各自的发展。对于个别困难较多的幼儿要有意识地进行针对性训练，吸引他们多去参加适合的游戏，并肯定他们的每一次成功和进步，从而提高他们的自信心和智力水平。对于能力强的幼儿可适当增加游戏难度，提高要求以满足他们智力发展的需要。

一定的玩具和材料是智力游戏必要的物质保证。教师应重视每个幼儿参加游戏获得锻炼的机会，尽量设法使所有幼儿都有游戏材料。可以根据游戏内容，发动幼儿共同收集游戏材料，或动手制作一些简单玩具，这样能使幼儿感到更亲切，并能提高参与游戏的积极性。在玩具材料不够时，应鼓励幼儿轮流使用玩具和材料，或共同游戏。玩具材料在室内摆放的位置要以便于幼儿自由取放为原则，同时要注意经常更换和增加新的玩具材料。对于新的玩具和教具，教师要教会幼儿玩的方法，然后让幼儿自己玩。

在智力游戏中，教师应根据游戏的教育任务，不断地向幼儿提出新的课题，启发他们开动脑筋进行思考，寻找解决问题的方法。对于大、中班幼儿，还可要求他们在游戏后介绍自己达到游戏结果所用的方法，并对各种不同的方法进行讨论和总结，从而促使幼儿的思路更开阔，想法更独特，使他们的思维能力和创造力得到提高。

3. 不同类别游戏的具体指导方法

（1）观察力游戏的指导。

首先，要引导幼儿有目的地进行观察。观察目的是否明确，直接影响观察的效果。幼儿的观察具有无目的、无顺序、无系统等特点。在游戏中，他们常常会凭兴趣观察那些好玩的或使自己感兴趣的事物。对此，教师应在游戏前说明观察的任务，指导幼儿抓住观察的重点，明确哪些是与揭示事物本质有关的，而哪些是无关紧要的，同时，还应提示幼儿去观察那些不易引起他们注意的地方，从而达到良好的游戏效果。

其次，要引导幼儿掌握观察的方法。观察的目的很明确，也会因观察不得法而影响观察的效果。观察法的指导有两个要点：其一，要引导幼儿按顺序进行观察。观察一般遵循由近及远、由表及里、由局部到整体或由整体到局部、由明显特征到隐藏特征的原则。在游戏中，因观察对象不同，观察的顺序也会有所不同。但不管是先整体后局部，先全貌后部分，还是由上至下、从左到右或者反之，都要做到有序地观察。其二，要引导幼儿有比较地进行观察，有比较才有区别。寻求事物的“异中之同”或“同中之异”是人的智力的重要体现。在观察中，引导幼儿通过比较把握各种事物的异同、现象的变化以及事物之间的某些内在联系，对提高幼儿的观察能力具有十分重要的作用。

最后，教师还应通过游戏后的再启发，来发展幼儿的观察力。在游戏后进行提问和总结，不仅能了解幼儿观察力的状况，发现问题，而且可以帮助他们学会分析，掌握观察方法，提高观察水平，进而使幼儿的观察能力逐步提高。

（2）注意力游戏的指导。

发展幼儿的注意力应首先培养幼儿的兴趣。人们在做自己感兴趣的事情时，总会很投入、很专心，幼儿亦是如此。幼儿对事物的兴趣越浓，其稳定、集中的注意力就越容易形成。事实上，幼儿在游戏中注意力水平是最高的，原因就在于对游戏浓厚的兴趣。通过游戏发展幼儿的注意力，关键就在于游戏是否真有趣味性、真能吸引幼儿的注意。

其次，要引导幼儿明确活动目的，发展有意注意力。幼儿对活动目的和意义理解得越深刻，他完成任务的意识也就越强烈，有意注意的水平就越高。

另外，发展注意力的游戏应在幼儿平静的情况下进行，过度的兴奋和烦躁都不利于集中注意力，反而使游戏达不到预期效果。心理学的研究表明，5～7岁的儿童能够集中注意力的时间为15分钟左右，7～10岁儿童为20分钟左右。因此，每次集中注意的时间不宜太长，一段时间后，应让幼儿放松或休息一下。一天到晚强迫幼儿坐着一动不动，对发展注意力没有任何好处。

（3）记忆力游戏的指导。

在指导幼儿发展记忆力的智力游戏时，教师首先要使幼儿明确记忆的任务，讲明哪些东西需要记，哪些不必要记，从而使幼儿明确记忆的目的性。其次，应引导幼儿学会正确记忆。正确的记忆包括三个要点：第一是要在识记过程中尽量集中注意力。注意力越集中，记忆效果就会越好。第二是要认真观察识记材料的特征。观察得越仔细，记忆就越准确。第三是要找出有效的记忆方法帮助记忆。在记忆方法中，最常用也最有效的方法就是联想记忆法，即将识记材料与已有的知识经验进行想象联系，用谐音、赋形、替代、荒谬逻辑等联想方法，加深印象达到记忆的目的。此外，还要借助于听觉的相似，运用合辙押韵的歌谣记忆法，缩略语言主题的口诀记忆法，借助图表形象的图解记忆法等。通过游戏让幼儿积累记忆经验，使他们能自己发现并逐步总结出适合自己的记忆方法，再通过游戏检验这些记忆方法的成效，从而提高记忆力。实践证明，如果在识记过程中，明确识记的任务，集中注意力，开动脑筋积极思考，则记忆的效果会显著提高。

在设计记忆力游戏时，还要遵循以形象思维为主的原则，充分发掘记忆材料的趣味性，培养幼儿对材料的兴趣，以提高记忆的效果。同时记忆游戏也不能安排在幼儿极度兴奋、疲劳或烦躁时进行。

二、智力游戏的观察与评价

（一）智力游戏的观察

1. 智力游戏观察的意义

智力游戏是幼儿期较为高级的一种游戏形式，幼儿的认知水平直接影响其智力游戏水平。善于观察及解读幼儿的智力游戏行为是幼儿教师进行有效游戏评价的依据，也是幼儿教师进行适宜游戏指导的一个重要指标。通过观察后的反思与调整，可以有效帮助教师了解幼儿的游戏水平和游戏特点，生成或设计出符合幼儿需要的智力游戏活动，以保证活动的适宜性和有效性，切实促进幼儿认知水平的发展。

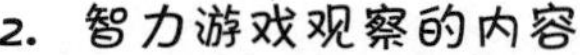

2. 智力游戏观察的内容

在幼儿智力游戏过程中，教师要对幼儿的学习品质、认知经验及社会行为方面的水平进行观察与分析。具体包括以下几个方面：

（1）参与兴趣。在智力游戏过程中，幼儿教师要注意观察幼儿喜欢的游戏内容、玩具材料等。教师要善于发现幼儿的兴趣点，针对幼儿的兴趣满足他们的需求，及时调整游戏内容和材料。

（2）坚持程度。教师在幼儿游戏中或者游戏后，运用取样、描述等方法客观记录游戏情景和游戏细节，如遇到了什么困难、是否解决、如何解决等，依据观察记录判断幼儿的行为类型。

（3）互动情况。幼儿通常和谁一起玩，遇到操作难题会请求教师的帮助、同伴协商解决或模仿他人，幼儿还存在哪些问题。

（4）探究能力。教师应观察幼儿在智力游戏中，是否能运用多种感官进行探索，是否能运用不同方法进行操作。

（5）思维水平。教师应着重观察智力游戏水平是否符合不同能力水平的幼儿。

（6）行为习惯。幼儿是否具备规则意识，是否能够遵守游戏规则。

观察记录范例：

小班益智区游戏观察量表设计

奉化市第二实验幼儿园

设计意图：由于小班幼儿年龄小、生活经验相对缺乏，在游戏过程中他们并不能很有目的地玩，而只是喜欢不停地摆弄他们感兴趣的玩具。这个时候，教师的引导就显得尤为重要，而引导的前提是观察。在观察益智区游戏过程中我们发现了一些问题。

1. 益智区材料投放缺乏层次性。新材料刚投放时，幼儿兴趣浓厚，但会玩了以后就没了兴趣，持续时间也缩短了。益智区投放的材料成品玩具较多，幼儿展开想象的机会随之减少；材料投放层次不明显，不能引起幼儿游戏兴趣，不能服务不同能力发展的幼儿。

2. 幼儿游戏时教师“观察的少指导的多”。《纲要》中提到：幼儿的创作过程，应支持幼儿富有个性和创造性的表达。这就要求教师在活动中要多观察，观察幼儿是如何与材料互动的，他的思维水平如何，他的兴趣和需要是什么，遇到了哪些困难，能力差异在哪里……教师针对观察到的信息，用专业理论知识去审视，正确地分析判断，有针对性地适时介入指导。但大多数情况是幼儿游戏时遇到问题教师总是急于介入指导，干预的多，给幼儿留有思考、操作的时间和空间就随之减少，他们创新玩法和探索行为也得不到发展。

3. 游戏过程中教师忽略关注幼儿的发展特点和个体差异。同一份操作材料不同幼儿完成程度也不同，教师却常常忽略幼儿个体差异，不理解幼儿不同行为的合理性，对幼儿游戏情况或游戏结果总是一个评价标准。

思考以上几点有关益智区材料投放和幼儿益智区游戏开展情况存在的不足，根据《指南》中提出的小班幼儿科学领域发展目标和教学教育建议，结合小班幼儿的年龄特点，我们设计了这份小班益智区游戏观察量表。意在通过量表记录从点到面全面细致地进行观察并记录幼儿的游戏过程，从整体上了解全班幼儿不同的学习兴趣、不同的发展水平、不同的学习方法和活动中幼儿的情绪等。从局部上要观察个别幼儿玩什么、怎样玩、和谁玩等，做到心中有数。同时还能检验教师预先投放的材料和制订的计划是否符合班级幼儿的认知发展水平。通过反思学习进一步提高教师的教学指导能力，促进幼儿认知发展。

表 6–1　小班益智区游戏观察量表

观察时间		观察班级	
观察对象		观察者	
投放材料			
观察目的	1. 通过观察记录，了解幼儿益智区游戏中的现状和存在的问题。 2. 为教师提供事实性资料和经验，提高开展益智区活动的效率。 3. 关注益智区材料投放的层次性，完善材料选择和投放。 4. 探索相关的教育策略和教育指导的方法，提高师幼互动性		
观察视角	观察要点	评价维度（☆△ ×）	
参与兴趣	1. 对投放的材料感兴趣，积极主动参与益智区游戏		
	2. 自主选择感兴趣的材料进行操作，喜欢摆弄		
坚持程度	1. 一份材料反复操作，注意力稳定，注意时间长		
	2. 不受他人影响，坚持完成自己选择的操作材料		
	3. 不怕困难，想办法解决操作过程大遇到的问题，坚持完成操作		
探究能力	1. 能运用多种感官进行探索，了解物体特性		
	2. 探索材料的不同操作方法，发现材料玩法的多样性		
思维水平	1. 在游戏过程中探索感知材料的特性，并能用自己的语言描述		
	2. 能感知和区分物体的大小、多少、高矮等量方面的特点，并能用相应的词表示		
	3. 能按物体颜色、形状、数量等规律进行排序		
	4. 能手口一致地点数 5 个以内的物体，并能说出总数，能按数取物		

续上表

合作交往	1. 遇到操作难题会请求教师的帮助、同伴协商解决或模仿他人	
	2. 乐意与同伴相互合作，共同游戏	
行为习惯	1. 遇到自己喜欢的物品能够等待，不与他人争抢	
	2. 游戏结束主动整理操作材料并进行分类摆放	
观察描述		
活动照片		
行为分析		
教育策略		
小结反思		

注：☆表示好；△表示一般；× 表示差。表 6–2 同。

表 6–2 小班益智区游戏观察实录表

观察时间	2016. 5. 12	观察班级	小二班
观察对象	葛珂欣	观察者	毛幼静
投放材料	游戏棒、绕珠、走迷宫、扑克牌、送蛋回家、做项链、戴戒指、薯条、拼图		
观察目的	1. 通过观察记录，了解幼儿益智区游戏中的现状和存在的问题。 2. 为教师提供事实性资料和经验，提高开展益智区活动的效率。 3. 关注益智区材料投放的层次性，完善材料选择和投放。 4. 探索相关的教育策略和教育指导的方法，提高师幼互动性		
观察视角	观察要点		评价维度（☆△ ×）
参与兴趣	1. 对投放的材料感兴趣，积极主动参与益智区游戏		☆
	2. 自主选择感兴趣的材料进行操作，喜欢摆弄		☆
坚持程度	1. 一份材料反复操作，注意力稳定，注意时间长		△
	2. 不受他人影响，坚持完成自己选择的操作材料		△
	3. 不怕困难，想办法解决操作过程大遇到的问题，坚持完成操作		△
探究能力	1. 能运用多种感官进行探索，了解物体特性		☆
	2. 探索材料的不同操作方法，发现材料玩法的多样性		△
思维水平	1. 在游戏过程中探索感知材料的特性，并能用自己的语言描述		☆
	2. 能感知和区分物体的大小、多少、高矮等量方面的特点，并能用相应的词表示		☆
	3. 能按物体颜色、形状、数量等规律进行排序		☆
	4. 能手口一致地点数 5 个以内的物体，并能说出总数，能按数取物		☆

续上表

合作交往	1．遇到操作难题会请求教师的帮助、同伴协商解决或模仿他人	☆
	2．乐意与同伴相互合作，共同游戏	☆
行为习惯	1．遇到自己喜欢的物品能够等待，不与他人争抢	☆
	2．游戏结束主动整理操作材料并进行分类摆放	☆
观察描述	欣欣在益智区操作，只见她选择了“制作项链”进行排序练习，在游戏过程中，她左顾右盼，看到身边的美诺在“清点超市货物”，来了兴趣，项链还没有制作完成就丢在一边，和美诺一样选择了操作制作进行点数。正玩着呢，只见对面的宁宁小朋友突然尖叫一声，好似发现了新大陆，原来宁宁在箩筐里发现了大图形纸，几个孩子兴奋地开始翻找，欣欣见了也立刻加入了找图形队伍，还没清点完数量的操作纸又被欣欣丢在了一边。	
活动照片	 	
行为分析	整个游戏过程中，欣欣几乎把所有的材料都玩遍了，但却没有一份是坚持到底做完整的。为什么欣欣一会儿玩这个一会儿玩那个，不能一份材料反复操作，坚持完成呢？小班幼儿好奇心强，很容易被新事物吸引，注意力易于分散，在很多活动中往往会表现得随心所欲，想做什么就做什么，而且小班幼儿比较活泼好动，完全没有规则意识与目的性。在游戏过程中往往易受同伴影响，有明显的从众心理，缺乏目的性。如果没有教师正确的引导，区域活动就会成为没有组织没有纪律没有目标的玩，幼儿什么都学不到，而且会养成自由散漫的习惯	
教育策略	1．投放材料要有层次。投放材料要以幼儿的兴趣为本，根据幼儿的发展需要，顾及幼儿的个体差异，提供不同难度水平的材料，适时地调整更新活动材料，使之变得更有层次性和探索性。材料的投入要有计划、有目的，不断更新，由易到难，不断吸引幼儿主动参与活动的兴趣，使他们有新鲜感。 2．教师指导要适时。教师对幼儿活动的适时指导和参与，可促使幼儿活动水平的不断提高，收到更好的教育效果。发现欣欣没有坚持完成一样操作材料，我对她说：“欣欣手真巧，你能把这串没贴好的项链贴完整了送给我吗？”听到我的话，欣欣立马拿起刚刚被丢在一边的半成品，开始认真地一个一个将图形纸片贴在了丝带上，完成后高兴地拿过来给我看。	

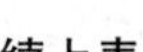

续上表

教育策略	3．赏识教育要发挥。赏识教育是帮助幼儿培养一种良好习惯的有效手段，是使幼儿坚持下去的最大动力。教师充分发挥语言的激励功能，促进幼儿坚持完成任务。当欣欣完成项链制作送给我时我也给她贴了五角星表示肯定和感谢，让幼儿明白：做事情一定要有始有终，坚持到底才会有收获
小结反思	幼儿时期是坚持性发展的关键期，幼儿的坚持性培养是一项非常重要的任务，幼儿坚持性发展不仅对其形成健康人格具有重要作用，而且对发展各种能力也具有十分重要的意义。教师必须要在有准备的教育环境下促进幼儿坚持性培养，让幼儿养成做事能够持之以恒的好习惯。这有助于他们将来对任何事情都能坚持不懈，为他们健全的人格打下结实的基础

3. 智力游戏观察的要求

（1）做好观察前的准备工作。教师在进行智力游戏观察前，应明确观察目的、选定观察对象、确定观察方法、制作观察量表等。同时，还要做到心中有观察的提纲，笔下有记录的量表，以保证观察活动顺利且有效地进行。

（2）保证观察的持续性。教师应该多次、持续地进行观察，以保证观察所得结果能准确地代表幼儿的发展水平，不能仅通过一次或一天的观察就妄下结论。

（3）把握不同年龄段幼儿智力游戏的观察要点。从幼儿的认知水平来看，各年龄段幼儿在智力游戏方面的表现是不同的。因此，在智力游戏观察中应具有年龄差异。小班幼儿处于平行游戏阶段，更多的是处于操作摆弄中观察和学习。因此，其智力游戏的观察重点是幼儿如何使用和操作玩具；中班幼儿已经具有了简单的抽象逻辑思维，语言也获得快速发展，也有了接受社会约束的意愿。因此，其智力游戏的观察重点是幼儿的思维状况和规则意识；大班幼儿规则意识、合作意识增强，表现欲、创造欲强烈，机械记忆达到黄金时期。该阶段智力游戏的观察重点则是幼儿的独创能力和合作能力。

（4）观察时密切注意自己内心的反应与变化。教师的观察应做到客观公正，观察结果不因个人情绪和情感而发生改变。

（二）智力游戏的评价

1. 智力游戏评价的意义

智力游戏是幼儿规则游戏中的一种，其核心价值指向促进幼儿智力发展。通过评价指标识别幼儿游戏行为的含义，判断幼儿在学习品质、认知经验及社会行为方面的水平，以此作为支持和推动幼儿发展的依据。

2. 智力游戏评价的内容

智力游戏除了具有促进思维发展的功能之外，还兼具提高幼儿自我意识、促进交往等功能。基于对智力游戏三维教育功能的认识，可构建出一个三维评价框架：一是个体维度，即幼儿在游戏过程中所表现出来的兴趣、主动性、创造力等学习品质。二是认知维度，即玩该游戏包含的相关知识经验，如简单的数学概念和经验、语言经验等。三是社交维度，如对规则的执行与协调、交往合作等社会参与和交往的能力。然后，在每个评价板块下设具体的评价内容。如表 6–3 所示。

表 6–3 智力游戏评价内容表

评价板块	评价内容	评价维度	发展指向
学习品质	游戏情绪、兴趣、主动性、创造力、快乐体验等	个体维度	喜欢玩 学会玩 智慧玩
认知经验	数学经验、语言经验，表征、推理、验证等能力	认知维度	
社会参与	理解、遵守协调规则的能力，与人交流信息、情感的能力，合作竞争的意识与方法等	社交维度	

（资料来源：湖州市蓝天实验幼儿园，卞娟娟）

根据幼儿的年龄特点和智力游戏的发展需要，智力游戏采用“观察与注意—归类与筛选—识别与判断”三步过程性评价路径。即先明确观察到了什么，再根据观察到的内容进行不同维度的分类，最后依据发展指标对幼儿智力游戏行为做出判断。如下面案例，见表 6–4 所示。

表 6–4 游戏案例“换棋”的观察与评价

观察与注意	归类与筛选		识别与判断
观察地点：大班益智游戏角。 游戏行为描述：大班的棋类架子上有许多棋，琪琪和禹城在区域自选活动中结伴进入棋类角。琪琪参加过围棋班，于是先拿了副围棋。两人铺开棋盘，不一会儿，琪琪发现禹城根本不会下，只是在那儿随意摆棋子……他们开始了“换棋征程”，先后换了 10 副棋，比如斗兽棋，下了大约 3 分钟，因为琪琪对“动物大小的顺序”总会弄错，于是双方决定再换棋……终于换到第 11 副棋“翻翻棋”（类似手机上的“连连看”游戏），刚玩了一会儿，45 分钟时间到了……	学习品质	1．总共更换 11 副棋。 2．下棋换棋持续 45 分钟	1．两人都对找一副合适于彼此的棋保持了长久的兴趣。 2．从换棋不放弃的行为判断，两人都对下棋感兴趣，且都各自表现出了换棋、继续下棋的主动性
	认知经验	1．两人通过尝试下棋 1 ~ 3 分钟的时间，得出当前的棋是否适宜于彼此的结论。 2．找到了符合当前两人共同认知水平的游戏内容	1．两人在“空间与记忆”方面水平相当。 2．其中一方对等量代换（回旋棋）、逻辑关系（斗兽棋）等棋类的玩法，还相当不熟悉
	社会参与	经历“我懂你不懂”或“你懂我不懂”的多次调整，最后选择了“翻翻棋”，达成了“你懂我也懂”	1．通过尝试了解彼此的棋艺。 2．会适时放弃并做出新选择，合作水平较高

（资料来源：湖州市蓝天实验幼儿园，卞娟娟）

3. 智力游戏评价的要求

（1）评价的内容是情境化的。益智游戏的观察评价，是在游戏情境中收集幼儿的游戏行为和表现，然后分析这些行为体现了幼儿哪些方面的认知经验、发展学习品质、社交能力以及存在的问题，然后再有选择地填充过程框架，进行识别、判断进而提供支持。

（2）评价注重结果，更注重过程。智力游戏的评价不以统一的发展标准去衡量幼儿，不以判断预设的统一目的达成为首要责任，而是主张个性化的评价方式，主张在关注活动结果的同时，更加关注学习的过程，以及幼儿在此情境中多方面的发展情况。

（3）评价是一个选择的过程。即使是同一个游戏现场，不同的教师也可以根据观察重点和自己的视角建构不同的评价方向和重点。

第三节　智力游戏指导案例与评析

【案例一】

幼儿园智力游戏观察实录

山东省淄博市淄博师专附属幼儿园　王颖

［观察实录一］

为了锻炼幼儿的手部小肌肉，我们在益智区放了一些豆子、珠子之类的材料让幼儿进行捏、抓、舀等工作。当时，随着时间的推移，幼儿对这些渐渐失去了兴趣，那些豆子、珠子变得无人问津。

［观察实录二］

为了培养幼儿的逻辑思维，我们在益智区投放了一些大小不同的纸杯，让幼儿学习进行大小排列以及由大到小套纸杯。一开始幼儿玩的兴致很高，但是过了一段时间，幼儿的兴趣随之下降。

［原因分析］

再好玩的玩具，时间久了，幼儿肯定对之兴趣下降。一方面，因为幼儿玩的次数太多，对之太熟悉，所以没有了兴趣和新鲜感。另一方面，幼儿已经达到了我们想要运用此类玩具所要对之达成的目的，没有了挑战性，兴趣自然下降。其实，这是我们教育活动中周期性会遇到的情况。此时，我们可以旧物新用，让这些材料重新夺回幼儿的眼球。

［解决措施］

我们在益智区添加了部分镊子，让幼儿练习夹豆子和珠子，同样的东西难度升级，幼儿的挑战欲被调动起来。此外，我们增加了一些鱼线，这样幼儿还可以进行串珠。特别是一些小女孩，穿“宝石项链”成为她们的最爱。至于纸杯，我们与建构区相结合，引导幼儿用纸杯进行依次的叠加建构。幼儿用纸杯建造了一座座“金字塔”。此外，与美术角相结合，幼儿可以在纸杯上进行涂鸦、粘贴等。普通的纸杯，在幼儿的手中穿上了一件件“新衣服”。

［活动反思］

幼儿每天都在进步成长，他们的能力也在一天天加强，作为一名幼儿教师，我们一定要根据幼儿的发展需要，适时增减、改变区域活动中的材料，让幼儿能够每天在有兴趣的区域活动中提高自己相应的能力。此时，旧物新用不失为一种好的办法。

【案例二】

大班智力游戏观察实录与反思

北京 21 世纪实验幼儿园　赵宏捷

［观察实录］

最近在益智区投放了筷子，结合益智区的数学盒进行按数夹物的活动。我和他们一起玩，以便指导幼儿用筷子的方法。我说“我先夹”，于是在“1”的盒里夹了一个小球，其他的幼儿依次夹取，到赵元辰时，已是最后一个数字“6”，我问：“这是几？”元辰说“是 8”，其他的幼儿说“不对、不对”，元辰又说“是 9”。我就问旁边的刘畅：“他说的对吗？”刘畅脸都红了，紧张地说：“不知道。”于是我们又把那个数字儿歌背了一遍，元辰才改了过来，我们又继续夹起来。

［原因分析］

元辰在各种活动中表现比较突出，他接受能力较强，爱动脑子。刘畅则对数的概念较模糊，我原想是指导刘畅的，但是在区角活动中，发现了元辰（我认为他很明白）对数还是模糊的，这也说明有部分幼儿对数的认识不是非常清楚，在集体活动中不易发现，因为在集体活动中幼儿易模仿和从众，使教师不能全面地了解每个幼儿。

［调整措施］

在生活的各环节加强对数字的认识，在区域活动时多观察幼儿，指导幼儿对数的实际意义的认识，并做好有效记录，小组活动时全面了解每个幼儿的发展的程度，益智区更换材料，增强趣味性，提高幼儿学习的积极性。

【案例三】

小班智力游戏观察实录与反思：一个好的导入

佛山市南海区大沥实验小学附属幼儿园 覃慧姣

［观察实录］

益智区里《小白兔过河》的录音故事吸引了不少幼儿，故事里描述的情景很美，好多幼儿听得入了迷，在听到小兔子遇到麻烦过不了桥时，围拢来听故事的小不点们着急了，大家都想帮助小白兔，按照故事里的要求，来益智区的幼儿每人拿了一张操作图，先是观察，然后在教师的引导下开始相互交流，珊珊观察得很仔细，好像发现了什么，小手开始去拿水彩笔。曹嘉劲好像有点过于着急，拿到操作图就急急忙忙地涂起颜色来，旁边的钰婷没经过仔细观察也匆忙地涂起来。在教师的进一步提醒下，嘉劲、钰婷终于发现了涂色规律，并很快完成了任务。

［活动反思］

本次益智活动的直接目的是学习形式排列 ABAB 型，间接目的是培养小班幼儿观察、分析和解决问题的能力以及涂色能力。活动由故事导入，以优美的情境和有趣的情节吸引幼儿主动参与，在整个活动中，幼儿注意力集中，参与活动的兴趣浓厚，每个环节过渡得都非常自然。但由于个别幼儿年龄小，理解力受限，关键环节仍需教师及时有效地引导。从操作材料完成情况看，本次活动目标的达成度较高。

【案例四】

幼儿园中班智力游戏教案：寻宝大行动

“寻宝”对幼儿来说，由于它充满了挑战性，迎合了幼儿好奇、好动的心理特点，是他们百玩不厌的游戏。中班的幼儿对类似“寻宝”游戏的拼图游戏产生了浓厚的兴趣，对于与同伴一起合作游戏也有了初步的意识与欲望，因此，本活动在设计时确立了以“藏宝图”为线索，以“礼物”为目标，设置了“池塘捞宝瓶”“四友拼宝图”“齐心寻礼物”三个问题情境，让幼儿在玩中学会利用周围的物品、材料或独立或合作地解决问题，并体验到成功的快乐。

一、游戏目标

（1）尝试利用身边的物品打捞塑料瓶，学习与同伴合作拼图寻找礼物，从中培养或独立或合作解决问题的能力。

（2）愿意用语言与同伴交流、分享打捞塑料瓶与合作寻找礼物的经验。

（3）体验寻找礼物的乐趣。

二、游戏准备

（1）把若干张关于藏宝地点的照片分成四份装在塑料瓶里，每张照片的背面颜色各不相同；把若干包水果礼物用红色的盒子装好，分别放置在与图纸相对应的地方。

（2）准备一个较大的模拟池塘场景，在其中远近和高低不同地方放置若干个塑料瓶，每个塑料瓶上都用软铅丝穿一个环，池塘四周放一些雨伞、竹竿和小棍等物品。

（3）一个可以放若干个塑料瓶的筐，磁性板、磁铁若干。

三、游戏过程

1. 引入活动

（1）师：今天园长准备了许多礼物送给小朋友，不过这些用红色盒子装好的礼物只有爱动脑筋的小朋友才能拿得到。因为礼物被藏了起来，只有先拿到放在塑料瓶里的藏宝图，才能根据图纸找到它们。可是，这些塑料瓶都掉进了小池塘，让我们一起去看一看吧！

（2）与幼儿一起观察池塘场景。教师提问：塑料瓶都掉在哪里了？怎么样才能又快又安全地从小池塘里捞起塑料瓶呢？

2. 取塑料瓶

（1）师：小池塘四周有雨伞、竹竿、小棍等物品，想一想，它们可以帮我们的忙吗？比一比，看谁能又快又安全地捞起一个塑料瓶？

（2）幼儿取塑料瓶，教师引导幼儿利用最合适的材料及方法进行尝试，并提醒幼儿东西用完后要放回原处。

（3）集中幼儿，师幼共同分享：你是怎么捞到塑料瓶的？谁想出了不同的办法？

3. 合作找礼物

（1）师：检查手中的瓶子是否都已拿到。取出藏宝图，看看礼物到底藏在哪里。出示小筐，并提问：把塑料瓶放在箱子里，以后我们还可以用来做其他的游戏呢！

（2）师：藏宝图里还有一个秘密，藏宝图被分开了，只有找到四张反面是相同颜色的图纸拼起来，才能知道礼物在哪里。桌子上准备了磁性板、磁铁，如果四个“好朋友”都找齐了，就可以到桌子上去拼一拼，拼好后拿着完整的藏宝图手拉手一起去找礼物。我们来比一比，哪一组小朋友先找到礼物呢？

（3）幼儿寻找同伴，合作拼图找礼物，教师引导幼儿按图纸背面的颜色寻找好朋友，拼好后手拉手一起寻找，一起回活动室。

（4）集中分享：你们找到了什么礼物？

4. 延伸活动：分享礼物

师：看看有多少礼物，想一想，这些礼物四个人该怎么分呢？

四、游戏反思

活动的主题“寻宝大行动”能依据幼儿生活中“打捞物品”“拼图游戏”“按图示寻找某个地点”三个内容为主线，合理、有序地安排游戏活动的进程，培养幼儿独立、合作解决问题的能力，使其“学会如何生活、如何生存”，这充分体现了选材源于生活又回归生活的原则。

活动的设计，充分考虑了幼儿的兴趣、年龄特点和个体差异。通过创设一系列有趣的“池塘捞宝瓶”“四张拼宝图”“齐心寻礼物”等游戏情境激发幼儿持续探索的欲望，通过设置打捞难度不同的塑料瓶，提供长度、轻重、形状不同的生活物品及材料，让每个幼儿都能主动根据自己的能力有选择性地进行操作、探索，使他们真正成为活动的主人，最大限度地调动每个幼儿参与活动的积极性、主动性和创造性。

在活动过程中，教师不再是活动进行的指挥者，而是活动的积极支持者、参与者。教师的作用是在与幼儿共同活动的过程中，以伙伴的方式引导他们活动，以支持者的方式给幼儿提供活动的时间、空间、材料及提问上的支持，从而使教师的主导作用与幼儿的主体作用达到和谐统一。

（资料来源：http：//www.06abc.com/topic/20101206/46735.html）

【案例五】

八种智力游戏设计案例

1．视觉游戏

游戏名称：找隐藏的图形。

游戏目的：

（1）发展幼儿观察力。

（2）让幼儿体验成功的喜悦。

游戏准备：幼儿操作图人手一张（见图 6-9）。

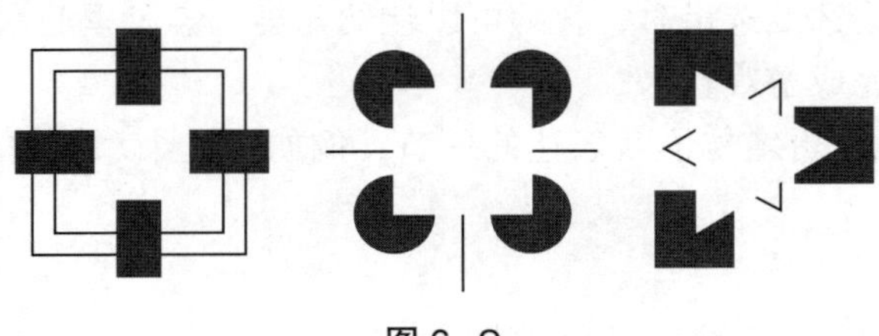

图 6-9

游戏玩法：请幼儿找出隐藏在图中的圆形、正方形、三角形，并用笔勾线或涂色。

2．听觉游戏

游戏名称：你猜我是谁。

游戏目的：

（1）通过游戏，幼儿听觉能力得到发展。

（2）幼儿喜欢和小伙伴们一起玩耍。

（3）体验猜对伙伴时的喜悦，增进小伙伴之间的情感。

游戏准备：

（1）蒙眼睛布一条。

（2）全班的幼儿围成一个大圆圈。

游戏玩法：请一名幼儿站在圆圈的中心，戴上蒙眼布条，原地转三圈，然后向圆圈边上走去，任意摸到一名幼儿，抓住他的手问："请问你是谁？"被选中的幼儿回答一句："你猜我是谁呢？"蒙眼睛的幼儿根据被选中幼儿说话声音的特点，猜出他的名字。猜对了，换一个幼儿蒙眼，游戏继续。

游戏规则：

（1）当蒙眼的幼儿猜不出时，被选中的幼儿可以通过其他简单的语言给予提示。

（2）其他的幼儿得保持安静，不能给予提示或故意发出声音干扰蒙眼幼儿的判断。

3. 嗅味觉游戏

游戏名称：香香的水果。

游戏目的：

（1）通过游戏，幼儿的嗅觉和味觉获得发展。

（2）幼儿了解不同水果的气味，喜欢水果。

游戏准备：

（1）准备各种水果和相应的卡片一套。

（2）将各种水果搅成泥状，分别放在盘子里。

游戏玩法：请一名幼儿出来闻闻一个盘子里的水果，然后在卡片中选出相应的水果卡片放在这个水果盘的前面，教师检查，幼儿依次完成所有的水果与卡片的配对。然后换一个幼儿，游戏继续。

游戏规则：

（1）当幼儿不会选或选错时，教师可以让幼儿尝一尝盘里的水果后再判断。

（2）幼儿独立完成游戏。

（提示：此游戏也可增加语言表达的环节，例如"这个水果闻起来香香的""这个水果闻起来酸酸的"。

4. 触觉游戏

游戏名称：百宝箱。

游戏目的：

（1）发展幼儿的触摸觉。

（2）让幼儿了解软硬不同的质地。

游戏准备：百宝箱一个，内放不同硬度的玩具或实物等。

游戏玩法：

（1）幼儿在百宝箱里双手同时摸出两种不同硬度的物品。

（2）说说哪只手拿的是硬的物品，哪只手拿的是软的物品。

5. 推理游戏

游戏名称：找规律画图。

游戏目的：

（1）发展幼儿的观察力。

（2）发展幼儿的判断和推理能力。

（3）让幼儿体验成功的快乐。

游戏准备：幼儿操作图人手一张（见图 6–10）。

游戏玩法：幼儿根据图片上图形颜色和形状的变化，找出空白处应该填的图形，并用彩笔画好。

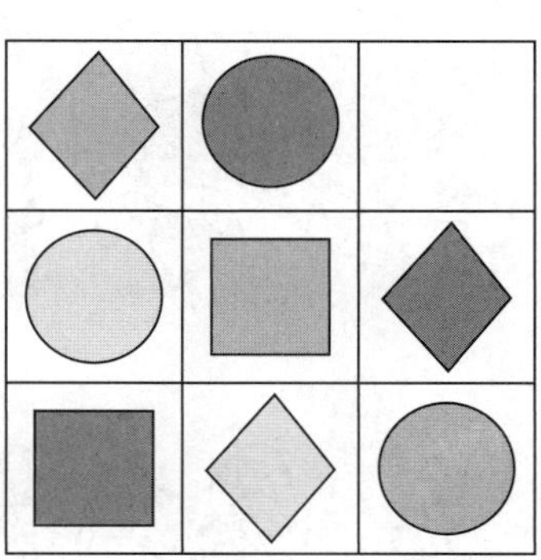

图 6–10

6. 记忆力游戏

游戏名称：有趣的小动物。

游戏目的：

（1）发展幼儿的观察力。

（2）发展幼儿的记忆力。

游戏准备：小动物图片或玩具若干。

游戏玩法：（1）出示图片或玩具，识记 2 分钟。见图 6–11。

图 6–11　有趣的小动物

（2）把图片或玩具的位置进行调换，请幼儿再认。见图 6–12 至图 6–15。

图 6–12　看看谁的位置变了？

图 6–13　看看少了哪一个？

图 6–14　哪个是原来没见过的?

图 6–15　哪几个是原来见过的?

7. 操作游戏

游戏名称：七巧板。

游戏目的：

（1）发展幼儿的动手能力。

（2）培养幼儿的想象能力。

游戏准备：七巧板人手一份。

游戏玩法：

（1）教师出题让幼儿摆出形象（如小兔子、小乌龟等，见图 6–16），看谁摆得快。

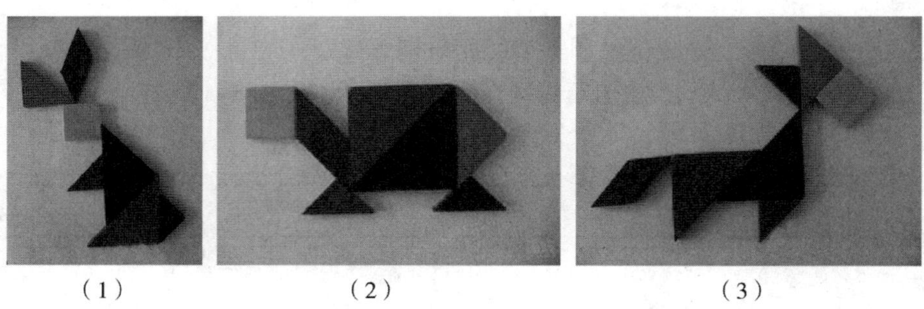

（1）　　（2）　　（3）

图 6–16　哪几个是原来见过的?

（2）让幼儿根据想象，摆出各种不同的形象，并说明形象的内容。

8. 注意力游戏

游戏名称：请你们照我这样做。

游戏目的：

（1）发展幼儿的注意力和模仿能力。

（2）培养幼儿的常规习惯。

游戏准备：一间活动室。

游戏玩法：游戏开始，教师边说“请你们照我这样做”边有节奏地做相应的动作，如刷牙、洗脸或拍手。幼儿边回答“我就照你这样做”，边模仿教师的动作。游戏反复进行，可做各种幼儿容易模仿的动作，如点头、跺脚、拍肩等。

【案例六】

全国幼儿园优秀游戏活动案例系列（1）——挑战迷宫

福建幼儿师范高等专科学校附属第二幼儿园

一、游戏由来

迷宫游戏是幼儿喜欢的一种益智类游戏。近期，佳佳带来的迷宫书吸引了同伴的注意，大家对不同迷宫的线路、情节、玩法等产生了兴趣。随着大班幼儿的观察理解能力的提升，他们不再满足于看看迷宫书，而是有了更多发现和想法，愿意尝试设计、摆弄迷宫，并在实际操作中发现问题、解决问题。

在区域活动中，有些幼儿将建构区中的竹筒材料在地上摆弄，“弯弯曲曲，很像迷宫”，他们三三两两在一起研究迷宫的线路、玩法，大家七嘴八舌地讨论起来，还互相竞赛谁能够挑战更有难度的迷宫，画迷宫、摆迷宫和走迷宫的活动由此展开。

二、前期经验

教师组织对迷宫感兴趣的幼儿进行谈话：“关于迷宫你们知道些什么呢？”有的说“我喜欢看迷宫书，也喜欢走迷宫”；有的说“从起点出发，要走到终点才算成功”；还有的说“迷宫的路是弯来弯去的，会被迷晕了”。

之后，大家一起收集了更多的迷宫书，在晨间、餐后、自由活动时，研究迷宫的造型和线路，对有趣的情节和复杂的线路感兴趣，有了一些起点、终点以及复杂线路等与迷宫相关的粗浅经验。

三、预期目标

（1）对迷宫游戏感兴趣，愿意与同伴一起合作设计迷宫。

（2）能选择适宜、多元的材料设计和建构迷宫。

（3）掌握设计迷宫的要素，学会发现问题、解决问题，设计具有挑战性的迷宫。

（4）提高空间辨识、观察比较的能力，发展想象力和创造力。

四、游戏规则与玩法

（1）画迷宫：在平面上设计出不同迷宫线路、造型。

（2）摆迷宫：使用竹筒、水管、纸皮等多元低结构材料建构迷宫的线路和情节。

（3）走迷宫：和同伴一起走自己设计的迷宫，不断提升迷宫的挑战性。

五、环境创设与材料投放

环境创设：阅读区——迷宫书吧。

主题墙——各种各样的迷宫、我设计的迷宫等（见图 6–17）。

图 6–17

材料投放：画纸、笔、水管、竹筒、纸杯、纸箱、纸皮、积木、瓶盖等。

六、活动内容与过程实录

主要介绍游戏活动的内容和过程，包括幼儿与环境材料互动、探究和交往的关键环节和典型行为，以及教师的支持与回应等。

（一）第一阶段：观察发现各种迷宫构造，运用已有经验尝试设计迷宫

班级的“迷宫书吧”受到大家的欢迎，越来越多的幼儿加入玩迷宫的活动。大家还将收集的迷宫图片按外形、材料等进行分类。

1. 活动实录一：画迷宫

自由活动时间，浩浩和琳琳取来白纸和笔画迷宫。画好迷宫后，他们很兴奋地说：“这是我画的迷宫，你们来走走看！”好几个幼儿也学浩浩开始画迷宫，还主动找老师和同伴一起试试他们设计的迷宫。试玩的幼儿也提出了自己看法：“从哪里开始走，怎么没有起点？”“这里的路都被堵住，走不过去！”……

教师说：“你们能自己设计迷宫，真有趣！”并和幼儿一起讨论：“小朋友们设计的迷宫有哪些问题？怎样才能画出成功的迷宫？”浩浩说：“我可以看看书里面的迷宫，学着画。”“迷宫里要有死路和活路，不能都堵了”。“用箭头表示起点和终点，或者写字。”幼儿再次到迷宫书吧找答案，看看迷宫书里的迷宫跟我们画的有什么不一样。

2. 活动实录二：摆迷宫

在区域游戏时间，亮亮和甜甜把竹筒摆在地上，说："看，这是一个迷宫，你们来走走吧。"幼儿走网迷宫说："好简单啊，就只有一条路。""要有分叉路才好玩。"如图 6–18 所示。

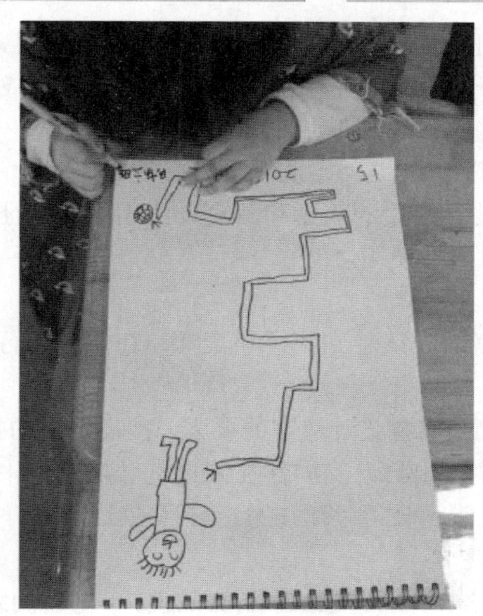

图 6–18

3. 情况分析

（1）通过分类活动，幼儿进一步明晰了迷宫的类型、结构。

（2）能迁移玩迷宫的经验，尝试画迷宫和摆迷宫，喜欢邀请同伴走自己设计的迷宫。

（3）幼儿设计的迷宫没有明显的起点和终点标志；有的迷宫线路全部封堵，走不通；还有的迷宫线路太简单，一下子就走完了。如图 6–19 所示。

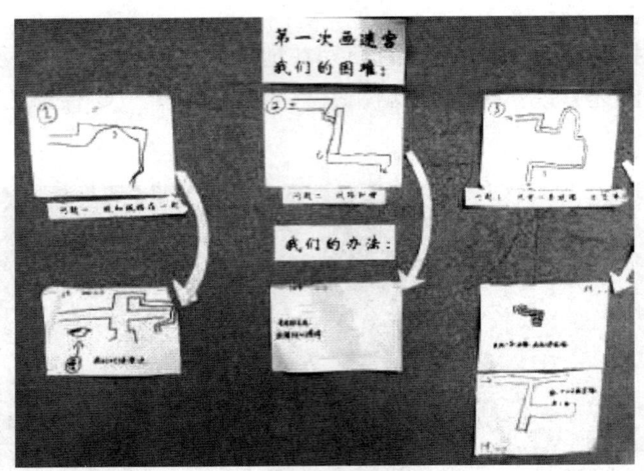

图 6–19

4. 支持策略

（1）经验支持。

①在充分感知的基础上，帮助幼儿梳理迷宫构造的关键要素：起点、终点和线路。

②对关键的问题展开讨论："怎样让迷宫变得复杂、有挑战？"

③探究画（摆）迷宫的关键技巧：如何画（摆）分岔路？

（2）环境与材料支持。

创设主题墙面，将幼儿产生的问题和解决办法用图示表征出来。提供更加丰富多元的材料供幼儿摆迷宫时选择使用。

（3）情感支持。

教师对幼儿的画迷宫的尝试感到惊喜和赞赏，在情感和行动上积极支持幼儿对迷宫的探究活动。

（二）第二阶段：初步掌握设计迷宫的要素，提高迷宫的挑战性

幼儿通过观察和对比提出自己和同伴在画迷宫和摆迷宫中遇到的问题，迷宫起点和终点可以用各种方式来表示，可以用图案、符号或文字。

1. 活动实录一：画迷宫

教师提问："怎样让迷宫变得复杂？"幼儿说："迷宫的线路要多一点才好玩"，"有的线路是直的，有的是弯的，还要许多分岔路"。有幼儿提出："老师我们不会画分岔路。"教师："我们再去迷宫书里看一看，分叉路是怎么画的。"同时，通过展示线路绘画的关键图片，引导幼儿观察画面，发现岔路如何从一道变两道、三道甚至多条道路。经过多次尝试，幼儿已经能找到画分叉路的办法。在区域活动中，幼儿设计迷宫的线路更清晰，路线丰富，岔道变多了。

越来越多的幼儿开始喜欢画迷宫了，大家都想把画好的迷宫给同伴走一走，分享自己的成果。走迷宫的时候，有的幼儿发现："路线变多了，也有分岔路，可是这些分岔路都好短啊，一下就发现不能走，太简单了！”教师组织幼儿再次讨论：“什么样的迷宫才是有挑战的迷宫？”有的幼儿就说：“不容易走出去的迷宫才好玩”“弯来弯去，岔道要多一点，不能太短，太短就被发现了”“线路多一点，把别人迷晕”“可以在迷宫里画一些图案，有些地雷、宝盒才好玩”……

见图 6-20 所示。

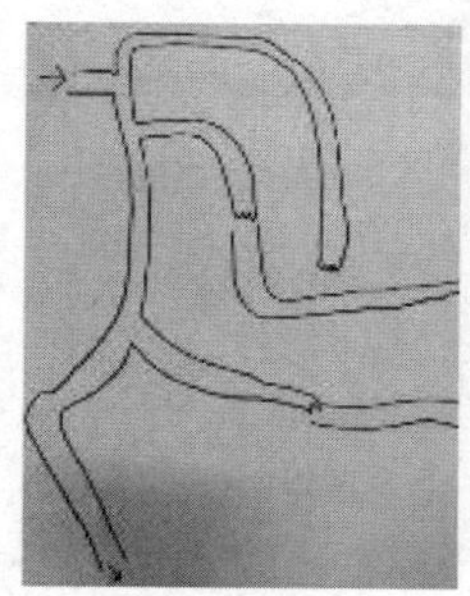
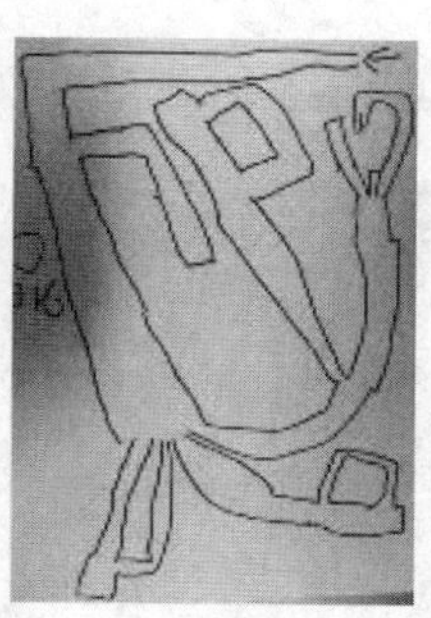
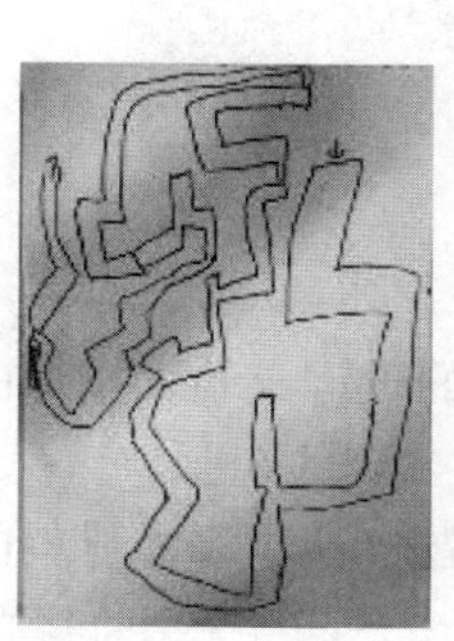

图 6-20

2. 活动实录二：摆迷宫

晟晟和小允依照自己的设计图用竹筒摆迷宫，对线路设计更有想法，活动持续的时间也更长了。但也产生了新的问题：竹筒会滚动，怎么固定？终点、起点怎么表征？竹筒很少，没办法做更复杂更大的迷宫。

浩宇从阳台上找到泡沫垫的边角料，把它塞在竹筒的左右两边，发现竹筒不容易滚动了；楚涵找来两个小木块，涂上颜色，摆在迷宫入口和出口处，绿色代表起点，红色代表终点。竹筒不够了，他们把水管也用上。

班级摆迷宫的幼儿渐渐多了起来，有的用吸管、瓶盖，还有小木块等。如图 6-21 所示。

图 6–21

3. 情况分析

（1）通过对迷宫要素的梳理，幼儿逐步掌握了设计迷宫的关键经验，设计的迷宫路线逐渐丰富，弯路、岔道变多，但还是出现岔道过短，缺乏挑战的问题。

（2）能按照设计图进行摆迷宫，因材料不同，产生的问题也不同，如材料的稳定性、数量、种类，线路转弯和分叉路的摆放等问题，幼儿积极尝试自主解决问题。

（3）幼儿开始尝试进行同伴的合作摆迷宫。

4. 支持策略

（1）经验支持。

①通过谈话，帮助幼儿明确“迷宫的线路、弯道、岔路、情节等都要变得复杂才能让它富有挑战性”。

②选取经典的、富有挑战性的迷宫游戏（图书、玩具、电子等）让幼儿玩一玩，感受迷宫的错综复杂。

（2）材料与环境支持。

①将幼儿画的迷宫汇编成有难度指数等级区分的迷宫书（见图 6–22），激发幼儿画出更有挑战的迷宫。

②举行“迷宫分享会”“迷宫辨论会”，激发幼儿深入探究迷宫的兴趣。

③给予幼儿充足的时间，提供开放的环境和多样的材料（见图 6–23），满足幼儿对摆迷宫的需求，通过与材料的互动，熟悉材料的特性。

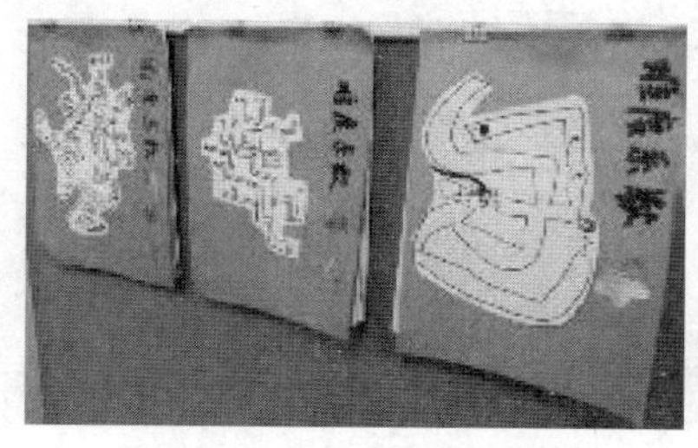

图 6–22　汇编迷宫书

图 6–23　收集各种材料

（三）第三阶段：分享和学习同伴经验，设计更有挑战的迷宫

1. 活动实录一：“迷宫分享会”

幼儿画的迷宫线路逐渐复杂，越来越有挑战，在迷宫分享会上：

笑笑说：“我的迷宫走到这里没有路了，可以从下面钻过去，像立交桥一样。”

明明说：“我的迷宫叫森林寻宝，里面有陷阱、老虎、毒蛇，要小心哦。”

果果说：“我和妍妍一起画的星星迷宫，我们用了更大的纸张，我从起点开始画，妍妍从终点开始画，我们画很久总算画好了。”

幼儿和爸爸妈妈一起用纸盒、纸板、吸管、牙签、彩泥等生活中的材料制作了立体小迷宫，还可以把小珠子放在迷宫里走，大家将迷宫带来后，积极与同伴介绍迷宫的制作过程和玩法。

2. 活动实录二：“迷宫辩论会”

随着幼儿经验的提升，幼儿关于迷宫有了很多不同的想法，于是一场关于迷宫的辩论会展开了，辩论题目有：“情节和线路”哪一个能让迷宫更有挑战；哪一种情节更有趣（危险 & 不危险）；哪种材料摆迷宫好（大材料 & 小材料）。

幼儿各抒己见、互争高低。桐桐说：“大材料好，摆好的迷宫人可以走进去。”晨晨说：“小材料好，教室里小材料更多，可以摆更复杂的线路。”

如图 6–24 所示。

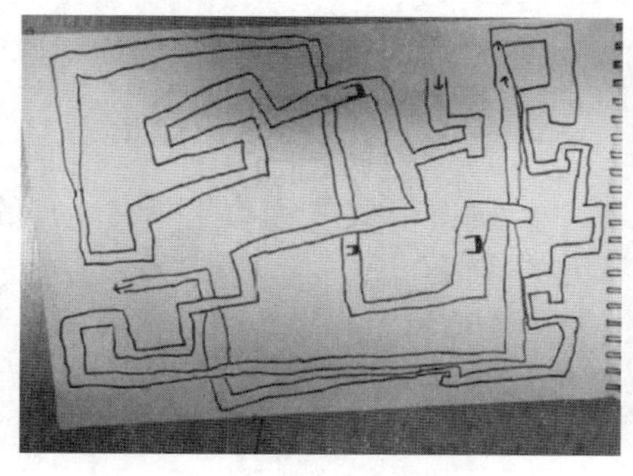

（1）“立交”迷宫

（2）两人合作画迷宫

（3）迷宫分享会

（4）迷宫辩论会

（5）复杂的、有挑战性的迷宫作品

图 6–24

3. 情况分析

（1）幼儿画迷宫和摆迷宫兴趣和能力不断提升，能设计出复杂的迷宫线路和有趣的情节。

（2）能大胆在同伴中分享自己玩迷宫的经验，并借鉴与迁移同伴的成功经验，有效解决问题。

（3）幼儿产生了用更大的材料来建构大迷宫的愿望。

4. 支持策略

（1）经验支持。引导幼儿合理分工，设计和搭建更大型的迷宫。

（2）环境材料支持。

①在环境中创设“迷宫作品展台”，以相片、绘画等形式展示幼儿探究迷宫的成果，巩固幼儿探究迷宫的兴趣，激发幼儿持续探究的热情与愿望。

②鼓励幼儿在环境中寻找和发现可以建构迷宫的大型材料和场地。

（四）第四阶段：合作设计大型迷宫，体验玩大型迷宫的乐趣

1. 活动实录

幼儿设计的迷宫越来越有挑战，摆的迷宫越来越大，一次在摆纸杯迷宫时，亮亮

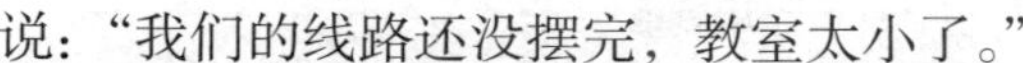

说：“我们的线路还没摆完，教室太小了。”

师幼讨论：哪里还可以摆大型的迷宫？用什么材料摆大型的迷宫？很多人一起摆迷宫时，怎么分工？

幼儿说：“跑道上、草地上可以，建构室也行”“班级的桌椅可摆迷宫”“大的箱子可以摆迷宫”“很多人一起玩要分工，有的人取材料，有的人摆线路，从不同的方向开始摆，最后汇合在一起”……

六一临近了，大家提出要摆一个超级大型的迷宫，邀请中班、小班的也来走迷宫，于是他们设计了迷宫邀请函、并开始思考和讨论用哪些材料摆，在哪里摆，在幼儿园的各个角落寻找适合百搭型迷宫的材料，最后发现，幼儿园许多栏杆、大纸箱等材料可以用来摆大型的迷宫。活动的前一周，幼儿搬运大型材料，商量线路的摆放方式，迷宫摆好后，还自己一遍一遍地体验，将线路进行修改调整。活动当天，超级大型的迷宫吸引了众多的幼儿前来体验，大家纷纷表示：“这个迷宫真好玩啊！”听到大家的赞美，幼儿获得了满满的成就感。

2. 情况分析

（1）幼儿设计的迷宫情节、线路更加丰富，趣味性增强、难度提升。

（2）在合作大型迷宫的过程中，幼儿既探究了迷宫的设置过程，又学习如何处理个人与团队成员的关系，在合作成功的快乐。

如图 6–25 幼儿在摆大型迷宫。

图 6-25 大型组合迷宫

七、活动的特点及价值所在

在“挑战迷宫”系列活动中，教师及时捕捉幼儿对迷宫的好奇心和兴趣，分析迷宫活动蕴含的教育价值，积极创设环境、投放材料，引发幼儿的思考、探索与创造。在活动中，教师有效观察幼儿游戏行为、了解游戏需求，基于他们的能力和经验水平，通过情感支持、环境材料投放、知识经验丰富等策略，有效支持幼儿与材料充分互动，发现问题、分析问题和解决问题，使幼儿设计、建构迷宫的水平在原有基础上不断提升。

伴随着游戏的不断深入，幼儿设计的迷宫从不成功到成功，从简单到复杂且难度和挑战不断地提升，幼儿在迷宫游戏活动中不仅收获了快乐和成功的体验，还获得了以下学习发展：

（1）在多次的探究过程中不断发现问题、分析问题、解决问题。激发了幼儿的探究兴趣，发展了初步的探究能力，培养了幼儿不怕困难，敢于探究尝试的学习品质。

（2）通过对迷宫线路的观察、比较，以及摆迷宫、走迷宫的实践操作活动，提升辨识空间方位的能力，发展了幼儿的逻辑思维能力。

（3）幼儿想象设计有趣的迷宫情节，并能大胆运动生活中常见的材料，拼摆变化出各种不同的迷宫造型，发展了想象力和创造力，同时，他们主动学习、持续专注的学习品质也获得发展。

（4）在游戏中通过与同伴的经验分享、分工合作，增强了幼儿的语言表达、同伴交流、合作交往能力，提升了幼儿的自信心。

对于迷宫游戏的开展，下一步我们还有这样的思考：如何通过改变材料的种类、数量以及空间的安排，使迷宫更大型、更好玩，从而提高迷宫的挑战性。在提高幼儿游戏合作性方面还可以进一步地探究与实践。

●思考与练习

1. 什么是智力游戏？智力游戏的特点是什么？
2. 智力游戏的结构是什么？
3. 智力游戏的分类有哪些？
4. 智力游戏的作用是什么？
5. 请你根据所学的知识尝试创编一个关于听觉的智力游戏。

第四节　智力游戏技能实训

实践与训练一　智力游戏玩具制作

【实训目标】

（1）培养学生针对幼儿的年龄特点制作智力游戏玩具的能力。

（2）培养学生绘图能力和动脑动手能力。

【实训内容与要求】

（1）根据幼儿年龄特点和智力游戏特点，制作一个趣味性迷宫。

（2）迷宫图形符合幼儿审美，玩法新颖。

实践与训练二　智力游戏的观察与评价

【实训目标】

（1）培养学生观察记录、分析幼儿智力游戏行为的能力。

（2）培养学生评价与指导幼儿智力游戏行为的能力。

【实训内容与要求】

（1）到幼儿园有目的地观察幼儿的智力游戏情况或观看幼儿智力游戏实况录像。

（2）根据实际观察填写表 6–1。

实践与训练三　设计智力游戏

【实训目标】

（1）培养学生针对幼儿的年龄特点确定合适的教学目标的能力。

（2）培养学生按规范的格式制定智力游戏指导方案的能力。

【实训内容与要求】

（1）先分组到幼儿园各年龄班进行幼儿智力游戏观摩活动，然后自定主题设计一份相应年龄段的智力游戏教案。

（2）教案要求格式规范，有明确的活动目标、合适的活动内容、活动准备以及具体的活动指导。

实践与训练四　模拟智力游戏组织与指导

【实训目标】

掌握各年龄班智力游戏的组织与指导。

【实训内容与要求】

（1）预先分组，采取小组合作的形式，选择年龄对象与主题，进行智力游戏模拟教学活动。

（2）预先设计好智力游戏教案，准备好游戏所需材料或替代品。

（3）模拟游戏组织中，至少模拟 2 个幼儿游戏中可能出现的问题，教师给予指导。

（4）模拟幼儿教师对游戏进行讲评。

实践与训练五　教师资格考试面试场景模拟

【实训目标】

模拟教师资格考试面试，使学生在考试场景中，能运用所掌握的幼儿智力游戏的基本理论，分析实际案例，形成应用理论于实际解决实践中遇到的问题的能力。

【实训内容与要求】

（1）以小组为单位，每位学生从题库中随机抽取题目。

（2）学生按考试的程序进行当场作答，小组其他成员担任考官，对答题情况打分。

（3）每个同学作答后小组同学进行讨论，教师点评，使学生能准确理解、掌握智力游戏的知识和技能。

［题目示例］

题目 1：玩牌

内容：幼儿游戏牌。

基本要求：

（1）制作幼儿用游戏牌。

a. 利用现场提供的材料为幼儿制作游戏牌道具，并设计玩法。

b. 明确所设计的游戏主要利用了幼儿的什么经验，适宜于哪个年龄段。

（2）模拟向幼儿介绍自制游戏牌的玩法。要求语言简洁，玩法符合幼儿年龄特点，易于让幼儿接受。

（3）请在 10 分钟内完成上述任务。

题目 2：词语接龙

内容：模拟向幼儿介绍词语接龙游戏玩法。

玩法：一个幼儿主持人，其余幼儿当接龙人。主持人有节奏地边拍手边说："星期天，逛公园。"接龙人问："什么园？"主持人选择一种园回答，如水果园（或动物园等）。接龙人根据主持人回答的园名，以接龙的形式，边拍手边依次说出园子里面事物的名称，如苹果、香蕉、李子、草莓……后面的人说出的名称必须属于该园的类别。接龙人不能重复前面说过的名称，说错、没有说出、节奏错误的幼儿都算输。输的幼儿当主持人，游戏重新开始。

基本要求：

（1）模拟演示。

a. 模拟向幼儿介绍词语接龙游戏玩法。

b. 语言讲解生动浅显，有条理，易于幼儿理解。

（2）回答问题。

这个游戏适合哪个年龄的幼儿，为什么？

（3）请在 10 分钟内完成上述任务。

第七章　幼儿体育游戏

学习目标

1. 知识目标

（1）理解体育游戏的概念和特点，了解体育游戏的构成及分类，理解体育游戏对幼儿的教育作用。

（2）掌握体育游戏的组织和指导方法，以及创编体育游戏的基本原则。

2. 技能目标

（1）能根据幼儿年龄特点创编传统体育游戏。

（2）能对幼儿的体育游戏行为进行观察与记录。

（3）能根据观察分析与评价幼儿的体育游戏。

（4）能制订各年龄班幼儿体育游戏计划并实际开展体育游戏指导活动。

3. 素质目标

（1）产生对传统体育游戏的浓厚兴趣。

（2）形成重视组织幼儿进行体育游戏的意识。

体育游戏“地雷爆炸”

体育游戏“地雷爆炸”开始了，游戏前张老师制定了游戏规则：追逐者需捉到一个人算胜利，被追逐者要在规定区域内逃跑，在快被捉住时可蹲下喊“地雷”并保持原地不动，等待其他同伴轻拍身体任意部位并喊“爆炸”即被解救。游戏开始！可是没多久张老师就发现幼儿并没有在规定的区域内玩，经常因“我喊‘地雷’了，你不能捉我了”“你没有喊‘地雷’的时候我就碰到你了”等状况而争执，有的幼儿甚至在没有同伴轻拍的状况下自行“爆炸”被解救了……放眼望去都是幼儿的争执声，乱成一团。

思考题：如果你是张老师会怎么做？教师应如何设计和实施体育游戏？

第一节　体育游戏概述

一、体育游戏的概念

图 7–1

《纲要》中指出："幼儿园必须把保护幼儿的生命和促进幼儿健康放在工作的首位。"幼儿园要"开展丰富多彩的户外游戏和体育活动，培养幼儿参加体育活动的兴趣和习惯，增强体质，提高对环境的适应能力"。由此可见体育游戏在幼儿教育教学活动中的重要地位。那么，到底什么是体育游戏呢?

体育游戏是根据一定的体育任务设计的，以发展幼儿身心健康为目的，由身体动作、情节、角色和规则组成的一种活动性游戏，它是幼儿体育活动的一种主要形式。见图 7–1。

二、体育游戏的结构

体育游戏的结构由游戏动作、游戏规则、活动方式、游戏情节、活动条件等组成。

（一）游戏动作

体育游戏的动作是身体训练的主要手段，它是决定游戏性质和功能的主要成分。幼儿体育游戏主要由五类动作组成。这五类动作分别是：发展基础运动能力的动作，包括走、跑、跳、投等基本动作和发展身体素质的动作；简单的运动技术，如球类、体操等运动项目的基本技术；体育游戏本身所特有的动作，如夹包、踢毽子、跳皮筋等游戏中的动作；模拟动作和简单的舞蹈动作；生活动作，如穿鞋、扣扣子等动作。

（二）游戏规则

游戏规则是指对游戏动作的规定和约束，它是使游戏能够顺利进行的保障，具有组织教育、保证游戏合理公平的作用。它从属于游戏内容、情节、角色等。幼儿体育游戏规则随着幼儿年龄及动作要求的变化而变化，具有很大的可变性和灵活性。

小班幼儿不注意、不重视游戏规则，常常以活动内容和游戏方法来代替游戏，如推着玩具走路，既是方法又是规则。而中班、大班可以逐渐增加游戏规则数量和难度要求。

（三）活动方式

活动方式是指游戏的组织活动和练习方法。它是实现游戏教育任务的途径，也是体育游戏的主要结构成分之一。

1. 组织活动

体育游戏的组织活动包括游戏队形、分队和分配角色、起动和结束活动。游戏队形是游戏者在游戏时形成的队形，如站成一个圈圈。它是根据游戏动作、练习方法、分配角色活动、游戏人数、场地、器械条件、指导工作需要等因素设定的。分组、分队和分配角色由分配人、决定分配人的方法和分配角色的方式等因素构成。起动活动由发出信号人、起动信号、接收信号等成分构成。其中起动信号可以是视觉信号、听觉信号、触觉信号、综合信号，也可以是语言文字信号等。结束活动则由结束信号和游戏人结束活动构成。

2. 练习方法

游戏练习方法由重复做规定动作的活动和有一定教育目的的附加措施构成，是决定游戏效果的重要因素。幼儿体育游戏中常用的练习方法由模拟法、竞赛法、条件练习法、综合练习法等。练习的顺序上可采用同时练习或相继练习。

（四）游戏情节

体育游戏的情节与角色游戏和表演游戏的情节不同。在角色游戏和表演游戏中，情节是根据游戏主题构思的，是表现游戏主题不可缺少的成分；而体育游戏的情节一般是从调动游戏人的活动积极性和进行教育出发的，根据游戏的动作和活动方式的特点而构思的，在游戏中起着增加游戏趣味性的作用。

体育游戏情节构思主要以游戏动作和活动方式的特点为依据，是个很活跃的结构成分。同一个游戏可以采用多种情节，由某一动作或活动方式所构成的游戏也可以采用多种情节。

（五）活动条件

活动条件是指体育游戏赖以进行的物质条件，包括场地、器械、玩具等。玩具在体育游戏中具有双重性质，它既是物质条件，又是动作对象。游戏场地是游戏活动的必要条件，它对锻炼身体的效果、动作性质和活动方式都直接地产生影响。

三、体育游戏的特点

（一）小班体育游戏的特点

在身体和动作发育方面，小班幼儿体力和身体素质都比较薄弱，大肌肉群发育不太完善，各项基本动作还没有正确掌握，动作缺乏协调性和准确性，平衡能力差，活动不自如。小班幼儿的心理特点是喜爱游戏、好模仿、注意力不易集中。他们对游戏中的动作、角色、情节都很感兴趣，但是对游戏的结果不大注意。

小班幼儿体育游戏的动作内容和情节都比较简单，角色较少，便于幼儿模仿，而且是常常集体做同一个动作。例如，“小孩小孩真爱玩”的游戏，要求幼儿以同样动作到达某一地点，完成同一任务后再跑回来。小班体育游戏的规则比较简单，是幼儿容易做到的。往往有的规则也是游戏的内容。如：“老猫睡着了，小猫再出去玩；老猫醒了一叫，小猫就回来”，这既是游戏的内容，又是游戏的规则。

（二）中班体育游戏的特点

在身体和动作发育方面，中班幼儿的体力有所发展，动作比小班更加协调和灵活自如，平衡能力和独立生活能力也有很大提高。他们的智力进一步发展，空间知觉能力也有明显增强，能辨别方向，注意力比较集中，能控制自己，比较自觉遵守游戏规则。中班幼儿比较喜欢有情节、有角色、有追逐性的游戏。游戏中的动作情节和角色比小班复杂，而且对游戏的结果有所注意。

中班的体育游戏除了带有一定的情节外，还增加了一些无情节的，只为完成某项任务的分组竞赛游戏，游戏的规则也比较复杂，并带有限制性，如：“老狼老狼几点了”。但中班幼儿在开始玩追逐性游戏时，往往不惜力气地径直追捉某一个幼儿，而不去追逐离他最近的幼儿，对此，教师应注意及时地加以引导。

（三）大班体育游戏的特点

大班幼儿比小班、中班幼儿身体更壮实，体力更充沛，在前两年学习的基础上，已能熟练地掌握各种基本动作，而且动作显得更加协调有力、灵活自如。在正确教育下，他们对周围生活已经有了一定的见解，知识范围更大了。观察分析和理解能力有了显著的提高，开始具有组织能力和控制注意的能力，增强了责任感，喜欢游戏有胜负的结果。

在大班这个年龄阶段，竞赛性游戏增多，游戏动作加多，难度加大，往往需要幼儿克服一定的困难之后才能达到游戏目的，游戏中的情节和角色之间的关系更为复杂。

四、体育游戏的分类

（一）按游戏组织形式分类

1. 集体性游戏

这种游戏主要在体育课中运用，帮助幼儿学会一些比较新的、比较难的动作，是一种以游戏为主的教学形式，要求在教师有计划、有领导的组织下进行，有一定的主题，有一定的规则，要求全体幼儿都参加。如：体育游戏“炸碉堡”，可进行走、跑、钻的综合练习；“小动物找食”可进行往一个方向跑的练习；“活动篮筐”可进行投掷练习；“天气预报”可进行走跑交替练习。

2. 分散性游戏

这种游戏虽然有一定计划，但幼儿可以自由选择伙伴和游戏内容，三三两两，小型分散地游戏，这种游戏不需要复杂的器材，也不受场地大小的限制，幼儿无须等待，教师可抽出时间来对个别幼儿进行辅导，更可以培养幼儿对体育活动的兴趣，发展幼儿的动作，提高机体的功能。这类游戏多数在晨间活动以及下午的户外活动中进行。幼儿园可供给很多小型的运动器材（根据需要，利用回收物自制一些飞镖、沙袋、套圈、纸球等），在场地上画上直线、曲线、格子、圆圈，安置上运动器具，幼儿就可以自由地选择游戏内容，达到锻炼的目的。如玩“开汽车”“扔飞镖”“甩彩带”等游戏可练习臂力，“踩高跷”“托球走”的游戏可练习平衡，“抓尾巴”“踩影子”的游戏可练习奔跑。

（二）按游戏的性质分类

1. 模仿性体育游戏

这种游戏基本上要求幼儿进行模仿动作的练习。因为有具体的模仿形象，幼儿极感兴趣，在不知不觉中进行了某项动作的练习。如：练习双脚跳时，可先让幼儿观察兔子跳，然后让每个幼儿学习兔子跳，要求学得逼真，双腿并拢，脚掌着地，跳着向前行进，以达到教学目的。见图 7–2。

图 7–2

2. 故事性体育游戏

这是指有一定故事情节的体育游戏。教师和幼儿都可以在其中扮演一定的角色，共同遵守一些规则，趣味性很强，故事的情节会引人入胜，并且可以指导动作的进展和深化。如“小兔子采蘑菇”的游戏，教师扮演兔妈妈，幼儿扮演小兔子，兔妈妈带领小兔子出去，先到草地上“跳跳”，为了过沼泽地，兔妈妈教小兔子练习“直线两侧行进跳”，学会以后，小兔子则运用这种方法，顺利地通过沼泽地采到了蘑菇。随着故事的发展，幼儿在欢快的气氛中完成了“双脚跳”和“直线两侧行进跳”的动作练习。见图 7–3。

图 7–3

3. 活动性体育游戏

这种游戏不一定有很明确的规则、要求和情节，但却能让幼儿达到一定的活动量，

图 7–4

幼儿在这种游戏中学习了动作，也提高了身体素质。如课后让幼儿拿着自制的“风车”在操场上跑，这时幼儿跑的兴趣和效果比单纯地让他在地上跑要好。而且在游戏过程中幼儿逐步掌握跑的快慢和风车转的速度的关系，从而用控制自己跑的速度来得到风车的不同转速，这样就提高了幼儿控制动作的能力。见图 7–4。

4. 比赛性体育游戏

由于幼儿好胜心强，这种游戏都有一定的竞赛成分，可以增加趣味性，因此深受幼儿欢迎。如在进行走、跑、跳、钻、平衡等综合练习时，若让幼儿一个跟着一个地进行练习，一会儿幼儿就会感到乏味。若把幼儿分成几组，在练习的最后设有红旗，让幼儿玩“看谁先得到红旗”的游戏，气氛马上会改变，幼儿的积极性被调动起来，再加上一些相应的规则，幼儿完成动作的速度和准确性明显提高。见图 7–5。

图 7–5

（三）按游戏的内容分类

1. 走的游戏

这种游戏的主要目的是锻炼幼儿行走的能力。教师给予幼儿一定的指令要求或游戏情境，让幼儿完成沿直线走、沿曲线走、侧走、快走、慢走等一系列动作，从而使幼儿的腿部肌肉得到充分锻炼，提高幼儿行走的能力，特别适合低年龄阶段的幼儿。如“开火车”“小老鼠过河”的游戏可以锻炼幼儿一个接一个排队走步的能力，很适合刚进幼儿园的小班幼儿，既好玩，又能强化纪律，还能巩固幼儿行走的能力。见图 7–6。

图 7–6

2. 跑的游戏

这种游戏的主要目的是锻炼幼儿跑的能力。教师给予幼儿一定的指令要求或游戏情境，让幼儿完成大步跑、小步快跑、冲刺、追捉、躲闪等一系列动作，从而提高幼儿动作的敏捷性，增强幼儿的身体素质，是让幼儿运动量达标的最快方式。而纯粹的跑步练习幼儿很容易厌倦，加入了游戏的因素之后，幼儿接受起来是非常欢喜的。例如“贴膏药”、老鹰捉小鸡”等就是幼儿爱玩的经典项目。见图 7- 7 。

（1）

（2）

图 7–7

3. 跳的游戏

这种游戏的主要目的是锻炼幼儿跳跃的能力。教师给予幼儿一定的指令要求或游戏情境，让幼儿完成并腿跳、蛙跳、单脚跳、朝某一方向跳等一系列动作，从而发展幼儿的腿部力量以及肌肉掌控能力。低年龄阶段跳的游戏主要是模仿动物，比如兔子跳并腿跳、青蛙跳，既形象又有趣；而高年龄阶段跳的游戏主要讲究动作的技术性，如单腿跳、跳台阶等，是需要消耗一定体能，具有一定难度的。见图 7- 8 。

（1）

（2）

（3）

图 7–8

4. 投的游戏

这种游戏的主要目的是锻炼幼儿投掷的能力。教师给予幼儿一定的指令要求或游戏情境，让幼儿完成尽力朝某一方向投掷的动作，从而发展幼儿的手部力量，提高幼儿投掷的准确性和力量性。幼儿园里投掷游戏往往具有一定的竞赛性，如“扔沙包”“看谁投得远”等，幼儿在相互较量和帮助的过程中体验成功的喜悦。见图 7- 9 。

（1）

（2）

图 7-9

5. 钻的游戏

这种游戏的主要目的是锻炼幼儿钻的能力。教师给予幼儿一定的指令要求或游戏情境，让幼儿完成钻圆圈、钻桥洞等一系列动作，从而锻炼幼儿的身体协调能力。见图 7-10。

图 7-10

6. 爬的游戏

这种游戏的主要目的是锻炼幼儿爬的能力。教师给予幼儿一定的指令要求或游戏情境，让幼儿完成向前爬、向后爬、直线爬、曲线爬等一系列动作，从而使幼儿的腿部肌肉得到充分锻炼，提高幼儿爬行的能力。见图 7-11。

（1）

（2）

图 7-11

7. 平衡游戏

这种游戏的主要目的是锻炼幼儿平衡的能力。教师给予幼儿一定的指令要求或游戏情境，让幼儿完成走平衡木、沿直线走、单腿跳等一系列动作，从而锻炼幼儿的身体协调能力。见图7–12。

图 7–12

五、体育游戏的作用

体育游戏是幼儿体育活动的主要形式，它包括仿照性游戏、有主题情节的游戏、比赛性游戏、躲闪性游戏、球类游戏、民间体育游戏等。幼儿在体育游戏中能获得多方面能力的提升。正如维果茨基所说："幼儿在游戏中的水平高于在其他活动中的水平，游戏创造了最近发展区。"

（一）体育游戏有助于促进幼儿正常发育和机能协调发展

幼儿身体的各机能发展还不完全，根据其身心发展特点，幼儿需要得到不断的体能训练及提升，才能更好地健康成长。因此，运动对他们来说尤其重要。体育是幼儿园健康教育的一项重要内容。《纲要》中指出："幼儿园必须把保护幼儿的生命和促进幼儿的健康放在工作的首位。"幼儿园要"开展丰富多彩的户外游戏和体育活动，培养幼儿参加体育活动的兴趣和习惯，增强体质，提高对环境的适应能力"。体育活动不是机械的训练，而是将基本动作技能的锻炼融入趣味性较强的游戏之中。幼儿在游戏中完成走、跑、跳、攀爬、平衡等基本动作。对于幼儿来说，游戏活动本身就是一种有效的基本动作教育。因而体育游戏的趣味性，对于激发幼儿的体育活动兴趣、促进幼儿以体能为主的各方面发展具有独特的作用。

（二）体育游戏有助于培养幼儿活泼、开朗的性格和优良的品格

体育游戏是幼儿体育活动的主要形式，它包括仿照性游戏、有主题情节的游戏、比赛性游戏、躲闪性游戏、球类游戏、民间体育游戏等。由于体育游戏形式多样、内容丰富，它对幼儿多方面的发展可以起到良好的促进作用。在玩的过程中，幼儿的注意力、记忆力、语言、思维、情感等方面的能力都在潜移默化中得到发展。游戏的多样性及趣味性，能激起幼儿参与游戏的积极性。在感兴趣的基础上，幼儿自由自在地"玩"，体验游戏的乐趣。柳布林斯卡娅曾指出："游戏是使幼儿产生巨大愉快的源泉。"借助玩具器材的游戏，只要几个伙伴一起就能玩起来的徒手游戏，能自制简单玩具（场景）进行的游戏……丰富的游戏形式，给幼儿带来了愉悦的心情，良好的心境给幼儿带来活泼、开朗的性格，更有助于幼儿优良品格的形成。

（三）体育游戏有助于培养幼儿良好的合作

幼儿的许多游戏是真实社会生活的缩影。通过虚拟情境，将日常生活中的表象形成新的形象，用新的动作方式去重演别人的活动，也是幼儿认识周围世界、了解社会交往的手段。幼儿之间的相互联系和相互交往是幼儿个性发展和社会化发展的基础。在体育游戏的过程中，教师有目的地通过多种方法，利用游戏规则和玩法诱导幼儿的交往能力和参与行为。“毛毛虫游戏”，要求 4 ~ 8 个幼儿一组，一个接一个蹲着向前进，教师创设相应的情境，让幼儿以竞赛的形式进行游戏，这能促进幼儿间交流、合作的能力。在前进过程中，同组的幼儿只有步伐统一，才能有效率地完成任务。这需要幼儿间相互沟通，达成一致意见，才能齐心协力到达终点。游戏“接力障碍”是体育游戏中比较常见的一项活动，具有很强的竞赛性；同时，也是一项增强幼儿集体意识的活动。将幼儿分成 2 组，4 个小队，在游戏的过程中，增加了与同伴间沟通、互动的机会，幼儿的语言交流能力得以发展。借助体育游戏这个平台，大大提高了幼儿间交流的机会，有助于培养幼儿良好的合作与社会交往能力。

（四）体育游戏有助于激发幼儿的创造力与想象力

许多教师偏重于把具有目标性的、对幼儿具有一定发展意义的活动，才称之为游戏。幼儿自主发起的游戏，却常常被称为“违规”活动。殊不知，在游戏过程中，幼儿自发的一些游戏行为，正是他们自主性的体现。“游戏活动”是由幼儿自发、自主、自选的，没有任何功利目的的，能带给幼儿快乐、满足幼儿需要的活动，是一种可以让幼儿自由自主地进行创造，并使其创造得到最大限度发展的活动，能有效激发幼儿创新意识。体育游戏对幼儿来说，更属于一种轻松的游戏，可能因为是户外的原因，幼儿对“户外”有着一种特殊的向往与激情，每次只要教师一说“接下来是户外活动”，幼儿们总是特别兴奋。由此可见：幼儿喜欢户外活动，喜欢体育游戏。基于这样的因素，在体育游戏中幼儿充分展现着自主能动性，积极地投入到游戏中。同时，这样的条件，给幼儿提供了创造游戏、探索游戏的机会，也能让幼儿充分发挥想象力，通过自己的亲身体验，游戏水平得到一定的提升；同时，也是幼儿自主学习的途径。学前期是人的基础运动能力形成和发展的关键时期。游戏活动与幼儿的运动能力的发展之间存在着相互作用、相互促进的关系。喜欢游戏的幼儿往往是喜欢运动、富有探索精神、健康活泼、快乐的幼儿。身体的正常生长发育，不仅需要营养，也需要运动，更需要游戏。体育游戏是保障幼儿身体健康发展的重要因素，也是幼儿认识自我、探索、体验和认识外部环境的重要方式。

第二节　体育游戏的组织指导与观察评价

一、体育游戏的组织与指导

（一）体育游戏的一般活动流程

1. 游戏场地器材的准备

根据体育游戏的内容、性质以及参加的人数和水平等情况在课前充分做好场地器材的准备工作，这是完成体育游戏的教学任务、达到预期效果的必备条件。场地要平整无杂物，距建筑物要有一定距离，地面的标记、界线要鲜明，组距要合理。器材、教具要简单实用，投掷器材要放置在划定的区域内。为了保证游戏能安全顺利地进行，在场地器材布置完毕后，最好由教师亲自试做 1 ~ 2 次，以便发现问题，及时解决。

2. 激发幼儿游戏动机

动机是引起个体行为的内在状态，凡事必须有其动机才能进一步地实现活动。

动机是学习的原动力，没有动机的学习往往敷衍了事，得不到好效果。一个理想的教学条件之一，是使学生维持高度的学习动机，但动机的激发与维持，则与教师的教学策略和方法有密切的关系，所以动机是决定教学成败的关键。幼儿体育游戏教学更是如此，幼儿体育游戏教学引起的动机，是引导幼儿参与活动的原动力。一般引起幼儿动机的方法有三个。

（1）故事的引导。幼儿在学习过程中，故事是不可或缺的，有了故事的引导，能使幼儿呈现参与的动机。

（2）器材的吸引。器材是幼儿体育游戏教学中不可或缺的，器材的变化可以满足幼儿的好奇心及探索性，更可以使不同的器材产生不同的动机。

（3）情境布置。幼儿具有冒险的精神和勇于接受挑战的特性，喜欢追求刺激，因此，情境布置能使幼儿主动地参与并融入游戏中，展现冒险和克服困难的精神。

3. 热身运动

热身运动是一切活动前的准备动作。对幼儿而言，其生理的成长不及成人完善，所以热身活动就显得十分重要。热身运动不仅不会使幼儿的动机减少，还可以引起另外的动机和兴趣。

热身运动依类型可分为四种：

（1）象形运动。象形运动是指幼儿以动物、交通工具等作为模仿对象，充分发挥想象空间，自由地去展现自我。

（2）音乐运动。给儿歌配上简单的动作可作为热身运动，也可以根据时下流行歌曲选择适合幼儿的流行歌曲，配合歌曲旋律再加上动作。还可选择音乐来开展热身运动。

（3）体能器材运动。体能器材是上课时使用的，配合幼儿的肢体动作方式来进行热身运动。

（4）幼儿体操。以幼儿为对象、故事为引导，音乐段落分明、动作俏皮可爱的幼儿体操，最能展现幼儿的活动力。

4. 进入主题游戏

主题游戏即所谓的正式课程。此时，教师是一个安全维护者，必须时刻注意幼儿的突发事件。当幼儿了解和熟悉游戏的基本玩法和规则后，教师可以根据幼儿的水平变化游戏来提高幼儿的兴趣。主要有四种方法。

（1）由浅入深。主题游戏提供的是基础游戏，而变化游戏是技巧变化的提高，要让幼儿有更上一层楼的尝试。

（2）变化角色的扮演。在幼儿的游戏中有很多是故事性游戏，使幼儿能融入游戏当中并扮演不同类的角色。

（3）由单独游戏变成合作互助游戏。

（4）变化器材的游戏。利用器材做变化，增加不同的设计效果，目的是让幼儿有完全不同的感受。

5. 快乐的收场

快乐的收场是让游戏见好就收，让幼儿能够再一次去怀念游戏的内容，去期待下次游戏课的来临，由上述可以了解到幼儿体育游戏的教学所寻求的是一种快乐、活泼、多变的教学，指导者在每一阶段都必须扮演不同的角色，而且也要使幼儿在游戏当中能有不同的角色变化，才能使其产生自发的参与，使游戏的动力源源不断。幼儿的游戏重在参与而非得名，即使是竞赛游戏也只是趣味而非比赛。因此，幼儿体育游戏的教学需建立幼儿的自信心，先培养其兴趣，满足幼儿的好奇心和成就感，让其在安全的情境下尽情地去发挥，借游戏的驱动去体会运动的乐趣。切记，幼儿的游戏虽然是要让幼儿尽情地玩乐，但也必须兼顾道德面和社会面，这样才不失教育的本质，同时也能减少不必要的危险。

小案例

大班体育活动——纸箱变变变

茂名市第一幼儿园　陈萍芳

设计意图：

纸箱易收集，具有轻便安全、可塑性强的特点，纸箱可以让幼儿进行探索各种高低、宽窄不同山洞的搭法，体验用多种方法顺利通过山洞带来的愉快感，并在跨跳走、钻、爬中发展动作技能，提高身体协调性和灵活性。

活动目标：

（1）尝试用长方体的纸箱和泡沫垫子探索山洞、小山沟、小路的不同搭法。

（2）能有意识地控制自己的身体钻山洞，练习钻、爬、跨跳等基本动作，提高身体的协调性和灵活性。

（3）在游戏中学会与他人合作，并从中体验合作用多种方法顺利通过山洞带来的乐趣。

活动准备：

（1）材料准备：长方体的水果箱23个，棍子5条，热身运动和放松运动的音乐。

（3）场地布置：森林，各种各样的动物头饰（袋鼠妈妈、梅花鹿、猴子、山羊……）。

活动过程：

一、开始前

（1）带幼儿绕操场慢跑2圈。

（2）练习队列：向左转、向右转、向后转、踏步向前靠拢。

（3）听音乐做热身运动。

二、活动中

（1）激发幼儿学习的兴趣。

教师出示袋鼠妈妈头饰，然后说：今天有一位小客人袋鼠妈妈来到这里，它说有一件好消息告诉我们，你们想不想知道是什么好消息？（想）教师说："袋鼠妈妈想请我们到森林里去开舞会，你们想不想去呀？（想）如果大家想去我们要练好本领才能去哦，因为去动物森林要跨过小河，钻过山洞，跳过小山沟，那我们一起去练本领吧！"

（2）出示纸箱进行创意搭拼。幼儿分组合作搭拼小路、山洞、小水沟。

①尝试搭建：幼儿自由组合2～3人一组合作拼小路、搭山洞、拼小山沟。如图7-13（教师巡回指导，搭拼好的东西要让幼儿先练习，看能否顺利通过，并让幼儿说说自己是怎样钻过山洞、走过小路、跨过小山沟的）。

②体验成果：各显神通跨过小路、跳过小山沟和钻过山洞。如图7-14（教师提出要求：遇到不同的山洞要控制自己的身体，用不同方法钻过山洞，注意不要把山洞碰倒）。

图7-13

图7-14

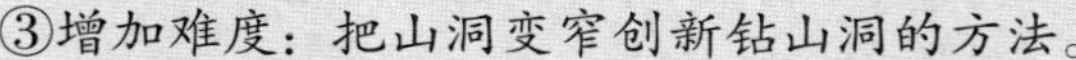

③增加难度：把山洞变窄创新钻山洞的方法。

（教师总结：遇到矮的山洞可以蹲下来走过，低下头弯着腰走，还可以爬着钻过山洞，遇到窄的山洞，得侧着身钻。）

（3）把小路、山洞、小山沟合拼起来练习（最前面是小路，然后是山洞，最后是小山沟）。

要求幼儿排成一路纵队玩游戏，一个跟着一个走，控制自己的身体，不能碰到山洞走过小河跨过山沟。

（4）你们真棒！学会了本领，终于来到动物们的家（教师把幼儿带到森林里）。

三、结束前

（1）我们来到了动物们的家，真开心！我们一起来开舞会吧。

（2）听音乐准备做放松动作。

（3）幼儿搬纸箱离开操场。

（二）创编体育游戏的原则

在幼儿体育游戏中，体育游戏能使“慌乱”的课堂变得生动活泼，让幼儿在轻松愉快的氛围中与教师一起度过30分钟，达到“寓教于乐”的效果。当然，它也不是万能的，即使有“七十二变”的性能，也得有真正的实际的实施及应用，才算是一块宝。因此，怎样因地制宜、因人而异地创编更新颖的体育游戏，改编现成的体育游戏使之更有效，是摆在每个体育游戏组织者面前的一个重要课题。要使创编的体育游戏产生良好的使用效果，一般应遵循下面几条最基本的原则。

1. 锻炼性原则

锻炼性是体育游戏最本质的特征之一。根据参加体育游戏者年龄、性别以及实际情景等特点来确定相应的运动负荷量(相关研究证明：球类20%、健美操28%、田径20%、武术20%、体育游戏30%)，可见，体育游戏是一种有益于身体锻炼的游戏，教师可考虑，动作难度，活动方式参加体育游戏的人数、时间、场地、器材等条件来实施一些简单易行，既有利于组织，又能含有一定难度的体育游戏。确保参加者能积极主动又有序地完成。

2. 教育性原则

体育游戏是幼儿健康教育的一项重要内容或一种辅助手段，不仅应具有锻炼身体的价值，还应具有思想教育的价值。启发幼儿的思维，培养其创造能力。在继承中创新，在变化中发展，这是新课程的指导思想。也就是说在为培养幼儿的思维能力和创造力的基础上教师可留有余地地、千方百计地督促幼儿“动脑”和“动手”。在继承的基础上求发展，吸取精华，弃其糟粕。培养幼儿健康和积极向上的思想情操，充分地使体育游戏的教育作用与游戏的内容和方法、组织形式有机地结合起来，融合为一体。

3. 趣味性原则

趣味性是体育游戏的又一本质特征，如果体育游戏缺乏趣味性，将从根本上失去对幼儿的吸引力。为了提高体育游戏的趣味性，应根据参加体育游戏的人群特点和素质、技术及智力水平，在游戏的竞争性、动作的设计、胜负的判定以及游戏的情节等方面多下功夫。可以将一些传统体育游戏利用于学校体育教学中，例如，竹竿舞、抛绣球等。还可以把以往的旧式的游戏趣味化，比如，田径中的迎面接力跑现在不是很受欢迎，但可以采取两人三足跑、火车跑等。

4. 安全性原则

促进幼儿的身心发展，是体育游戏的根本目的。在创编时要考虑到学生的实际情况，遇上有先天性疾病的学生应正确把握其运动量。在游戏中发现有过于争强好胜的幼儿应该及时地点出或提醒。另外，懂得游戏的活动应该在没有危险物体干扰的环境下进行，一旦发现要马上排除，教师最好是在游戏开始前仔细观察一下。所以游戏创编过程中，教师要周密考虑活动和竞赛中的安全性，对游戏的各个环节，特别是在动作设计、教法组织、规则制定、场地的安排等方面。

5. 针对性原则

体育游戏是一种有意识、有目的的教育活动，只有根据参加者的年龄、性别、生理、心理特点以及身体素质训练水平，并紧密结合课的内容和任务，有的放矢地创编体育游戏，才能达到预期的效果。小龄幼儿适合参加一些有故事情节的、运动量不是很大的游戏。在游戏过程中加上音乐可以调节气氛，最好是放一些当时比较流行的音乐。而大龄幼儿喜欢有竞争性的游戏，这时的游戏要根据他们个性特质来创编。

6. 连贯性原则

我国人口众多，人均使用的场地及器材较少，尤其在贫困地区更是如此。所以在游戏的创编中要体现“一物多用，一用到底”的要求，并尽可能控制游戏的活动空间。这就要求教师应注重游戏的组合性、再生性以及幼儿玩游戏的创造性，减少和缓解教学中经常出现的教学资源冲突的矛盾。

（三）开展游戏的方法

在幼儿园以游戏的形式，有计划、有目的地进行丰富多彩的体育活动，让幼儿在玩中学、玩中练，是完成幼儿体育目标，促进幼儿身心和谐发展的重要途径之一。那么，应如何开展丰富多彩的体育游戏活动，如何吸引幼儿主动参与呢？

1. 让体育游戏活动与幼儿一日生活联系起来

陈鹤琴先生说过：“小孩子是生来好动的，以游戏为生命的。”并且指出“游戏就是工作，工作就是游戏”的原则，这是对幼儿游戏这一普遍现象的正确总结。幼儿的游戏是人类活动的一种形式，是幼儿认识世界的道路，是通过实际行动探索周围世界的一种积极活动。对于幼儿来讲，游戏是他们的主要活动，让幼儿在好玩的游戏中身

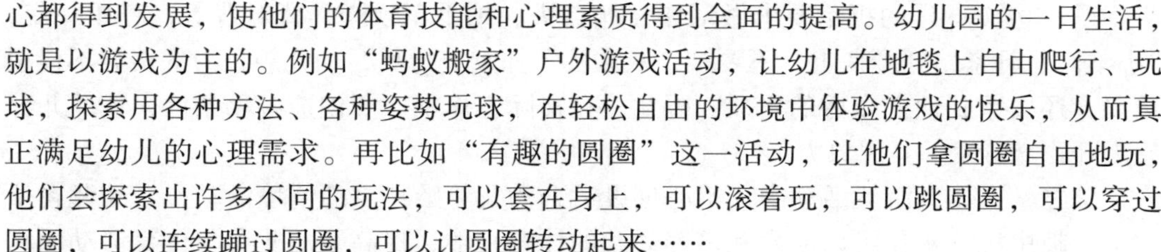

心都得到发展，使他们的体育技能和心理素质得到全面的提高。幼儿园的一日生活，就是以游戏为主的。例如“蚂蚁搬家”户外游戏活动，让幼儿在地毯上自由爬行、玩球，探索用各种方法、各种姿势玩球，在轻松自由的环境中体验游戏的快乐，从而真正满足幼儿的心理需求。再比如“有趣的圆圈”这一活动，让他们拿圆圈自由地玩，他们会探索出许多不同的玩法，可以套在身上，可以滚着玩，可以跳圆圈，可以穿过圆圈，可以连续蹦过圆圈，可以让圆圈转动起来……

2. 让幼儿以最大的兴趣参与其中

兴趣在幼儿的发展过程中发挥着动力、组织、创造、强化的功能。兴趣对提高幼儿自主性发展起着明显的促进作用，幼儿只有对体育游戏有浓厚的兴趣，学起来才会津津有味，感到快乐无比，才能越学越爱学、越会学，才能学得好。因此，教师在选择游戏时，首先要考虑的是幼儿的兴趣，模拟表演游戏就是幼儿最感兴趣的一种。比如：在游戏“鱼儿水中游”活动中，一位教师扮演鱼妈妈，带领一群鱼宝宝在池塘里自由自在地游来游去。另一位教师扮演小猫，在岸边用网捕小鱼。鱼宝宝和鱼妈妈想办法躲开小猫的捕捉。幼儿在简单的小游戏中玩得很开心，这种不同于教师、幼儿的角色，让幼儿产生了浓厚的兴趣。因为教师的参与，幼儿对这个游戏的兴趣一直十分浓厚，游戏结束了，幼儿都向教师叫妈妈。

3. 让幼儿在体育游戏活动中动起来

幼儿年龄小，在组织活动时，既要注意设置情境，激发幼儿的活动兴趣，又要重视引导和鼓励幼儿去大胆尝试、获取经验，让幼儿主动地活动。在体育游戏中，“乐教”只是手段，“乐学”才是目的。体育教学中的耐力锻炼项目最适宜采用鼓励法，耐力锻炼是最单调、易疲劳的运动，假如只简单地强制性运动，效果是可想而知的。如在游戏“小猪运西瓜”活动中，教师设计了独木桥、钻山洞，那么窄的木桥他们哪敢走过去，有个小女孩走着走着就从独木桥上掉了下来。教师没有批评她，而是对她说：“不要紧，你真勇敢，差一点点就过去了，我们再走一次，这次一定会走过去的。”在教师的鼓励下，小女孩从独木桥上走了过去。当钻长长的山洞时，有的幼儿的腿磨掉了皮，教师鼓励幼儿要像解放军一样勇敢，幼儿一个个钻过了山洞，没有一个幼儿哭鼻子。在这节活动中，尽管锻炼有一定的运动强度，幼儿累得满头大汗，有的幼儿还受了伤，可兴趣未减，磨炼了意志，强健了身心。

4. 让幼儿在体育活动中插上一双想象的翅膀

体育教学不能单纯停留在体育技能训练，要注意发挥幼儿的想象力，并以此提高幼儿体育锻炼技能。如活动“我和鞋盒做游戏”中，教师让幼儿自由玩鞋盒，幼儿双脚夹着鞋盒跳、双脚跳过鞋盒、单脚跨跳过鞋盒、头顶鞋盒走、背着鞋盒慢慢走、边走边拖着鞋盒等。给幼儿自由的空间，包括思想上的、行为上的，不要定格幼儿的思维，更不要扼杀幼儿的想象力。在体育游戏活动中，为了让幼儿容易投入，适时加入一些与游戏活动相对应的音乐，可以是节奏感较强的，可以是优美舒缓的，也可以是紧张激烈的，这样更使游戏具有吸引力。如在游戏“神奇的魔毯”中，教师让幼儿边听音乐，边按音乐的提示要求做动作，如点头、拍手、顶脚、背对背等，音乐一变，“小羊们”赶紧站到魔毯上，不要被“灰太狼”抓走。可见，幼儿想象力的培养不仅很重要，还关系到他们今后的发展。因此，在实际工作中，要创造各种条件，让幼儿异想天开，充分发挥其想象力。

总之，在体育游戏活动中，精心创设适合幼儿年龄特点的情境活动，让幼儿在乐中学、趣中练，不仅可以激发和培养幼儿的体育兴趣，提高了幼儿参与体育活动的积极性和主动性，而且在活动中，他们的合作精神、集体意识及交往能力都得到了发展，也培养了幼儿不怕挫折、勇于竞争、勇于创新的良好品质。

二、体育游戏的观察与评价

（一）体育游戏的观察

1. 体育游戏观察的意义

观察能力是幼儿教师最基本的能力。有效地观察幼儿的运动状况及游戏行为，是了解幼儿动作发展、运动智能的基本途径，也是教师开展良好师幼互动、实施有效游戏指导的重要保障。可见，只有教师具有敏锐的洞察力，读懂幼儿游戏水平及发展现状，才能助推幼儿从原有水平向更高水平发展，实现《指南》中的发展“阶梯”。

2. 体育游戏观察的内容

结合《指南》中的运动指标，教师要对幼儿的学习品质、运动能力及社会行为方面的水平进行观察与分析。具体包括以下几个方面。

（1）参与兴趣。观察幼儿接触所投放材料的频率和游戏方式，观察所提供的材料是否能满足幼儿游戏的需要。

（2）坚持程度。教师在幼儿游戏中或者游戏后，运用取样、描述等方法客观记录游戏情景和游戏细节，如遇到了什么困难、是否解决、如何解决等，依据观察记录判断幼儿的行为类型。

（3）互动情况。观察幼儿是否愿意并能够一起玩，观察幼儿间的纠纷以及纠纷发生的原因及解决方法，观察幼儿游戏中存在的问题。

（4）探究能力。教师应观察幼儿在智力游戏中是否能运用多种感官进行探索，是否能运用不同方法进行操作。

（5）运动水平。观察幼儿选择材料后的游戏方式和游戏行为，了解幼儿的动作发展水平和运动智能水平。

（6）行为习惯。观察幼儿能否控制自己遵守规则，是否愿意延迟满足以及帮助他人。

观察游戏范例见表 7–1。

表 7-1 大班幼儿发展（运动）评价观察要点

评价标准	观察要点
喜欢参加体育运动	☆活动中能很快地使用器械投入活动中，并持续一段时间 ☆活动中在教师提醒下休息一会儿，然后又很快投入运动
乐于尝试不同的运动器械，充分活动身体	☆能尝试使用提供的不同运动器械，并有不同的玩法 ☆会使用辅助材料拓展器械的玩法 ☆能在活动中进行走跑跳等较多的身体运动，勇于尝试带有挑战性的运动
运动时动作协调平衡性	☆能左右脚单脚跳，上下攀爬能手脚协调、动作敏捷 ☆跳跃时能双手协调配合，达到最好的运动效果 ☆能在各种不同的路面上行走自如
能做精细动作，手眼协调	☆能在投掷运动中手眼协调地达成或接近目标
能进行自我评价，有自信心	☆主动发起活动，知道自己想要做什么，并能够努力做好 ☆主动提出要求——“我再试试看；这样会更好” ☆活动不顺利时，在寻求帮助的同时坚持自己尝试一段时间
有规则意识，能自我约束，会适当调整自己的需求和行为以适应所处环境	☆能调整控制自己遵守规则，愿意延迟满足 ☆能耐心等待，不随意插嘴，整理好了再玩新的
知道自我保护的相关常识	☆活动前有检查穿着和做预备活动的意识 ☆活动中能调节好自己的情绪，安全地开展活动 ☆活动中在成人的帮助和同伴的影响下能识别环境中应注意的安全点，对运动中的不安全因素有预见性并做出保护反应
愿意与同伴一起玩，分享玩具和材料，与同伴友好相处	☆主动加入同伴群体中一起游戏不游离 ☆愿意接受同伴的请求，和同伴共同活动
能与同伴商量合作做事，与同伴发生矛盾时学习协商解决	☆在运动过程中，愿意与同伴分工合作完成任务 ☆运动中发现问题能协商想办法解决问题 ☆能迁移运用一些获得的经验建构新经验
有初步的任务意识，能完成教师给予的任务	☆对自己的能力有较正确的评估，知道自己能做什么 ☆对任务有责任感，乐意承担并努力完成 ☆尝试独立地接受任务，挑战自我
能向成人或同伴表达自己的需求、感受在遇到表达困难时能寻求帮助	☆能使用“我们一起玩好吗？真是太好了”等语言和行为表达自己的感受 ☆能用“能给我玩吗？我想……”等商量或对方能接受的方式表达自己的意愿
注意倾听别人的讲话并了解意思	☆安静聆听运动规则，不需要重复询问 ☆分享运动经验时，等别人讲完了再发表自己的意愿

（资料来源：百度文库）

3. 体育游戏观察的注意事项

（1）明确观察的目的。观察目的越明确，越有利于观察的开展。针对观察目的制订合适的观察计划，避免造成观察的主次不分、信息错误等问题。

（2）关注幼儿的情绪和身体状态。体育游戏的进行需要以幼儿的体力表现为基础，教师在体育游戏中应随时注意观察幼儿的发热、出汗状态，保证适宜的运动负荷。

（3）做到全面而有重点的观察。体育游戏观察的内容涉及幼儿的动作、体力表现、认知活动状态等多个方面，体育游戏场地也常在户外进行，因此体育游戏观察应有主有次，并随着情况的变化而变化主次。还要善于变换观察位置，调整观察角度，以观察到预定的游戏行为。

（4）明确各年龄段游戏观察的重点。

（二）体育游戏的评价

1. 体育游戏评价的意义

评价是了解教育适宜性、有效性的必要手段，教师观察并评价幼儿在体育游戏中的发展水平与游戏行为，才能运用有效的指导方式促进幼儿运动能力的发展，使他们富有个性地健康成长。

2. 体育游戏评价的内容与标准

体育游戏评价的目的在于：充分发挥评价的导向作用、激励和改进作用，通过评价帮助教师了解幼儿的运动能力水平和自身的优势与不足，从而提高体育游戏的质量，发挥体育游戏的作用，促进幼儿全面发展。因此，体育游戏的评价需要从幼儿、教师两个方面开展：对幼儿的游戏兴趣、动作发展、运动能力、运动态度、探究能力、合作精神以及规则意识等方面进行评价，对教师的游戏准备、游戏设计、游戏内容、游戏实施和游戏效果进行评价。如表 7–2 所示。

表 7–2　幼儿园体育游戏活动评价表

<table>
<tr><th>一级指标</th><th>二级指标</th><th>三级指标</th><th>分值</th><th>得分</th></tr>
<tr><td rowspan="3">活动条件</td><td rowspan="3">活动材料</td><td>1. 材料丰富多样</td><td rowspan="3">10</td><td rowspan="3"></td></tr>
<tr><td>2. 材料能适应幼儿能力的特殊需要</td></tr>
<tr><td>3. 能灵活，可根据幼儿需要进行组合</td></tr>
<tr><td rowspan="6">幼儿活动</td><td rowspan="3">（一）活动状态</td><td>1. 对游戏有浓厚兴趣</td><td rowspan="3">10</td><td rowspan="3"></td></tr>
<tr><td>2. 情绪饱满和稳定</td></tr>
<tr><td>3. 积极主动参与体育游戏</td></tr>
<tr><td rowspan="3">（二）行为习惯</td><td>1. 遵守活动规则，知道基本的自我保护方法</td><td rowspan="3">10</td><td rowspan="3"></td></tr>
<tr><td>2. 纪律性强，互相合作，共同游戏</td></tr>
<tr><td>3. 有一定的坚持性，不怕困难，对任务有责任感，乐意承担并努力完成</td></tr>
</table>

续上表

一级指标	二级指标	三级指标	分值	得分
幼儿活动	（三）动作发展	1．能较好地完成适合年龄阶段的各项基本动作	10	
		2．动作较准确，协调性好		
		3．在活动中表现出动作的灵活性与敏捷性		
	（四）运动能力	1．掌握走、跑、跳等动作	10	
		2．掌握平衡、攀爬、钻等动作		
		3．掌握投掷或拍球等动作		
	（五）探究能力	1．能尝试提供的不同运动器械，并有不同的玩法	10	
		2．会使用辅助材料拓展器械的玩法		
		3．能在活动中进行走跑跳等较多的身体运动，勇于尝试带有挑战性的运动		
教师指导	（一）创造条件	1．熟悉并合理选择、安排、调整各活动场地与器械	10	
		2．把握好活动时间		
		3．制作和提供有效游戏材料		
	（二）活动设计	1．目标定位准确，有针对性和层次性，有明确的情感目标，社会性发展得到充分的体现	10	
		2．游戏内容适合幼儿年龄段		
		3．设计新颖，符合锻炼性、趣味性、安全性原则		
	（三）组织能力	1．激发幼儿兴趣，引导幼儿主动参与游戏	10	
		2．以语言、动作等做适当的指导，鼓励幼儿运用材料探究多样化玩法		
		3．语言表述简洁准确，能引导幼儿共同制定或明确游戏规则，活动过程流畅		
	（四）保健安全	1．建立必要的体育游戏常规，并坚持执行	10	
		2．根据季节、气候、运动器械及具体情况，注意安全与卫生保健的配合		
		3．在指导全体的同时做好个别照顾工作		

3．体育游戏评价的要求

（1）动态评价与静态评价相结合。在幼儿体育游戏中，教师可以利用静态评价判断出幼儿的运动发展水平，通过动态评价分析出幼儿进步之处和不足之处，再通过动态评价与静态评价相结合的方式，更全面地了解幼儿，从而更好更快地促进幼儿运动素质的提高。

（2）教师评价与幼儿评价兼顾。体育游戏的内容丰富多彩，评价的方式也多种多样，教师不仅要在自己观察、了解游戏活动的基础上进行评价，还要引导幼儿自评和互评，师幼进行有效互动，帮助幼儿正确认识自己、评价同伴，共同成长。

（3）注重整体性评价。为促进幼儿的全面发展，教师在体育游戏评价中不仅要关注幼儿运动能力的提升，还要注重幼儿在非智力因素方面的表现。比如合作精神、规则意识、情感态度、坚持能力等。教师要在整理性评价中让幼儿感受到应有的鼓舞和肯定，从而激发参与体育游戏的积极性。

第三节　体育游戏指导案例与评析

【案例一】

小班体育活动实录与反思：学会等待

黄渡幼儿园　葛晓春

［活动实录］

一次，几个幼儿一起在玩球，他们把塑料球一个个都扔到了吊在半空中的网里。当球全部扔进了之后，他们都很开心地笑了，还想继续玩，可是球都在网里，地上没球了。于是他们几个走到网下，用力向上跳起，想去拍打球让它下来，可是跳了几下还是碰不到。他们都放弃了，选择了其他的运动活动，只有章正越还在坚持跳着。他个子比较小，网的高度又稍微高了一点点，他怎么跳都还是碰不到，他看见我没有寻求我的帮助，反而一个人往“轮胎跳跳床”那里走去，我以为他也放弃去选择其他活动了，没想到只见他将“轮胎跳跳床”滚到了网的下面，然后站在“轮胎跳跳床”上用力往上一跳，手碰到球了，不过球还是没下来，他再用力往上一跳，手用力一拍，球被拍了下来，他开心极了，又开始了他的“投篮”。

［思考分析］

一开始幼儿对这个“投篮”的活动很有兴趣，可是网的垂吊高度对小班的幼儿来说有些高了，当幼儿几次尝试跳起来去拍球没有成功时，玩球的兴趣减弱了，于是他们选择了放弃。只有章正越还在继续努力，可是他仍然拍不到，这时教师没有急于介入，而是选择了继续观察、继续等待。

当幼儿出现困难时，教师没有急于介入，给予了一定的等待时间，让幼儿通过充分的操作、探索，尽可能地自己解决问题。幼儿的探索兴趣无穷无尽，他们经常会遇

到自己无法解决的困难，教师这时要“学会等待”，只有当幼儿的探索兴趣即将消失时，教师的干预才是积极的。教师如果不耐心等待，过早介入幼儿的活动，就可能没有后面幼儿自己想办法解决问题的这一幕了。

［调整策略］

（1）应及时调整网的高度，要适宜小班幼儿的身高和他们的弹跳能力。两个网的高低应不一样，低点的网可让能力较弱和个子矮小点的幼儿尝试，高点的网可让能力较强和想挑战“高难度”的幼儿进行，让他们都能体验到成功感，更能保持对这个活动的兴趣。

（2）请章正越分享经验，让大家看看他是如何想办法解决困难的，将个别经验变成集体经验，并鼓励积极动脑这一行为。

【案例二】

中班户外游戏观察记录与反思：“老师，他不会，他害怕！”

朱　奇

［观察记录］

户外时间到了，幼儿都积极参加游戏，这次游戏的目的主要是锻炼幼儿的双脚、单脚交替连续跳跃的本领。每次幼儿练习跳跃的时候，我发现快轮到薛桢桢跳的时候，他就会悄悄地跑到队尾躲起来，就这样有两三次。“桢桢过来你试一试吧。”我拉着他来到了队伍前面，在这时有幼儿说：“老师，他不会，他害怕！”桢桢听了用力挣开我的手又跑到了队尾了。我在叫他时他就有意地躲开我或装作没有听见的样子。游戏结束后，我来到桢桢跟前说：“桢桢，咱们俩一起跳好吗？”桢桢听了我的话，没有做出反应。于是我就主动地拉着桢桢的手跳了起来。虽然他跳的动作很笨拙，但仍在我的帮助下努力地练习跳，我就大声地鼓励他说：“桢桢你很棒，你跳得很好，加油！”桢桢听到表扬就更卖劲了，连续练了多次。

［活动反思］

桢桢在班上是属于胆小、不太合群的幼儿。虽然胆子小，但他的自尊心特别强，当听到其他幼儿否定他或说他不会的时候，他就会回避问题，甚至出现抵触的情绪。

［调整措施］

（1）作为教师要用幼儿的视角想问题、看问题，了解幼儿的内心感受，清楚了在想什么的同时与幼儿共同承担不愉快的事情，让幼儿快乐参加活动，让幼儿获得自信。

（2）多给胆小幼儿表现、锻炼的机会，增强他们的自信心。

【案例三】

大班体育活动观察记录：我要当大王

龙港区第二幼儿园　郑海燕

[观察记录]

上课的时候，大家都很开心地跟着我去学习猴子种“桃子”的本领。姜宇站在那里挠挠头，我让他也跟其他幼儿一样，我说：“你怎么不学本领光站着呀。”他大声地说：“老师，我才不要当小猴子，我就要当大王。”

[原因分析]

姜宇平时的表现欲望很强烈，能力很不错，爷爷奶奶更是宠得厉害。平常他在游戏活动中都是当小老师，帮忙管理其他小朋友。

[实施措施]

课堂中我跟他说：“等你学会了本领再让你当大王，先跟老师学动作好吗？”他听了我的话才乖乖学动作。后来在课后我找他过来交谈，告诉他不是每次活动他都得当领头的，“虽然你的能力很不错，但是你也要跟其他小朋友一样努力学习，不然其他的伙伴会赶上你的，以后你想当大王，大家也不会让你当了。”

[孩子的变化及原因分析]

后来的几次活动中我没请他管理小朋友，让他也作为一个被管理者，从这件事情之后我没有固定地请一两个小朋友帮忙管理班级的事情，而是特意轮换地请各个孩子管理班级。大概是他表现的机会太多了，于是他一有机会就想怎么去表现了。只想着如何去表现自己的能力，而忘记了自己也是这个集体的一员。经过一段时间后，他慢慢地回归了自己是班级小成员的位置，不再那么极端地表现自己了。

【案例四】

游戏玩法：变、变、变

材料一：

今天，带幼儿玩过独木桥的游戏时创设了三座小桥：竹梯桥、梅花桩小桥、木凳桥。刚开始，妞妞对三座小桥探索的兴趣都非常均衡，都愿意试一试，而且动作做得较好，都能平衡地走过小桥。持续了几分钟后，我在梅花桩拼成的小桥终点处把两个梅花桩叠在了一起，让幼儿走过小桥，并爬上两个叠起来的梅花桩跳下去。幼儿看到了变化，人群马上向梅花桩拼成的小桥涌来，妞妞也不例外，第一次尝试时有点害怕，有点犹豫，有点摇晃，第二次时就自信多了，毫不犹豫地跳了下去。当我接受幼儿想再加一个梅花桩的建议，并马上回应他们再加了一个梅花桩时，幼儿有的勇敢地接受挑战，有的望而生怯。妞妞排了两次队，第一次排队轮到她跳的时候她退缩了，没有跳下去，但是回过头她又排了一次队，这次她又尴尬地笑了笑，还是不敢跳下去，直至活动结束。

（资料来源：启明双语幼儿园网站）

材料二：

体育区域活动中新投放了两个大纸箱子，像两座山峰一样立着，让幼儿玩钻“山洞”的游戏。刚开始，来进行游戏的幼儿还比较多，后来，逐渐人数减少。再后来，只有几个幼儿，他们没离开，但又不游戏，全都躺在“洞内”休息。我走过去，弯下腰说：“呦，你们都累了！”一个幼儿对我说：“老师，没意思，我们不想钻了！”“我们可以把山洞变成什么呢？我们一起来试试吧！”我也钻进了山洞，幼儿的情绪一下子兴奋起来，商量如何变换玩法，他们发现可以把一个三角形变成一个长方形，空间一下子扩大了许多，幼儿可以在里面爬，爬着爬着，发现大纸箱子也在跟着他们一起向前滚。新的玩法，又吸引了许多幼儿。

（资料来源：幼儿学习网）

反思：

关于材料一：小班的幼儿在户外活动中喜欢通过一定的情境进行运动和游戏，其实更喜欢教师创设一些新奇的、有挑战的事物，让他们自主挑战自我。教师应根据幼儿的兴趣，采取游戏化的教学方式，做个魔术师，在日常的各项活动中学着“变、变、变”，在幼儿已有的水平上，上一个小小的台阶，对于幼儿来说这就是挑战，一个个小台阶，以吸引幼儿主动参与活动，能在集体活动中大胆地表现自己，以提高参与的积极性。

关于材料二：游戏与幼儿的兴趣密切相关。兴趣受经验和好奇心的制约，幼儿的兴趣与好奇心的保持是短暂的，容易转移。当幼儿对游戏失去兴趣的时候，往往会选择放弃原来的游戏行为。所以幼儿对某一幼儿游戏从“热”到“冷”是正常的。如果通过调整游戏的材料能够重新唤起幼儿原来的游戏兴趣，这对幼儿的发展是有意义的。教师在幼儿对游戏失去兴趣的前提下的介入方式是很重要的：以一种朋友的身份参与到幼儿的游戏活动中，以巧妙的言语对幼儿进行游戏行为的启发，使幼儿实现他们的游戏愿望。

【案例五】

小班体育活动教案：浪花朵朵

武进区横林中心幼儿园　王惠

［活动目标］

（1）通过情境游戏，幼儿练习“钻”“爬”“跨”的动作技能。

（2）通过分组讨论“怎么翻过海浪”，幼儿发挥想象力和创造力。

（3）幼儿体验成功的喜悦。

［活动准备］

各种“海洋生物”玩具，皮筋若干条。

［活动过程］

一、导入

1. 复习毛毛虫模仿操

师：小毛毛虫！今天妈妈带你们去海边找宝贝，好不好？赶快起床锻炼一下身体吧！

2. 情境游戏

（1）教师带领幼儿来到用皮筋拉成的海浪面前，引导幼儿观察对面悬挂的“海洋生物”玩具，引起幼儿的兴趣。

师：海边到啦！看！你们面前就是海洋。对面的海滩上有很多漂亮的宝贝！

（2）教师介绍游戏内容及玩法。

师：你们想不想要这些宝贝啊？但是这些宝贝在海滩对面，前面还有高高低低的海浪，我们要怎样才能拿到那些宝贝呢？

师：你们要钻过或跨过面前的海浪到达对面的海滩，才能拿一个宝贝回来。在钻和跨的时候一定要当心，可不能掉进大海里哦！

二、学习用钻和跨的动作穿过障碍物

1. 练习钻爬动作

（1）全体练习钻过皮筋的技能。

师：你们要想拿到宝贝，先要把本领练好！看看我们面前的海浪，有的高，有的矮，遇到高高的海浪时，毛毛虫应该怎么过去啊？

（2）教师组织幼儿分组练习。

师：现在，我们分成六个小组，在高海浪面前站好，跟着第一只毛毛虫有秩序地穿过海浪。

2. 练习跨越动作

（1）全体练习跨越皮筋的技能。

师：毛毛虫顺利地钻过了高高的海浪，你们真棒！如果遇见低低的海浪，毛毛虫钻不过去，该怎么通过呢？（引导幼儿用跨越的方式通过矮的皮筋）

（2）教师组织幼儿进行分组练习。

师：现在，我们分组，在海浪面前站好，跟着第一只毛毛虫有秩序地跨过去，跨的时候要站稳哦，不然会掉到海里的。

三、放松活动

师：毛毛虫玩累了，该休息了！我们一起来捶捶腿、甩甩手，放松一下吧。

[活动评价]

这是一节有趣的幼儿园体育活动，练习了幼儿钻的技能，有许多值得学习的地方。

（1）导入环节情境化。通过毛毛虫模仿操来做准备，幼儿也很投入。

（2）活动过程以幼儿为主体。给幼儿充分思考的空间，让幼儿自己去解决问题，能够放手大胆让幼儿尝试。

（3）整个活动情境贯穿始终，幼儿回到教室后也能安静休息，对这个体育活动意犹未尽。

【案例六】

从传统游戏“赶小猪”到木玩运动对抗赛

浙江省丽水市云和县启明星幼儿园

一、游戏背景

“赶小猪”是民间传统游戏，大多采用报纸球、皮球、棍子等材料，贴近幼儿的生活，具有趣味性、随意性及材料简洁性的特点。户外游戏中，幼儿拿着报纸棍赶着报纸球，在多次的玩耍之后纸棍变软了，报纸球也破了，正当幼儿失去兴趣时，大宝说：“我爸爸的玩具厂里也有这种圆圆的球，不过是木头做的，下次带来玩玩。”“那能叫你爸爸把这个棍子也做成木头的吗，这样下次就不会变软了。”酒酒说。

于是，从幼儿的兴趣出发，充分利用木玩资源，纸球、纸棍变成了木球、木棍，幼儿的兴趣又来了。慢慢地，幼儿开始利用各种材料，探索各种玩法，于是有了本次的“赶小猪”游戏故事。如图7–15所示。

图 7–15

二、游戏过程图

游戏活动过程如图 7–16 所示。

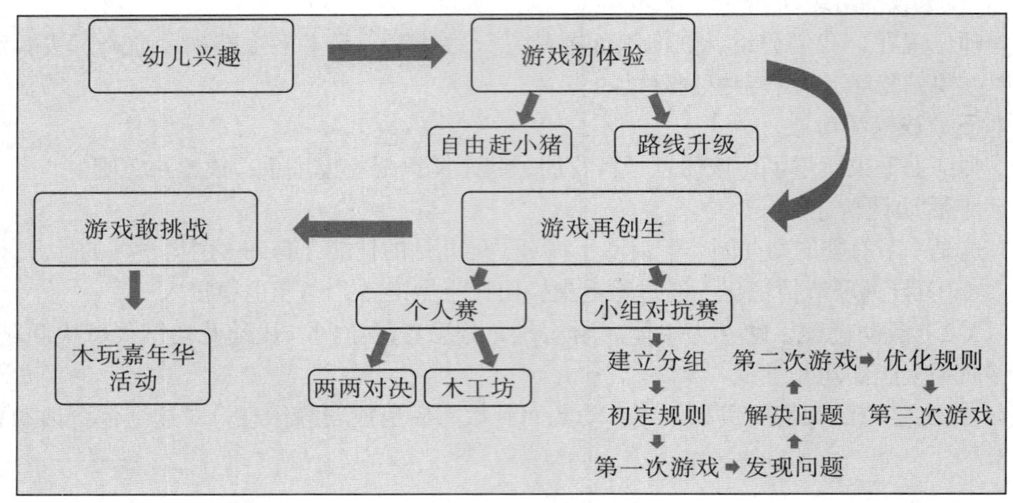

图 7–16

三、游戏发展目标

（1）能够自主尝试“赶小猪”的各种玩法，体验游戏的乐趣。

（2）在活动中，能够与同伴友好相处、交流沟通，互相分享经验，提高表达能力，培养集体荣誉感。

（3）通过自己的尝试探索，知道“赶小猪”游戏的技能技巧，了解一杆进球的诀窍。

（4）提高解决问题的能力，初步感受竞赛性游戏的特点，体验竞赛游戏带来的乐趣。

四、游戏过程

（一）游戏初体验

1. 自由赶小猪

有了木球、木棍之后的“赶小猪”游戏更加生动有趣，幼儿手持木棍推着“小猪”在操场上四散追逐着。这时在操场中间的楷楷正在追着自己的“小猪”到处跑，嘴里还喊着：“它怎么都不听话？”

游戏结束回到教室，幼儿迫不及待地讲述问题：“我的小猪总是不按我的路线走。”“我们操场实在太大了，我一用力小猪就跑得很远很远。”原来因为场地较大，没有固定的路线，“小猪”才会到处乱跑。那怎么办呢？楷楷说：“我们打得轻一点就可以了啊。”洛尧觉得：“我们可以用木板来围一条路。”为此，大家为“小猪”搭建了回家的路，幼儿利用木块、木板等铺设了小路，这下“小猪”不会乱跑了。如图 7–17 所示。

图 7–17　自由赶小猪

2. 路线升级

随着幼儿动作的不断发展，简单的游戏已经满足不了他们的发展需求，幼儿开始设计将小路的路径宽度缩小，并在小路中间增加障碍物，然后一起去收集各种材料。大家开始把设计的路线图画出来，在投票后选择了三种路线，半圆形和三角形的障碍物深受幼儿的喜欢，同样也使大家游戏困难重重。

“老师，我的小猪又被卡住了！”棒棒说：“我的不会卡住。”于是棒棒进行示范，他把“小猪”轻轻地放在了地上，并蹲在地上对比了一下洞口和“小猪”的位置，然后手拿木棍，用力一击，最后一杆进洞。在三角形障碍物上，他先把“小猪”固定在洞口，然后用力一打就成功通过了。

回到教室后，大家讨论：为什么棒棒可以成功把“小猪”赶入“猪圈”呢？棒棒喊着：“因为我的力气比较大。”酒酒说：“因为他打球之前先对准洞口了。”“我发现他过三角形洞口的时候，小猪就放在洞口前面的。”幼儿讨论过后，一起梳理了游戏技巧：第一，“小猪”要瞄准洞口；第二，“赶小猪”时，力气要大，做到一杆进洞；第三，遇到三角形洞口时，要先将“小猪”固定在洞口。如图 7–18 所示。

图 7–18

经过同伴的示范，幼儿之间的讨论交流以及教师的语言激励，孩子们通过手眼配合，调整角度，控制力度，逐渐掌握了游戏技巧，体会到了一杆进洞的喜悦。

教师的思考：

在游戏初体验中，幼儿乐于尝试，主动创设路线，针对疑惑自主分析，同伴之间经验交流；教师给予材料支持、语言激励，帮助分析问题，适时总结；最后幼儿能够自主搭建路线，进行游戏，通过同伴示范交流，学会手眼配合，控制力度，掌握打球姿势，学会游戏技巧。

（二）游戏再创生

1. “赶小猪”个人赛

在新一次的“赶小猪”游戏中，想想说：“我们来比赛吧！”橙子也想加入他们的比赛，得先排队等待，排了一会儿队的橙子跑到教师身边说：“老师，我们那里人太多了！我和李想去重新搭一条路线吧！”

游戏结束之后，教师出示游戏中的图片和视频：“今天橙子发现了一个问题，说我们的路线太少，很多人排队，太难等了！有什么办法可以解决这个问题吗？”

楠楠说：“我们多加几条路线吧！”“可我们没有这么多木块和木板呀！”“路线短一点就好了。”大家激烈讨论过后，下次的游戏中开始三三两两组队，搭建路线，不一会儿就发现了材料不足和材料单一的问题。

为了解决问题，幼儿决定去木工坊制作，幼儿通过观察了解门框的结构和所需材料，开始绘制图纸。大家拿着自己的设计图开始选择所需的材料，动手制作起来，并投入到了游戏中。如图 7–19 所示。

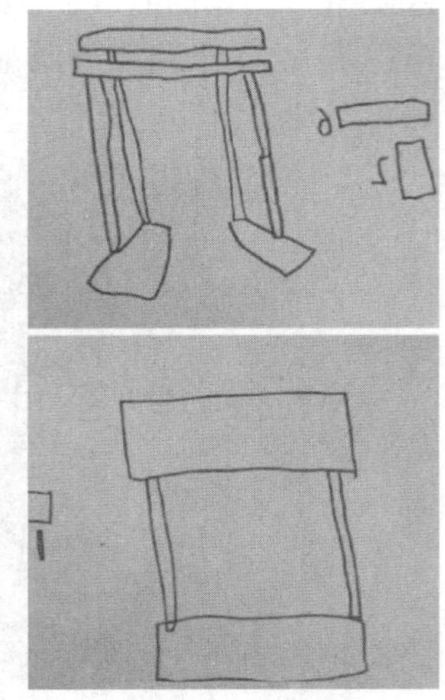

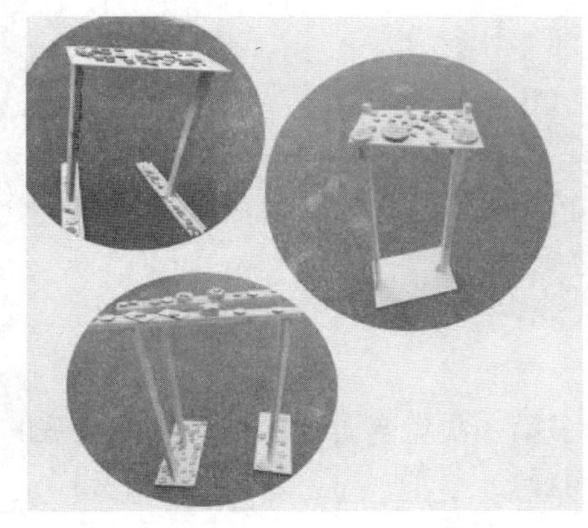

图 7–19

2. 小组对抗赛

经过一段时间的个人赛后，幼儿的兴趣有些降低，但又有幼儿提出："我们把'小猪家'放远一点，跑起来把'小猪'赶进去。""我们把球放在中间，谁先抢到球，谁就先玩。"酒酒说："不如我们来抢'小猪'，谁先赶到自己的家里谁就赢。"这时候教师引导提问："我觉得挺好的，那是不是可以多几个人玩？"酒酒说："也可以，要不我们分成两队，一起合作，看哪一队先把'小猪'赶到家里。"

（1）建立分组，制定规则。

于是幼儿决定以两组对抗的方式进行竞赛游戏。酒酒说："上次我去参加篮球赛的时候我们是分成两队的，每队有五个人。""老师，我跟爸爸看篮球赛的时候，他们都有一个会吹哨子的裁判的。""对的，进球了可以加一分！"幼儿讨论后决定选出一名裁判和十名球员（包括两名队长），并采用自主报名和投票的方式选出了队长，分为蓝队和绿队，将"小猪"赶进自己的球筐就得一分。如图 7–20 所示。

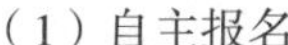

（1）自主报名

（2）选择队长

（3）游戏

初定规则：

比赛分为两组，每组5名幼儿共10名队员（包括2位队长），1名裁判。由裁判在中间发球，两组队伍将“小猪”赶进自己队的球门就得一分，哪队进球多为胜利！

图 7–20

制定好规则之后，幼儿带着兴奋的心情开始了第一次竞赛游戏，但是热情高涨的他们并没有十分顺利，在游戏中大家发现了各种问题。

（2）发现问题，解决问题。

游戏开始，裁判吹哨发球，棒棒拿着木棍用力将“小猪”往自己球筐的方向一推，“小猪”就跑出了老远。裁判发球时大家挤在中间准备抢球，当队长抢到球时，其他队员走神聊天，没有接应队长的球，于是球又跑出去了。几轮游戏下来，两队都没有进球，幼儿开始集中寻找问题：第一，场地太大，没有界线；第二，队员之间没有分工。如图 7–21 所示。

图 7–21

教师通过播放图片和视频让幼儿观察他们比赛的情况，这时酒酒说："他们一直都在往外推。"教师回应："对的，我们'小猪'不仅要往家的方向赶，在它快要跑远的时候，也需要往回拉。"橙子说："我知道了，我们可以用木棍把它赶进来。"于是，教师和幼儿重新确定了"赶小猪"的方法并且重新规划了场地，明确了界限。

教师适时提问："队员之间站位不明确，同伴之间合作不默契怎么办呢？"棒棒："他们应该站在我后面，然后把我抢来的球赶进去。"幼儿开始自己站位，最后大家确定队长帮忙抢球，其余四名队员有序地站在自己的场地接应队长抢的球，大家一起努力配合将"小猪"赶进自己的猪圈才能得分获胜。

经过这次调整，幼儿知道了在对抗赛中规则的重要性，他们大胆探索游戏，解决问题，极大地提升了成就感和自信心。如图 7–22 所示。

再定规则：

1. 在规定的场地内进行比赛，如果"小猪"出界，裁判吹哨，游戏暂停，再由裁判重新开球，游戏继续。

2. 各组的队长在对方的场地为自己球队抢球，其余队员两两站在各自的场地接应队长抢的球，将球赶进自己的球筐得一分，最后得分高的队伍获胜。

图 7–22

（3）优化规则，规范游戏。

在几次游戏之后，幼儿又发现了问题，比如球门没守住，对方十分容易进球，以及球出界和犯规都没有处理的方式，等等。针对以上问题，教师找来了篮球赛和足球赛的视频进行观看，通过视频了解正规比赛的事项和规则。如图 7–23 所示。

图 7–23

幼儿观看完比赛，有的说："我觉得足球赛更像我们的'赶小猪'游戏。"有的说："如果我们出界了，可以像打篮球一样站在一个位置上罚球。""我们可以把篮球和足球的规则合在一起。"

"那我们应该怎么站位？怎么传球配合呢？"教师继续引导提问。"足球的守门员是站在那里不动的。"酒酒说："对的，我们队长有时候来不及守门，所以对方就马上进球了，我们应该也要一个专门的守门员。"对呀，守门员可是很重要的。

于是，大家用画画的方式把站位画了出来，幼儿将自己心中的站位图画好，然后通过集体讨论来确定最终站位，酒酒说："我的站位图上面有守门员，队长站在自己的场地抢球。"橙子说："我觉得还是像之前一样，队长在对方场地把球推过来比较好。"叶好说："对的，队长身后要站一个人去把队长推过来的球接过去。"

幼儿经过讨论，决定了最终站位，有了守门员，其他队员也有了固定的位置，还增加了出界规则，球出界由队长在罚球点进行罚球操作，最终确定了"赶小猪"的游戏规则。如图 7–24 所示。

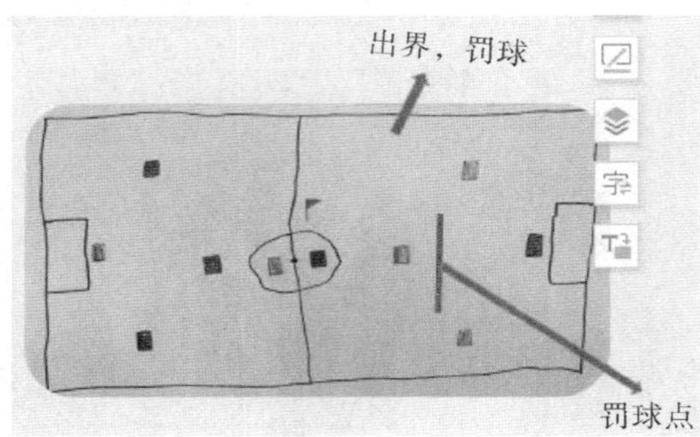

确定规则：

1.一场比赛需要在规定的场地内由两队参加，每队上场队员5名，其中包括一名队长和一名守门员。

2.队员各自站好位置，由裁判吹哨发球开始比赛，哪队将"小猪"赶进"猪圈"得分，比赛结束得分高的队伍获胜。

3."小猪"若被哪方球员打出界，由对方队长在罚球区进行"一杆进球"的罚球操作，进球得一分。

4.比赛分为两个半场，每半场15分钟，上半场结束队员进行中场休息，下半场比赛两队交换场地。

图 7–24

教师的思考：

在游戏再创生阶段，因为排队等待失去兴趣，产生新玩法，创设个人赛，再到小组对抗，主动解决材料问题，通过不断尝试和协商，规范竞赛规则。教师给予材料和空间支持，共同分析游戏中的问题，帮助幼儿梳理规则。幼儿通过学习和尝试，最终优化了规则，确定了站位，体验了竞赛游戏的乐趣。

初定规则（第一次制定）：

（1）比赛分为两组，每组 5 名幼儿，共 10 名队员（包括两位队长，一名裁判）。

（2）由裁判在中间发球，比赛队伍将“小猪”赶进自己队的球门得一分，哪队进球多即获胜。

再定规则（调整规则）：

（1）在规定的场地内进行比赛，如果“小猪”出界，则裁判吹哨，游戏暂停，再由裁判重新开球，游戏继续。

（2）由各组的队长在对方的场地，为自己队抢球，其余队员两两站在各自的场地接应队长抢的球，将球赶进自己的球门得一分，最后得分高的队获胜。

确定规则（再次调整并确定）：

（1）一场比赛需要在规定的场地内进行，由两队参加，每队上场队员 5 名，其中包括一名队长和一名守门员。

（2）队员各自站好位置，由裁判吹哨发球开始比赛，哪队将“小猪”赶进“猪圈”则得一分，比赛结束得分高的队伍获胜。

（3）“小猪”若被哪方球员打出界，由对方队长在罚球区进行“一杆进球”的罚球操作，进球得一分。

（4）比赛分为两个半场，每半场 15 分钟，上半场结束后，队员进行中场休息，下半场比赛两队交换场地。

（三）游戏敢挑战

通过几次的分组竞赛游戏之后，幼儿对“赶小猪”游戏的兴趣依然不减，在元旦的“木玩嘉年华”活动中，幼儿设计了各种比赛项目，其中“赶小猪”竞赛是票数最高投选出的集体项目，于是激烈的班级对抗赛开始了，最终我们班夺得了大班段“赶小猪”竞赛第一名。

对于幼儿来说，竞赛游戏是培养主动合作的最有效途径，幼儿在此过程中积极协商，从小组对抗到班级对抗，良性竞争意识进一步增强。

教师的思考：

在游戏敢挑战阶段，幼儿兴趣浓厚、敢于挑战，与同段幼儿分享游戏，从小组对抗到班级竞赛，教师给予环境支持，鼓励幼儿大胆尝试。通过班级竞赛，幼儿更加理解了竞赛的精神和团队合作意识，增强了集体荣誉感。

五、游戏分析

通过木棍、木球等简易材料的组合，幼儿在“赶小猪”游戏中大胆创新，不断地探究和尝试各种玩法，促进了多方面能力的发展。

（一）聚焦幼儿的发展

健康领域：幼儿的身体平衡和协调能力、力量和耐心、手眼动作灵活协调以及整理习惯得到了发展。

科学领域：幼儿在整个游戏过程中的探究解决问题能力、推理分析能力得到发展。

社会领域：他们能够更加理解规则的意义，能够协商制定游戏规则，萌发集体荣誉感。

语言领域：在讨论交流中能够耐心倾听他人意见，能集中注意听教师和同伴讲话，交流和表达能力也有一定的发展。

艺术领域：木工坊中制作门框的过程，幼儿大胆表现和创造，发展了表现力和创造力。

（二）聚焦教师的提升

真发现：教师深度观察幼儿的行为表现，善于发现幼儿的兴趣点，多维解读幼儿行为，及时引导鼓励，提升自己对幼儿的观察、分析等能力。

真反思：教师通过观察幼儿的行为，了解他们的所思所想，及时进行记录和梳理，有效整合相关资源，以适合的角色参与到他们的游戏中。

真放手：教师学会真放手，为幼儿创设适宜的场所，提供丰富的材料，给予充足的时间，让幼儿学习自己游戏，自己发现问题，尝试解决问题，获得更多探索的机会。

（资料来源：浙江省丽水市云和县启明星幼儿园）

【案例七】

七种体育游戏设计案例

1. 走的游戏

游戏名称：拉火车。

游戏目的：

（1）通过游戏，指导幼儿一个跟着一个走，培养幼儿排队走步的能力。

（2）引导幼儿听指令做动作。

（3）让幼儿体验游戏的快乐。

游戏准备：在场地上布置不同的路线的火车轨道（如直线、曲线、波浪线等）。

游戏玩法：教师首先向幼儿介绍游戏内容和玩法，所有幼儿排成一列，除了派上排头的外，其余幼儿依次抓住前面幼儿的下衣角，由排头的幼儿带领着走轨道路线。然后教师带着幼儿玩一次，幼儿熟悉玩法后，可让其独立游戏。见图 7–25。

图 7–25

游戏规则：

（1）在游戏过程中，出了轨道的幼儿被淘汰。

（2）游戏可以通过变换轨道路径或是行驶速度来增加游戏的难度和趣味性。

2. 跑的游戏

游戏名称：老狼老狼几点钟。

游戏目的：

（1）锻炼幼儿腿部肌肉和反应能力。

（2）发展幼儿奔跑能力。

（3）让幼儿心情愉悦。

游戏准备：场地宽阔、地板柔软安全，在场地一端画上一条横线。

游戏玩法：教师首先选出一个幼儿扮演老狼，站在横线外，其余幼儿在线后站成一排。游戏开始时，老狼和幼儿一起向前走，幼儿齐声问："老狼老狼几点钟？"

老狼回答："1 点了。"老狼和幼儿继续前进，幼儿继续问："老狼老狼几点钟？"

老狼回答："2 点了。"如此下去，直到老狼回答："天黑了。"幼儿转身往横线内跑，老狼转身追捕，但不能进入横线内，在横线外被碰到的幼儿就算被抓到了，第一个被抓住的幼儿当老狼，游戏重新开始。见图 7–26。

游戏规则：

（1）幼儿在与老狼问答时不得停留，必须向前走。

（2）老狼在回答几点钟时不能回头看。

图 7–26

3. *跳的游戏*

游戏名称：小青蛙。

游戏目的：发展幼儿双腿向前跳的能力和观察模仿能力。

游戏准备：场地一端画两条间隔 30 ~ 50 厘米的平行线当小河。

游戏玩法：幼儿站在小河的一边。游戏开始时，幼儿边表演边说："河边住个歌唱家，圆眼睛，宽嘴巴。岸上住，水里划，身上穿着绿大褂。唱起歌来呱呱呱，请你猜猜他是谁？""小青蛙！"说完，幼儿一起跳过小河，然后连续跳 5 ~ 6 次到"草地"，各捉一条"小虫"，再用蹲撑跳返回，可以边跳边学青蛙叫。教师说："小青蛙吃饱了到河里去游泳吧！"小青蛙和妈妈随音乐做小碎步走，双臂模仿划水动作。游戏结束。

游戏规则：幼儿念完才能跳。

游戏提示：

（1）最好能结合认识青蛙的教学活动和律动做此游戏。

（2）应鼓励幼儿独立模仿青蛙的动作。可用以下跳跃动作来模仿青蛙跳：立定跳远、蹲撑跳、跪撑跳、跪撑分腿跳、跪跳进等。也可用双手模仿青蛙的圆眼睛、宽嘴巴、脚，或表现青蛙声震四方的叫声。

（3）返回时可以跑或用其他模仿蛙跳的动作。

（4）儿歌的表演动作可自己创编。

4. 投的游戏

游戏名称：活动篮筐。

游戏目的：练习投球，发展身体的灵活性和协调动作的能力。

游戏准备：70～80 厘米大小的竹圈（或呼啦圈、藤圈）1 只，小球若干。

游戏玩法：在参加游戏的幼儿中选两人手拉着竹圈当作“活动篮筐”在场地上跑动，其余幼儿持球，争取将球投入“活动篮筐”中，看谁在规定时间内投进的球最多。

游戏规则：“活动篮筐”可在场内任意跑动，但不能躲避投球。投球者不能用球袭击人。

5. 钻的游戏

游戏名称：火车钻山洞。

游戏目的：

（1）让幼儿练习钻的动作。

（2）让幼儿体验和同伴一起玩的快乐。

游戏准备：一块安全的场地。

游戏玩法：两个幼儿双手相搭做山洞，教师当火车头，幼儿当车厢。每个幼儿左手拉着前面人的衣服，右臂屈肘，前后摆动模仿火车开动时的动作，一个跟着一个，边走边念儿歌：“一列火车长又长，吐着白烟往前方，运钢、运粮、运木材，火车、火车跑得忙。呜——哐当当，哐当，哐当当当当。”念完儿歌，山洞很快塌陷，趁机抓住在洞里的幼儿。见图 7–27。

图 7–27

游戏规则：

（1）被抓住的幼儿，退出游戏。

（2）当有两个幼儿被抓住时，可以让这两个幼儿当山洞，重新组织游戏。

6. 爬的游戏

游戏名称：小蜗牛爬呀爬。

游戏目的：

（1）指导幼儿练习手膝爬。

（2）让幼儿体验爬行游戏的快乐。

游戏准备：铺设三条榻榻米小路，在场地的另一端布置出一块草地。自制蜗牛壳玩具若干，自制小草丛若干。

游戏玩法：幼儿背上蜗牛壳玩具，扮成小蜗牛，教师说："早晨的空气多么清新呀！露珠挂在嫩绿的小草上，咱们一起到草地上品尝甜甜的露水吧。"游戏开始时，"小蜗牛"分别在三条小路的起点排好队，准备出发。听到口令后，"小蜗牛"依次用手膝爬的方法爬过小路来到草地上，再自由爬行，寻找小草。游戏进行一段时间后，教师引导"小蜗牛"沿着小路爬回"家"休息，游戏结束。

游戏规则：幼儿听到口令后方可爬行。

7. 平衡游戏

游戏名称：过小河。

游戏目的：

（1）锻炼幼儿的平衡能力。

（2）引导幼儿一个跟着一个走过脚印小桥，不推也不挤。

游戏准备：自制小脚印若干，将小脚印摆放在长、宽各10米的平坦地的中间。

游戏玩法：教师介绍游戏的内容和要求："今天，老师要带小朋友们到小河对岸去玩，请大家沿着脚印小桥过河。过河时，脚要踩在小脚印上。要小心，不要掉到河里去。要一个跟着一个走，不推也不挤。"教师带幼儿一起走到河对岸，游戏结束。

游戏规则：幼儿过河时必须踩在脚印上，否则算掉进河里出局。

●思考与练习

1. 什么是体育游戏？体育游戏的特点是什么？
2. 体育游戏的结构是什么？
3. 体育游戏的分类有哪些？
4. 体育游戏的作用是什么？
5. 体育游戏组织的一般流程包括哪些？
6. 体育游戏创编的原则有哪些？

第四节　体育游戏技能实训

实践与训练一　传统体育游戏创编

【实训目标】

（1）培养学生针对幼儿的年龄特点创编传统体育游戏的能力。

（2）丰富幼儿体育游戏的知识储备。

【实训内容与要求】

（1）搜集 10 个我国传统的体育游戏，并介绍其玩法。

（2）从收集的 10 个传统体育游戏中选择一个游戏实施改编。

实践与训练二　体育游戏的观察与评价

【实训目标】

（1）培养学生观察记录、分析幼儿体育游戏行为的能力。

（2）培养学生评价与指导幼儿体育游戏行为的能力。

【实训内容与要求】

（1）到幼儿园有目的地观察幼儿的体育游戏情况或观看幼儿体育游戏实况录像。

（2）根据表 7–1 大班幼儿发展（运动）评价观察要点观察。

实践与训练三　设计体育游戏

【实训目标】

（1）培养学生针对幼儿的年龄特点确定合适的教学目标的能力。

（2）培养学生按规范的格式制定体育游戏指导方案的能力。

【实训内容与要求】

（1）先分组到幼儿园各年龄班进行幼儿体育游戏观摩活动，然后自定主题设计一份相应年龄段的体育游戏教案。

（2）教案要求格式规范，有明确的活动目标、合适的活动内容、活动准备以及具体的活动指导。

实践与训练四　模拟体育游戏组织与指导

【实训目标】

掌握各年龄班体育游戏的组织与指导。

【实训内容与要求】

（1）预先分好组，采取小组合作的形式，选择年龄对象与主题，进行体育游戏模拟教学活动。

（2）预先设计好体育游戏教案，准备好游戏所需材料或替代品。

（3）模拟游戏组织中，至少模拟 2 个幼儿游戏中可能出现的问题，教师给予指导。

（4）模拟幼儿教师对游戏进行讲评。

实践与训练五　教师资格考试面试场景模拟

【实训目标】

模拟教师资格考试面试，使学生在考试场景中，能运用所掌握的幼儿体育游戏的基本理论，分析实际案例，形成应用理论于实际解决实践中遇到的问题的能力。

【实训内容与要求】

（1）以小组为单位，每位学生从题库中随机抽取题目。

（2）学生按考试的程序进行当场作答，小组其他成员担任考官，对答题情况打分。

（3）每个同学作答后小组同学进行讨论，教师点评，以使学生能准确理解、掌握体育游戏的知识和技能。

【题目示例】

题目 1：好玩的小绳子

内容："揪尾巴"是幼儿园常见的游戏，但老是玩"揪尾巴"幼儿都不感兴趣了，本次能利用当"尾巴"的小绳子让幼儿玩其他体育游戏。

基本要求：

（1）设计并介绍 3 个利用小绳子玩的体育游戏。

①游戏能促进幼儿动作技能的发展。

②游戏符合幼儿的兴趣和特点。

（2）以一个游戏为例，模拟对幼儿讲解游戏玩法。

①结合动作示范讲解游戏玩法，动作示范到位，有助于幼儿模仿（如需要，可利用现场提供的包装绳或报纸条当小绳子，模拟演示）。

②语言讲解生动浅显，易于幼儿理解，能吸引幼儿。

③请在 10 分钟内完成上述任务。

题目 2：平衡游戏

内容：设计能让幼儿练习平衡的体育游戏。

基本要求：为幼儿设计 2 个练习平衡的体育游戏，并模拟向幼儿介绍玩法（可以借助现场提供的物品设计游戏）。

（1）玩法简单，游戏有趣，能吸引幼儿兴趣。

（2）示范讲解游戏玩法时，语言生动浅显，易于幼儿理解接受。

（3）回答问题。幼儿还可以通过什么方式练习平衡？

（4）请在 10 分钟内完成上述任务。

题目 3：“捉尾巴”游戏

内容：模拟组织幼儿做“捉尾巴”游戏；回答问题。

玩法介绍：每人用一根绳子当尾巴，绳子系在裤腰后面，让绳尾拖在地上。各人在指定时间内设法踩住（或抓住）别人的尾巴，但同时要保护自己的尾巴不被别人抓住。

基本要求：

（1）模拟组织幼儿做“捉尾巴”游戏。

①结合动作示范讲解游戏玩法，动作演示到位，便于幼儿模仿。

②语言讲解生动浅显，有条理，易于幼儿理解。

（2）回答问题。

①在这个游戏中幼儿可能碰到哪些困难？说出两个即可。

②如果幼儿遇到该问题，你会用什么方法帮助幼儿？

（3）请在 10 分钟内完成上述任务。

第八章　幼儿音乐游戏

学习目标

1. 知识目标

（1）理解音乐游戏的概念，了解音乐游戏的分类和一般活动流程，理解音乐游戏对幼儿的教育作用。

（2）掌握音乐游戏的组织和指导方法，以及创编音乐游戏的基本原则。

2. 技能目标

（1）能根据幼儿年龄特点创编音乐游戏。

（2）能对幼儿的音乐游戏行为进行观察与记录。

（3）能根据观察分析与评价幼儿的音乐游戏。

（4）能制订各年龄班幼儿音乐游戏计划并实际开展音乐游戏指导活动。

3. 素质目标

（1）产生对传统音乐游戏的浓厚兴趣。

（2）形成重视组织幼儿进行音乐游戏的意识。

创设音乐游戏

我班的主题活动“过年了”开展了将近两周，幼儿对新年里放鞭炮、烟花的兴趣很高，于是我决定组织一次音乐活动“烟花舞”。在幼儿掌握了节奏后，我开始和他们一起创编动作。幼儿选择了自己喜欢的彩色纸条拿在手里，一边听着音乐，一边欢快地做着各种放烟花的动作。有的微微张开两手放在身体两侧，飞快地转着圈，动作很优美；有的两手抱肩转起了圈；两手放在下巴处，扮成一朵花慢慢地转了起来……幼儿的创意令我吃惊和欣喜，韵律活动达到了高潮！

（资料来源：https://ww.unjs.com/fanwenwang/ziliao/339831.html）

思考题：什么是音乐游戏？教师应如何设计与实施音乐游戏？

第一节　音乐游戏概述

一、音乐游戏的概念

音乐是声音的艺术，是根据声音的高低、长短、强弱、音色等特征，构成节奏、节拍、速度、力度、旋律、音区、音色、调式、和声、织体、曲式等音乐的基本表现手段和组织形式来表现人的内心情感，反映社会生活的艺术。幼儿接触音乐作品、参加音乐活动无疑有三个最直接的目的：第一，学会感受和欣赏音乐作品中借助声音所传达的情感和内容；第二，学会用自己的表演来表达自己作品的情感和内容；第三，学会自己用声音或表演来表达自己的情感。这就是幼儿音乐教育中的欣赏、表演和创作这三个方面的实践内容。音乐是一门很“难”的艺术，无论是音乐的欣赏、表演或创作都需要遵循一定之规，都不可能是胡思乱想、胡编乱造的结果。那么，怎样在“难”的音乐和幼儿之间架设一座桥梁呢？怎样将音乐和幼儿沟通起来呢？音乐游戏恰恰能够做到这一点。

音乐游戏是在音乐伴奏或歌曲伴唱下进行的游戏，具有音乐和动作相配合的特点。游戏动作要符合音乐的内容、性质、节奏、节拍和力度、速度的变化，能够按照音乐的结构开始、改变及停止动作等。

二、音乐游戏的分类

（一）音乐听觉游戏

音乐是听觉艺术，各种音乐活动都离不开听觉，音乐听觉能力是形成各种音乐能力的前提条件和基础。听觉与生俱来，音乐听觉感觉是在听觉的基础上升华出来的，是对音乐语言中各种基础要素敏捷能力的反应力、记忆力和整体感知力。音乐的听觉能力是指通过辨别、感知、领会、想象、思考音乐艺术形象及其内涵的能力，它包括听辨音乐的长、短、强、弱等。发展音乐听觉的游戏，就是让幼儿用耳朵充分欣赏自然产生的和人创造的各种音响效果，从音响的旋律、音色节奏等方面“接触”音乐语言，感受音响之美。应根据不同年龄幼儿的特点开展音乐听觉游戏。对于小班幼儿，可以采用一些直观的教具，比如游戏、简单打击乐器发出的声音。对于中、大班的幼儿，则可以多采用各种生动活泼的游戏形式，进一步培养幼儿辨别音量的大小、音乐的强弱、乐音的高低等音乐听觉能力，以及建立在音乐听觉基础上的感受音乐情绪、理解音乐的能力。见图 8–1。

图 8–1

（二）音乐节奏游戏

我们生活在声音的世界里，到处都充满着不同的声音、不同的节奏。节奏是音乐构成的第一要素，节奏可以脱离旋律而存在，而旋律则必须依赖节奏生存，培养节奏感是幼儿音乐教育一项重要内容。节奏能力的培养应该遵循节奏自身发展阶段特点，体验稳定旋律、发现感知节奏、多声部节奏活动，安排幼儿的节奏游戏要注意把握好内容渐进的层次。可以让幼儿边朗读儿歌，边伴奏，如拍手、拍腿、踏脚、依次传球等，或者是用打击乐器做伴奏，游戏中要注意保持节律动作的稳定和连续，即使休止拍时律动也不能停止。当幼儿能够独立地伴随儿歌表演出稳定的节拍律动之后，便可以引导他们逐渐地“发现”有的一拍中有一个音，有的一拍中有两个或更多的音的规律。对于节拍特征的认识，可以逐渐引导幼儿感知重拍音和节拍的强弱变化。通过对重拍音的识别，帮助幼儿理解二拍子、三拍子的节拍特征，游戏时不必向幼儿讲解节拍概念，也不要强调节拍的单位时值，只要求幼儿能正确感知即可。对于音符节奏的时值关系，我们则可以用“慢走”表示二分音符、用“走”表示四分音符、用“跑”表示八分音符等，来形象地帮助幼儿掌握音符节奏。总之，节奏能力培养可结合各种音乐活动形式进行，节奏感是无法从符号学习中获得的，必须通过肌肉反应来感知，依靠身体高度协调的动作来感觉。见图 8–2。

图 8–2

（三）歌唱游戏

歌唱，是人类发自本性和本能的一种嗓音游戏。歌唱，也是一门声音的艺术，不仅仅要求有动听的歌声，唱得音调准确、节奏正确、吐字清楚，还要求能创造性地运用歌声来表达各种感情。歌唱游戏旨在通过游戏让幼儿享受歌唱的乐趣，培养音乐感受力，发展幼儿运用嗓音进行艺术表现的能力。模仿是幼儿学习的主要特点，我们可以准备一些适宜的童声歌曲录音带或 CD，在幼儿自由玩耍时反复播放，让他们对歌曲不断进行整体感受，久而久之，幼儿就会在“耳熟能详”的基础上“自然而然”地学会这些歌。为幼儿选择歌曲，要符合幼儿演唱音域的要求。见图 8–3。

图 8–3

（四）舞蹈游戏

幼儿舞蹈游戏主要是发掘幼儿喜形于色、笑逐颜开、手舞足蹈的本领，提高身体动作的协调性，发展想象力和动作表现力，为幼儿今后形成良好的艺术气质打下基础。舞蹈游戏注重动作，且需有想象力，能和表情协调配合，对此，可以让幼儿通过学习和排练一些简单而完整的小型舞蹈，来掌握一些面部和肢体的基本表情语言。见图 8–4。

图 8–4

三、音乐游戏的作用

（一）音乐游戏具有促进认知发展的功能

音乐游戏可以将枯燥的知识传授和抽象的音乐符号转变为富有情绪的生动形象的游戏教学，既体现了音乐教育的审美核心，又满足了幼儿好玩好动的特征，并且能够充分地体现出愉快教学。音乐游戏不仅可以丰富幼儿的知识结构，而且可以促进幼儿自我认知能力的发展。游戏是幼儿对现实生活的反映，音乐游戏中的许多内容反映了生活中的人物和事件，还有自然界动植物的生活及特征等。在音乐游戏中，幼儿要广泛运用各种知识经验，听辨各种不同的音乐，分辨各种不同的角色，去形象地表现各种不同角色的姿态、动作、表情等。如：组织幼儿通过搜集不同大小、不同质地、不同音色的各种声音，然后配以适当有标题的音乐进行游戏，让幼儿在听听、想想、敲敲、玩玩、打打中参与音乐实践活动，从激发幼儿兴趣入手，培养幼儿感受自然、亲近社会的行为。在丰富他们音乐知识的同时，促进幼儿想象力的发展，使幼儿学习和掌握到更多的社会和自然常识及生活经验，特别是学习到社会生活和自然界的一些规则和知识等。

（二）音乐游戏具有促进情感和社会性发展的功能

“音乐是感情的表现。音乐从情感入手，触及人内心深处，从情感上引起共鸣，受到感染。”通过音乐，人们可以进行情感的沟通和交流，“高山流水遇知音”正是这个意思。

而在音乐游戏的过程中，幼儿通过密切合作、相互协调、相互尊重、认真倾听和观看他人展示，逐步培养责任心、集体意识和合作精神。同时，通过在音乐游戏过程中的评价环节，幼儿还能够更清楚地认识自己，对于其他伙伴或者教师提出的意见和建议能够积极听取和有选择性地吸收，从而进一步改进和不断完善。对同一游戏的不同表演的看法和评价也将促进幼儿的自我意识和自我调节能力等。

（三）音乐游戏具有促进身体健康的功能

“乐者，亦为药也。”幼儿在音乐活动中，使喉头肌肉和全身大小肌肉得到充分的锻炼，使动作协调一致，各个器官得到完善和发展。音乐活动使幼儿身体健康的最重要一点在于：幼儿园的音乐活动使幼儿获得一种愉悦的情绪体验，这种情绪体验有利于幼儿身体健康。苏霍姆林斯基曾反复强调：“音乐是思维有利的源泉。没有音乐教育，就不可能有合乎要求的智力发展。”

第二节　音乐游戏的组织指导与观察评价

一、音乐游戏组织与指导

（一）音乐游戏的一般活动流程

1. 选取合适教材，激发幼儿的活动兴趣

音乐渗透到幼儿平日的生活中，对幼儿的发展有着潜移默化的积极作用。能让幼儿快乐的音乐，应该是幼儿喜闻乐见、富于幼儿生活气息的音乐。因此，教师在选取音乐教材的时候，应该选择符合幼儿年龄特征、内容与幼儿生活相关的音乐材料。例如小班幼儿具有好动、好玩、好奇、好模仿、情绪变化快、注意力易转移、兴趣短暂的特点，他们大都喜欢一些熟悉的音乐，或者是能够吸引他们兴趣的音乐内容。因此，教师在创编小班音乐游戏的过程中应该侧重选择旋律欢快活泼、节奏鲜明、耳熟能详的歌曲。这样，小班幼儿才能喜欢它，才能主动、积极地参与学习。

2. 做好前期准备，奠定幼儿活动的基础

在设计时，教师需要根据幼儿的生活经验选取游戏材料、创设游戏情境。这些内容来源于生活，幼儿对于游戏的材料都非常熟悉，便于游戏的顺利进行。当遇到幼儿陌生的材料时，在活动前，可以组织幼儿观看相关视频，或收集相关的材料。有了这样的前期经验的准备，幼儿能够在音乐游戏活动中玩得更好。

3. 教学做合一，提高音乐游戏的有效性

教师要为幼儿提供一个良好的教学环境。创设良好的音乐游戏活动教学模式，能极大地调动幼儿学习的积极性、主动性。教师在音乐游戏活动的教学过程中，要从幼儿的兴趣爱好和教学需要出发，充分考虑幼儿的年龄特征和心理特点，紧紧抓住“音乐游戏”四字，做到内容丰富，充满趣味，让幼儿置身于轻松、活泼、没有压力的氛围之中。在音乐游戏中应以幼儿为主体，可是长期以来，在音乐游戏教学中往往出现错位。教师在进行音乐游戏教学时一直处于主体地位，关注的是“教什么”，“主导”变成了主宰，“主体”反成了表演的工具。教师设计了主题，幼儿只能按规定去表演。整个过程教师做得多，幼儿难有发挥的空间，这样幼儿的积极性、创造性被压抑了。确定幼儿的主体地位，就要使幼儿从被动的知识接受者变为一个主观能动的人。教师要为幼儿创造性地学习提供空间，让幼儿在探索中学习。例如在音乐游戏“咿呀咿呀哟”中，幼儿对小木匠锯木头非常感兴趣，对于其中小木匠锯木头的动作观察得很仔细，但却忽略了木头锯断的动作，在活动中出现了一定程度的紊乱。扮演木匠的幼儿都按照节奏在表演，可是扮演小树的幼儿却站着不知道该干什么。这时教师需要引导幼儿认真观察木头被锯断时的情境，扮演小树的幼儿就能表演出被锯断的动作。在宽松的氛围中，使幼儿真正成为音乐游戏活动的主体。

陶行知先生说："做先生的，应该一面教一面学。"教师对某一领域有较深的研究和思考，对该领域课程的把握就会非常准确，对教育的要旨也会比不做研究的人领悟得深刻得多。反之，教学效果会大打折扣。在上述游戏中，歌曲反复出现"咿呀咿呀呦"的旋律。教师发现这一特点和锯木头时发出的有规律的节奏很像，就可以据此创编出小木匠锯木头的动作。由于为歌曲赋予了有趣的情境，因此幼儿十分喜欢，在之后的游戏环节，教师只需要重点练习锯木头的动作，就能将游戏很好地渗透在音乐情境中。

4. 好的结尾

游戏进行到最后，教师要善于收场，既要帮助幼儿回忆本次游戏的活动内容，又要让幼儿有种意犹未尽的感觉，期待下次音乐游戏的到来，让幼儿真正在快乐中收获，在幸福中成长。

（二）创编音乐游戏的原则

1. 发展性原则

在创编幼儿音乐游戏时，教师必须准确把握幼儿的原有基础和能力水平，并以此为依据和发展目标联系起来，使音乐游戏的目标制定、活动内容的设计、游戏活动方法的选择与幼儿的发展阶段相符合，推进幼儿在原有的基础和水平上获得发展。

在创编幼儿音乐游戏过程中，要考虑教材的结构和顺序是否符合幼儿发展的先后次序，是否考虑到促进幼儿非音乐素质和能力的锻炼，使幼儿在迁移运用原有音乐和非音乐经验的过程中，获得听辨、思维、想象、创造性表现等方面能力的发展。

2. 互动性原则

在创编幼儿音乐游戏时，要充分考虑活动中的"师幼互动"，处理好教师的主导作用在幼儿的主体活动间的比例关系。教师要善于把握、调节好幼儿与教师之间的关系尺度，注意教师"参与"和"指导"的适度性，根据游戏的形式、要求以及幼儿的需要，灵活、随机地增加或减少。

当幼儿表现出可以独立进行活动时，教师应减少参与和指导，当幼儿在表现出需要帮助时，教师则应增加参与和指导，使活动过程充分体现"教师是主导，幼儿是主体"的教育思想。

3. 相互渗透的原则

在音乐游戏活动中，幼儿学习吸收的主要是音乐信息材料，但其他非音乐的信息材料也是不可或缺的。可以说，音乐游戏活动是以音乐符号系统操作为主的活动，也是多种符号系统参与的活动。

音乐游戏的设计，始终要从音乐的角度进行考虑，其他发展领域活动的参与，应从音乐教育的需要出发，最终仍旧要落实到幼儿音乐发展这一根本点上，既不能造成音乐活动内容无重点，更不能"喧宾夺主"，使其他内容成为重点。

4. 差异性原则

差异性原则是指在创编幼儿音乐游戏的过程中既要考虑满足全体幼儿的一般发展需要，又要考虑到幼儿的个体差异，以满足个别幼儿的特殊需要。教师在创编幼儿音乐游戏的过程中，了解每个幼儿的兴趣、能力和原有发展水平，针对不同幼儿的发展水平，设计出不同表现平台的游戏，给每个幼儿提供表现的机会，尽可能地让每个幼儿在各自的原有基础上得到发展。

（三）开展游戏的方法

1. 让幼儿全身心地去感知音乐游戏

一方面我们可以让游戏从音乐的某一要素（如节奏、旋律）开始。如“老鼠送礼”就是以感受歌词和节奏导入的，教师用木鱼伴奏的儿歌朗诵及木偶表演，引导幼儿多通道地感受歌词，进而轻松愉快地学会歌曲。从音乐的某一局部（如乐段、乐句）开始，如“快乐的小鱼”从感受乐句入手，引导幼儿表现鱼游、鱼吃食的情节。从有音乐伴随的画面或故事欣赏开始，如“小猪盖房子”是通过配乐故事帮助幼儿感受和区分两段不同性质的音乐，并了解小猪盖房子和狮王检查房子的游戏情节。“快乐的小鱼”运用简单的图谱，帮助幼儿感受音乐。

另一方面我们可以从感知动作开始，因为动作是音乐游戏的“血肉”或“色彩”。韵律活动通常采用音乐感受在先、动作学习在后的组织程序，但音乐游戏往往采用动作学习的方法，以符合幼儿艺术感受、想象和体验的特点。随着新的刺激与挑战的逐层加入，这种方法不仅能使游戏的组织富有变化，还有助于幼儿积累丰富的动作表达语汇，发展“迁移、探索、创编”等各种基本学习能力。动作观察法，这一方法不仅观察教师的示范，而且观察实物、教具、动画作品中表现的各种动作。如“老鼠送礼”中，教师通过演示木偶教具，让幼儿观察老鼠恳求猫的动作和猫得意的神态，并感知猫在歌曲最后抓老鼠的游戏规则。动作探索法，这一方法通常从提问开始，教师的任务是鼓励幼儿尝试，反馈幼儿的尝试，组织幼儿交流，帮助幼儿分析、整理动作探索的规律。

动作创编法，动作创编与动作探索略有不同，探索活动给幼儿更多的自由探索的时间和空间，而创编活动则强调幼儿在探索的同时学习知识技能，掌握动作表达的语汇，以便更好地进行表现。如在“小猪盖房子”中，教师先以启发式提问让幼儿根据自己的经验自由表现盖房子的动作：搬木头，和泥沙，钉钉子，刷油漆，等等，此时幼儿处于“动作探索”阶段。接着，教师以“盖房子应该先干什么，再干什么，最后干什么”，引导幼儿学习盖房子的动作顺序：搬砖→和泥→砌墙→粉刷，并以“上刷刷，下刷刷，还有哪儿也要刷”的提示语，引导幼儿创编动作的方位变化，这时幼儿处于“动作创编”阶段。在这个环节中，教师巧妙地在幼儿自由尝试和探索的基础上，引入一条具体的创造线索，引导幼儿按顺序变换方位盖房子。这一创造技能的学习，不仅丰富了幼儿盖房子的动作语汇，还能帮助幼儿借助有规律的动作转换与流动的音乐相匹配，感受动作学习过程中的审美情趣。

2. 教师灵活使用各种语言，展现语言的魅力

（1）有声语言的应用。

在相对动态的音乐游戏中，教师的有声语言应努力做到：

①讲解语言精练。注重讲解与示范、讲解与练习、练习与反馈的紧密结合。

②分散讲解内容。多采用边讲解边示范、边练习边反馈的小单位、快节奏递进的方式。

③多使用“幽默语言”“情境语言”进行即时评价。

（2）体态语言的应用。

在音乐游戏中，教师的体态语言格外重要，它具有三种功能：

①示范或榜样的功能。因为音乐游戏是用体态语言组织的艺术活动。

②解释或强调讲解内容的功能。无论是在探索性、模仿性还是创造性的活动中，教师在讲解动作要求时都应配合体态语言。

③发起、维持或结束幼儿行动的功能。如果教师经常使用有声语言发起或结束幼儿的行动，不但无法引起幼儿的注意和正确反应，而且可能因制造更多的噪音而增加自己和幼儿内心的烦躁和焦虑。以“小猪盖房子”B段狮子检查房子造型的环节为例，我们来看几处值得注意的教师语言信息。

听听谁来了？（音调放慢、拉长，语气、神情神秘，暗示幼儿要注意听辨，同时，录音机播放狮子的吼声。）

狮伯伯来了，小猪盖好房子了吗？（停顿，目光环视，检查房子造型是否完成。）

狮伯伯看到了尖顶的房子。（快速观看，及时反馈。）哇！这座花形的房子真美！（伸出大拇指，使用真诚肯定的语气，并靠近“房子”，表现出赞赏式的体态语言。）

在这个片段中，教师将有声语言和体态语言的应用融为一体，使用了“边检查、边反馈调整”的教学策略，所用语言简短、明确，减轻了幼儿理解、记忆、反应的负担。

3. 教师合理调整幼儿的游戏情绪

在音乐游戏中，将幼儿群体的情绪保持在适度兴奋的水平，使他们始终围绕目标进行活动，而避免兴奋点转移或扩散，这对教师来说是一个考验。现以“快乐的小鱼”试教过程中出现的“兴奋扩散”现象为例，来探讨情绪调整的策略。在散点运动的状态下，教师组织幼儿创编鱼游、鱼吃食动作，由于教师引导幼儿用“啊呜”声来表现鱼吃食的样子，结果幼儿高度兴奋，不管出现什么音乐，幼儿都沉浸在一片“啊呜”声中，无法控制。针对幼儿这一情绪状态，教师在游戏中做了一些调整：一是在多通道感受音乐后，让幼儿坐在位子上看图谱做鱼游、鱼吃食的动作，在相对安静的状态下分辨一个乐句前半句游、后半句吃的动作结构，并迁移生活经验，提示幼儿小鱼吃东西是没有声音的，鼓励幼儿用动作表现鱼吃食的样子。二是在散点站位游戏环节，教师在转换动作时用夸张的动作暗示幼儿做好准备。这两个策略帮助幼儿丰富了动作语汇，明确了动作转换的规律，有效避免了“涣散感”“茫然感”和“兴奋扩散”

等不舒适的情绪状态。综上所述，教师在设计和组织音乐游戏时，应处理好这样几对关系：

（1）教育与娱乐音乐游戏不应该仅仅让幼儿满足于娱乐，而应该让他们在娱乐的同时增长知识和经验，促进各种能力的发展。

（2）规则与自由音乐游戏中的宽松、自由必须建立在一定规则的基础上。

（3）现实与创造在音乐游戏中，教师要鼓励幼儿在现实的基础上发挥想象力和创造力，提高幼儿的审美情趣。

（4）自主与指导教师在鼓励幼儿自主尝试、探索的前提下，给幼儿适当的帮助是非常重要的，它能让幼儿在尝试的过程中获得成功感和自信心。

二、音乐游戏的观察与评价

（一）音乐游戏的观察

1. 音乐游戏观察的意义

音乐游戏是教师了解幼儿音乐能力的关键，也是发现幼儿情绪、情感以及审美能力的重要手段，从音乐游戏中教师可以掌握幼儿感受音乐、应用音乐以及创造音乐的能力，进而为幼儿游戏提供适宜的指导，促进幼儿能力的发展。

2. 音乐游戏观察的内容

基于对音乐游戏教育功能的认识，教师对音乐游戏可从以下三个方面进行观察与分析：一是幼儿在游戏过程中所表现出来的兴趣、态度、主动性、创造力等学习品质。二是幼儿进行音乐游戏需要的相关知识，如听音、辨音能力，歌词发音能力，节奏能力，随乐能力，等等。三是合作能力、规则意识和交往的能力等社会能力。从幼儿音乐素养的提高、个体发展和社会参与来观察评价，促进幼儿喜欢玩、学会玩、智慧玩的综合性发展。

表 8-1 呈现了涂埠幼儿园音乐流戏观察量表。活动观察记录案例示范见表 8-2 所示。

表 8-1　涂埠幼儿园＿＿中二＿＿班区域活动观察记录表

活动内容	音乐区——中二班好声音		
活动目标	1. 培养幼儿欣赏音乐的能力； 2. 让幼儿选择自己喜欢的乐器进行弹奏； 3. 让幼儿敢于在集体面前表现自己		
活动时间	2014 年 12 月	记录人	张雨

续上表

材料投放	幼儿自主游戏行为表现（附照片）	整体观察记录
1．材料提供。 （1）各种乐器； （2）话筒； （3）地垫。 2．墙体创设。 （1）背景； （3）进区图标	幼儿一：凌诗瑶 凌诗瑶来到音乐区，一进区就坐在地垫上，弹起了教师新做的琴，边弹边有模有样地配音。 幼儿二：戴佳妍 戴佳妍看到凌诗瑶弹得很投入也坐在她身边，像四手联弹一样，两人配合得很默契。 幼儿三：杜慧婷 杜慧婷来到音乐区就拿起二胡玩弄起来，还问教师是不是这样拉。 	游戏活动时间到了，凌诗瑶首先到音乐区，直接选择教师新做的乐器电子琴，有模有样地弹奏起来，凌诗瑶还边弹边配音。戴佳妍看到了就过来和她一起弹了起来，两人配合默契像四手联弹一样，还模拟起了教师上课时的样子。两人有说有笑，但对琴的兴趣并没有持续很久。其间也没有选择其他乐器进行弹奏。杜慧婷来到音乐区就选择了二胡，“老师，你看这是二胡。”她对二胡很感兴趣地演奏起来，还问教师是不是这样拉的

活动反思：

在起初音乐区域活动的观察中，发现幼儿自主探究音乐区的兴趣不够浓厚，其实幼儿之所以喜欢音乐区，主要是能满足他们的表演欲望，但是当时我只是给幼儿创设了音乐区，提供了部分乐器，没有丰富的主题内容，导致活动的积极性不高，幼儿兴趣保持时间不长。

调整思路：

1．在教师和幼儿的共同讨论下，创设了区角的准备区。幼儿能够自主探索表演前的准备工作，包括选择节目、制订计划、选择乐器等，并且学习装扮自己等方式，获得有效的经验。

2．给幼儿创设了舞台背景。激发幼儿的兴趣，演出中需要注意的问题、如何表演、需要哪些材料就是幼儿自主探索的内容，以自己探索的方式，得到同伴的肯定，使幼儿获得成功的快乐，有效提高了音乐区的探索性和参与性

表 8-2 中班幼儿音乐游戏观察量表

观察维度		观察要点	评价维度（优、良、中、差）
学习品质	参与性	能参与音乐游戏中，积极使用游戏材料	优
	兴趣性	对游戏材料感兴趣，积极参与音乐游戏	优
	主动性	主动参与音乐游戏，主动选择感兴趣的材料或乐器开展游戏	优
	坚持性	不怕困难，不受他人影响，能长时间参与游戏，坚持反复操作游戏材料	良
音乐素养	感受音乐	喜欢倾听各种好听的声音，感知声音的高低、长短、强弱的变化	良
	表现音乐	经常唱唱跳跳，愿意参与歌唱、律动、舞蹈表演等游戏；能用拍手、踏脚等身体动作或可敲击的物品敲打节拍、节奏	优
	欣赏音乐	能专心观看喜欢的演出，有模仿和参与的愿望；欣赏文艺作品时会产生相应联想和情绪反应	优
	创造音乐	能用自然适中的声音基本准确地歌唱。通过即兴哼唱、表演，给熟悉的歌曲编词表达心情	良
社会能力	规则意识	能遵守音乐游戏规则，具有游戏规则意识	优
	合作精神	乐意与同伴相互合作，喜欢共同游戏	优
	互动能力	遇到问题会请求教师、同伴帮助，能跟同伴进行谦让和协商	优

3. 音乐游戏观察的要求

（1）明确观察的目的，避免盲目观察。观察目标越明确，观察的准确性和针对性越强，教师观察的效率也会增加。

（2）根据所要观察的内容，选择合适的观察方法。观察的方法丰富多样，教师应根据不同的观察内容，选择适宜的观察方式。比如，观察某一幼儿在音乐游戏中的音乐能力和表现，则适宜采用追踪法进行观察，观察某个班级的音乐游戏表现，则可以采用定点观察法。

（3）多次、持续地进行观察，以保证观察所得结果能准确地代表幼儿的发展水平，不能仅通过一次或一天的观察就下结论。

（4）明确各年龄段的游戏观察的重点。小班矛盾的焦点主要在幼儿与物品的冲突上，中班的观察重点在幼儿间的冲突上，大班的观察重点在幼儿解决问题的能力上。

（二）音乐游戏的评价

1. 音乐游戏评价的意义

评价是音乐游戏活动过程中的重要环节。通过音乐游戏的评价，教师可以测量音乐游戏活动的开展是否达到了预期目标、达到的程度如何、整合效果怎样，教师与幼儿是否都有得到发展。教师通过评价结果对课程进行反思，以实现良性循环。

2. 音乐游戏评价的内容与标准

学前儿童音乐游戏评价的内容即评价什么，学前儿童音乐游戏评价的标准是指对学前儿童音乐游戏质量要求的具体规定，即针对内容怎样评价，或者说是评价的尺度。

一般来说，学前儿童音乐教育评价的内容主要包括三个方面：

一是对学前儿童音乐能力和表现的评价，包括游戏兴趣、动作发展、音乐能力、运动态度、合作精神以及规则意识等方面。

二是对学前儿童音乐教育活动的评价，包括对教师的游戏准备、游戏内容、游戏实施和游戏效果等进行评价。

三是对幼儿园音乐教育工作的整体评价。

3. 音乐游戏评价的要求

针对音乐游戏活动进行科学的评价，直接关系着音乐游戏活动的价值和幼儿的发展。《指南》指出教师要了解并倾听幼儿艺术表现的想法或感受，领会并尊重幼儿的创作意图，不简单用“像不像”“好不好”等成人标准来评价。因此，在实践教学中我们对音乐游戏活动的评价可以从以下几方面入手。

（1）感性评价与理性评价相结合。《指南》指出幼儿艺术领域学习的关键在于充分创造条件和机会，在大自然和社会文化生活中萌发幼儿对美的感受和体验，丰富其想象力和创造力，引导幼儿学会用心灵去感受美和发现美，用自己的方式去表现美和创造美。因此，教师在音乐游戏评价中，既要重视幼儿观察力的培养，进行理性评价，又要尊重幼儿想象力和创造力，注重感性评价。

（2）开放评价与对话式评价相统一。音乐游戏的魅力在于它能帮助幼儿轻松地表现自己，得到身心舒缓。教师要创设轻松的音乐游戏氛围，开放地评价幼儿，让幼儿乐于感受，敢于表现。同时，教师还要就幼儿的行为表现和存在问题进行评价，引导幼儿搜寻解决的策略，调动幼儿的积极思维活动，以培养幼儿的独立思考能力和创造能力。

（3）注重幼儿的情绪和情感体验。艺术教育活动是一种情感活动。因此，教师对音乐游戏的评价也要由浅入深，关注幼儿在游戏过程中的情感、情绪状态，注重游戏给幼儿带来的积极、快乐的情绪、情感体验。

第三节　音乐游戏指导案例与评析

【案例一】

让孩子在问题中成长

江苏省南通市通师二附幼儿园　窦晓娟

［观察记录］

今天的音乐游戏“采茶舞”，要求幼儿各自邀请一个好朋友手拉手一起跳舞。亮亮小朋友没能找到朋友，但他没有请求老师的帮助，而是站在原地独自做。而以往的邀请舞活动中，有些幼儿在找不到朋友的时候就会很着急地请老师来帮忙，有些幼儿则会站在原地不动。看来亮亮是个非常灵活、会自己想办法解决问题的幼儿。

［案例评析］

每一个游戏活动，展示给幼儿的都是一个变化的、富有挑战性的问题情境，在这样的情境中，有利于幼儿动脑筋想办法创造性地解决问题。这时教师要少干预多观察，少指挥多提醒，少命令多商量，这样幼儿在各种各样的问题情境中就会越来越能干，也越来越会约束自己，不断提高与同伴的交往水平。

【案例二】

小班音乐游戏活动实录与反思

［观察实录］

今天上午进行“我的房子盖得呱呱叫”的音乐活动，这是一个韵律活动，所以我有意识地在幼儿入园的时候播放了这首歌曲。它那轻松的节奏、欢快的旋律、富有童趣的歌词，很快引起了幼儿的兴趣。一些幼儿听着听着，不由自主地跟着哼唱了起来。

集体活动时，当音乐一响起来，婷婷和大家一起唱起来，我故作惊讶地问：“老师没教过你们，你们怎么会唱的？”幼儿自豪地说：“我们自己跟着录音机学的。”这时婷婷说：“老师。中间两句太快，我听不清，还不会。”于是，我用清唱的方法把歌曲演唱了一遍，并重点强调了节奏较快的两句。婷婷跟着唱了两遍，然后点了点头，说：“我也会了。”接着我们开始进行创编动作，我问：“造房子要做哪些事情？”幼儿说：造房子砌墙、抹墙。婷婷跟着其他的幼儿一边说一边用动作来表示。我请婷婷到前面来做给大家看，她也很大胆地走到前面来并且把动作做了出来。在两两合作表演时，婷婷和轩轩面对面站着，跟着音乐节拍表演着。活动结束了，幼儿回到了自己的座位上，婷婷也回到了自己的座位上。

[教学反思]

（1）从以上的游戏情况中可以看出，婷婷对音乐活动还是比较感兴趣的，能够比较积极主动地参加音乐活动。

（2）很多幼儿都学会了歌曲，而婷婷还没有学会歌曲，说明婷婷的乐感还不太强。

[改进措施]

（1）在音乐学习的过程中，当婷婷对歌曲中个别难点感到困难时，教师给予及时地指导和帮助，使幼儿掌握难点，顺利地学习歌曲。

（2）和该幼儿的家长联系，让家长注意在家中也经常播放幼儿歌曲，让婷婷平时有更多的欣赏歌曲的机会，从而增强自身的乐感。

（资料来源：幼儿学习网，2011-10）

【案例三】

让幼儿在音乐中自主学习

[情景描述]

我班的主题活动“过年了”开展了将近两周，幼儿对新年里放鞭炮、烟花的兴趣很高，于是我决定组织一次音乐活动“烟花舞”。在幼儿掌握了节奏后，我开始和他们一起创编动作。幼儿选择自己喜欢的彩色纸条拿在手里，一边听着音乐，一边欢快地做着各种放烟花的动作。有的微微张开两手放在身体两侧，飞快地转着圈，动作很优美；有的两手抱肩转起了圈；两手放在下巴处，扮成一朵花慢慢地转了起来……幼儿的创意令我吃惊和欣喜，韵律活动达到了高潮。

[教学反思]

《纲要》强调：要确立以幼儿发展为本的理念，突出幼儿发展的自主性和能动性。学习活动强调激发幼儿对学习的兴趣、探索意识，在自主活动基础上，积累和扩展感性经验，培养认知和审美能力。所谓的“自主学习”就是指在教师有目的、有计划创设的教学环境中，在教师的指导下主动、独立地获取信息，习得技能，积累经验，发展学习能力的过程。二期课改提倡给幼儿创设一种可选择的多元环境，这样才能激发幼儿自主学习的热情。所以在我设计的音乐活动中，努力为幼儿创设一个选择与独立创作的机会。如在上述活动中，我就在如何放烟花上启发引导幼儿，充分发挥他们的想象力与创造力，使律动不再是千篇一律的动作，而富有新意。我们在教学中不难发现，有的音乐活动，直到结束幼儿还意犹未尽；而有的活动没开始多久，幼儿就兴趣全无了。我想关键不是学习内容的深浅，而是这个内容是否能满足幼儿当前需要的，是否是幼儿喜欢的。

［**教学措施**］

（1）在选材时，我们要尽量从幼儿生活中提取素材。

（2）根据幼儿的不同需要来创设自主的时间、空间等环境。

【案例四】

中班音乐游戏教案与反思：大家来玩球

下关区实验幼儿园　常静涛

［**设计意图**］

在日常户外活动中，我发现中班幼儿在玩球的过程中，已从拍球逐渐过渡到滚球、传球，由独立玩球开始了合作玩球，他们对皮球的兴趣进一步提升了。于是我考虑将体育与音乐融合起来，以幼儿已有的玩球经验为切入点，以游戏情境的形式融入活动中，引导幼儿尝试用动作合拍地随音乐表现传球和滚球，体验与同伴共同合作游戏的快乐，培养同伴间协调合作的能力。游戏音乐选用了《苹果丰收》乐曲、AB 结构，分别以欢快、连贯的音乐来表现传球和滚球。

［**活动目标**］

（1）感受乐曲 AB 两端欢快、连贯的音乐性质以及与之相符的音乐情节。

（2）尝试用动作合拍地随音乐表现传球和滚球。

（3）在游戏中相互配合传球、滚球，体验与同伴共同合作游戏的快乐。

［**活动准备**］

皮球一个，图谱一张。《苹果丰收》音乐带，录音机。幼儿围着黑板坐成半圆形。

［**活动过程**］

（1）以猜谜形式导入活动。

①“此物生得真奇怪，只长一个圆脑袋，打它、它跳，踢它、它滚，小朋友们都喜爱。”

②你们平时是怎么玩球的？

（2）完整欣赏乐曲，初步感受乐曲的欢快和连贯。

提问：听了这首曲子你有什么感觉？

（3）出示图谱，感受乐曲 AB 两段音乐的不同，并跟随乐曲合拍地做拍球、滚球的动作。

①有谁能看懂图谱的？你会用动作表示吗？怎样和音乐匹配？

②熟悉 A 段音乐，合拍地跟随音乐做拍球动作。

③感受 B 段乐曲的连贯，并用动作表示滚球，利用图谱的提示让幼儿理解并感受最后一个乐句的不同。

④完整欣赏乐曲，随音乐做动作。

（4）游戏：大家来玩球。

①尝试跟随 A 段音乐一个一个地传球。

②尝试跟随 B 段音乐玩滚球的游戏。

③尝试跟随全曲集体玩游戏：大家来玩球。

［活动反思］

这则中班的音乐游戏，以幼儿的兴趣爱好为动力，在活动中充分体现了音乐性、游戏性及合作性。通过感受 AB 两段欢快、连贯的音乐，以及与之相符的音乐情节，引导幼儿在游戏中相互配合传球、滚球，体验与同伴共同游戏的快乐。

（1）目标的制定。根据中班幼儿的年龄特点及对游戏内容、游戏音乐的选择与考虑，制定了认知、能力、情感三方面的目标。

（2）前期准备。主要是音乐的选择和图谱的绘制，音乐选择了有欢乐、连贯音乐区别的《苹果丰收》，图谱则帮助幼儿理解音乐及游戏情节。

（3）活动中先让幼儿完整欣赏，再让幼儿结合图谱欣赏，基本上在完整游戏之前幼儿能较好地理解音乐，保证了后面游戏的顺利开展。

（4）教师根据 A 段音乐的时值确立了参与活动的幼儿人数，如 A 段共有十六拍，就十六个孩子参加活动。使游戏情节和音乐充分吻合。

（5）考虑是否将乐曲再增加一段，构成 ABA 结构，这样感觉可能会更加完整一些，前后呼应，有完整感。

【案例五】

音乐表演游戏：小兔和狼

海门市东洲幼儿园　黄亮

［产生背景］

户外活动时我问幼儿想玩什么体育游戏，没想到男孩女孩都不约而同地大声说“老狼老狼几点钟”，这个经典的游戏在幼儿中如此的受欢迎是我始料未及的。究其原因，我想是因为在幼儿的世界里，小兔和狼是善与恶的代表，是他们分辨是非的准则，狼很坏，爱吃兔子，兔子很弱小，不断地躲避着狼的追逐，他们总是希望小兔不被狼抓住，在奔跑追逐中体验游戏的快乐。

音乐游戏是以发展幼儿的音乐能力为主要目的的游戏活动。在听听、唱唱、跳跳、玩玩等自由愉快的活动中，培养幼儿的音乐感受力、表现力和创造力。音乐游戏是音乐教育中最易为幼儿接受、喜爱、理解的一种综合性艺术形式，是培养幼儿乐感和美感的一条有效途径，也是融音乐与游戏为一体的艺术教育形式。

音乐游戏“小兔和狼”将幼儿喜欢的“小兔”和“狼”的角色与游戏结合起来，让幼儿在边唱边玩中学会了歌曲，这能充分体现幼儿教育的特点，将更有效地促进幼儿身心全面和谐地发展。

［活动实录］

一、活动目标

（1）通过玩游戏，熟悉乐曲旋律，演唱歌曲《小兔和狼》。

（2）幼儿会用兔跳、手腕抖动等动作表现歌曲内容，在游戏中与同伴间保持一定的距离，相互间不碰撞。

（3）在游戏中体验小兔和狼之间斗智斗勇的快乐。

二、活动准备

（1）音乐磁带《小兔和狼》，已会兔跳基本动作。

（2）大灰狼头饰、已会歌曲《我是一只大野狼》。

（3）森林的场景：树木、花草。

三、活动过程

（1）设置情境，兔妈妈带小兔去森林玩，幼儿随音乐和教师一起拍手入活动室。

（分析：在活动中我设置的游戏情境“兔妈妈带小兔去森林玩”。根据幼儿的经验，“小兔”生活在森林里，相应的“狼”也生活在这座森林里。“小兔和狼”将幼儿的想象空间打开了，小兔去森林里可以采蘑菇、拔萝卜、摘青菜……看见大灰狼来了，小兔可以躲在大树后面、草丛里、花朵间，让大灰狼怎么也找不着……有情境、有角色，表演的时候就会有情节、有动作、有表情等，对幼儿的唱歌活动提供了很大的帮助。）

（2）幼儿听教师讲解《小兔和狼》的故事情节：

兔妈妈让小兔去采蘑菇，一群小兔跳呀跳，跳到树林里，竖起耳朵仔细听，风儿呼呼吹，树叶沙沙响，哎呀，是不是狼来了？狼来了——

（分析：在教学过程中，我以“故事”为主线穿插其中，帮助幼儿多次感受音乐所表现的不同形象及情节。因此通过故事引入法，在潜移默化中推动了幼儿学习歌曲的动力，调动了幼儿的积极性，为进入下一个新的环节做好了准备。）

（3）幼儿完整倾听歌曲，熟悉歌词。

提问：小兔是怎么到树林里去的？竖起耳朵，听到了什么声音？是谁来了？

（分析：通过完整倾听歌曲，在听觉上引导幼儿。通过提问，引导幼儿想问题、答问题，一问一答中发展幼儿的思维能力，使幼儿能准确理解老狼捉小兔的故事情节，熟悉歌词。）

（4）练习歌曲并用相应的动作表现。

①教师带领幼儿学唱歌曲 2 ~ 3 遍，注意唱清歌词、唱准曲调。

②引导幼儿创编动作进行表演。幼儿模仿小兔跳的动作，要求合拍；幼儿创编“竖起耳朵，仔细听”的动作，要求动作快而有力；幼儿模仿风吹、树动的动作，要求动作各异。

（分析：幼儿活泼好动，在音乐活动中，除了歌声外，他们还喜欢用肢体动作来表现自己对音乐的理解。让幼儿创编动作并表演，不仅激发了幼儿的表演欲，还培养了他们的创造力。）

（5）提问：小兔遇见了狼，心里害怕吗？怎样才能战胜大灰狼呢？

（分析：幼儿的情感是很丰富的，抓住幼儿的特点适时地进行引导，幼儿的表现很精彩，主意也很多。小兔一开始是高兴的情绪，但看到老狼后心里是害怕的，能用丰富的动作、表情表现出来。“如何战胜老狼呢？”幼儿的思维也很开阔，可以是勇敢地作战，也可以是“一动不动、一声不响”等待老狼离开，幼儿选择了后者。）

（6）游戏“小兔和狼”。见图 8–5。

图 8–5

①教师讲解游戏玩法。

②幼儿扮演小兔，教师扮演大灰狼，共同游戏。

③请一个幼儿扮演大灰狼，其他幼儿扮演小兔再次做游戏。

（分析：游戏带给幼儿无限的快乐，教师不断地变化小兔出场的任务：采蘑菇、拔萝卜、摘青菜……游戏的形式也在不断变化：从教师与幼儿一起玩游戏到幼儿独立玩游戏。在这些变化中，幼儿一遍又一遍地进行游戏，百玩不厌，全在于这是幼儿所喜欢的、感兴趣的。）

（7）在音乐的伴奏下，老狼绕小兔走一圈离开，小兔们“蹦蹦跳跳”地说着离场，结束活动。

（分析：为老狼的表演配上音乐《我是一只大野狼》，幼儿的表演得到升华，而且积极性更高，参与性更强。边说“蹦蹦跳跳”边跳着离场，既能手口协调地表现兔跳动作，又为下一次合唱活动创编伴奏词奠定了基础，活动结束得很自然。）

［活动反思］

幼儿参与热情高的音乐活动就像一盘“色”“香”“味”俱全的“音乐大餐”，以其鲜明生动的形象展现在幼儿面前，现对音乐活动“小兔和狼”做如下反思：

1. 兴趣，是最好的食欲

兴趣是最好的食欲，只有当幼儿产生了浓厚的兴趣时，才愿意主动地去学习和了解，进而深入地探究它，当兴趣转化为学习动机时，教师才能引导幼儿轻松地走进音乐的世界，去感受美妙的音乐。幼儿非常喜爱游戏，运用游戏的方式，对幼儿进行音乐方面的教学能取得特别良好的效果。《小兔和狼》是一首情节简单的游戏歌曲，“小兔和狼”之间的故事幼儿百听不厌，有情节、有角色、能表演的音乐游戏，幼儿玩起来注意力集中，很感兴趣，在玩游戏的过程中或结束时还会发出笑声，常常是玩了还想玩，幼儿的音乐能力也得到了发展。幼儿在听听、唱唱、动动、玩玩当中增强了节奏感，培养了唱歌的兴趣，改进了唱歌的技能，提高了辨别音乐性质的能力，促进了动作的协调，还发展了想象力、创造能力，获得愉快情绪。音乐游戏不论在发展幼儿音乐能力及全面发展教育上都有着综合性的作用。

2. 情境，是特制的调料

为了使幼儿具有兴趣这份“食欲”，我为幼儿设置了游戏情境，从幼儿的兴趣出发，以“兔妈妈带小兔去森林玩”为切入口，进而引导幼儿学兔跳，听风声、树叶声，发现老狼，躲老狼……这些游戏情境，对于生性好动的幼儿来说，无疑是快乐的。在教学过程中，教师自身也深入游戏情境中，以儿童化、趣味性的语气，丰富多彩的表情和童趣的、夸张的动作进行表演和组织活动，都不自觉地影响幼儿的情绪。所以，幼儿的兴趣很高涨，能积极参与活动。

3. 创造，是独具的风味

根据歌词创编动作，教师允许幼儿大胆想象，鼓励幼儿尽情发挥，同时容纳不同的创造行为，这是挖掘幼儿创造潜能的关键。因此，在幼儿创编动作、表现动作时，教师不仅肯定幼儿创编的动作，而且还进一步激发幼儿创编不同的动作，当遇到难题时，可以让他们自己尝试去思考、去做。在音乐活动《小兔和狼》中，对于“小兔”这一形象，幼儿并不陌生。因此他们一学会歌曲就能边唱边跳了，但我发现它们的动作都是相似的。于是，我首先肯定了他们的表演，又提出疑问：为什么大家的动作是一样的呢？好像只有一只小兔子。接着鼓励他们自己去思考，经过反复探索后，幼儿的表演就有了不同的内容。如：听的时候方向不同，风吹的动作、树叶抖动的动作也各不相同，如此不断地鼓励、反复地探索，幼儿的创新意识在不知不觉中逐渐增强了，同时，他们的创造力也得到了发展。幼儿的思维很活跃，想法很独特，表现力也很强，因此师幼互动的效果也较好。

【案例六】

四种音乐游戏设计案例

1. 音乐听觉游戏

游戏名称：循声找图。

游戏目的：

（1）了解生活中的各种声音。

（2）增强幼儿辨别不同声音的能力。

游戏准备：录了生活中各种声音的录音机（例如交通工具的行车声、按门铃的铃声、下大雨的水滴声、动物叫的声音等）以及相关的图片。

游戏玩法：教师播放一种声音的录音，幼儿一边听着声音，一边根据声音找出相对应的图片。幼儿拿错了，教师重复一次操作，拿对了，游戏继续。

游戏规则：每个幼儿只有一次重听的机会。

2. 音乐节奏游戏

游戏名称：敲鼓高手。

游戏目的：

（1）培养幼儿的节奏感。

（2）让幼儿体验敲击的乐趣。

游戏准备：奶粉罐、小凳子、小瓶子（放了豆子、米、沙子、石头、水）、小棒子。简单节奏的音乐。

游戏玩法：教师准备好装有豆子、米、沙子、石头、水的小瓶子和奶粉罐，放置在幼儿可以碰到的地方。教师先带领幼儿敲击一种“小乐器”，并鼓励幼儿一起敲打。然后教师开始有节奏地带领幼儿模仿敲打，当幼儿发现这是一个很有趣的游戏时，教师可以播放一些节奏简单的音乐加以辅助，并让幼儿继续敲打，用以增加幼儿对音乐的感受力。

游戏规则：不能拿小棒子打人。

3. 唱歌游戏

游戏名称：击鼓传花。

游戏目的：

（1）让幼儿学会边打节奏边唱歌。

（2）让幼儿体验集体游戏的欢乐。

游戏准备：小花一个。

游戏玩法：幼儿一边唱歌，一边随着琴声或歌声的节奏拍手，当小花传到自己手上时，按节奏传给下一个幼儿。歌声停止，小花传到谁手里，就请谁出来表演节目。见图 8–6。

图 8–6

游戏规则：

（1）幼儿必须按音乐节拍传递小花。

（2）幼儿不能丢小花或将其拿在手上玩。

附：

击鼓传花

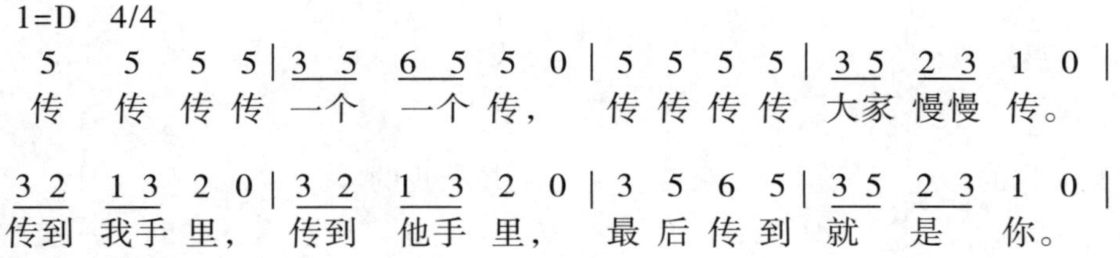

1=D　4/4

5　5　5　5 | 3 5　6 5　5　0 | 5　5　5　5 | 3 5　2 3　1　0 |
传　传　传　传　一个　一个　传，　传　传　传　传　大家　慢慢　传。

3 2　1 3　2　0 | 3 2　1 3　2　0 | 3　5　6　5 | 3 5　2 3　1　0 |
传到　我手　里，　传到　他手　里，　最　后　传　到　就　是　你。

4. 舞蹈游戏

游戏名称：小鸟。

游戏目的：

（1）幼儿能按音乐节拍边唱歌边协调地做动作。

（2）幼儿喜欢模仿小鸟飞的动作。

游戏准备：小鸟头饰若干。

游戏玩法：幼儿排成单圆圈面向圆心，小手高举成拱门做窗口，选两名幼儿扮成小鸟站在窗外。

（1）~（8）小节：“小鸟”走碎步，两臂上下有节奏地、波浪形自然摆动向前飞，从“拱门”下穿进穿出。

（9）~（10）小节：“小鸟”在圈上任意一名幼儿背后停住，并用双手轻拍他的肩膀。

（11）~（12）小节：“小鸟”边转身边用双手搭在自己的肩上，被拍肩的幼儿同时转身，并把手搭在“小鸟”的肩上。

（13）~（16）小节：“拱门”接上，一对“小鸟”在圈内外飞翔，按上述动作反复作（1）~（16）小节几次，“小鸟”的队伍越来越长。

（17）小节：带头的“小鸟”唱“哦”，全体放下手，停住。

（18）~（19）小节：“小鸟”飞回圆圈。

游戏规则：幼儿必须按照每节的要求去做小鸟的动作，做错的幼儿暂时出局。

附：

小鸟

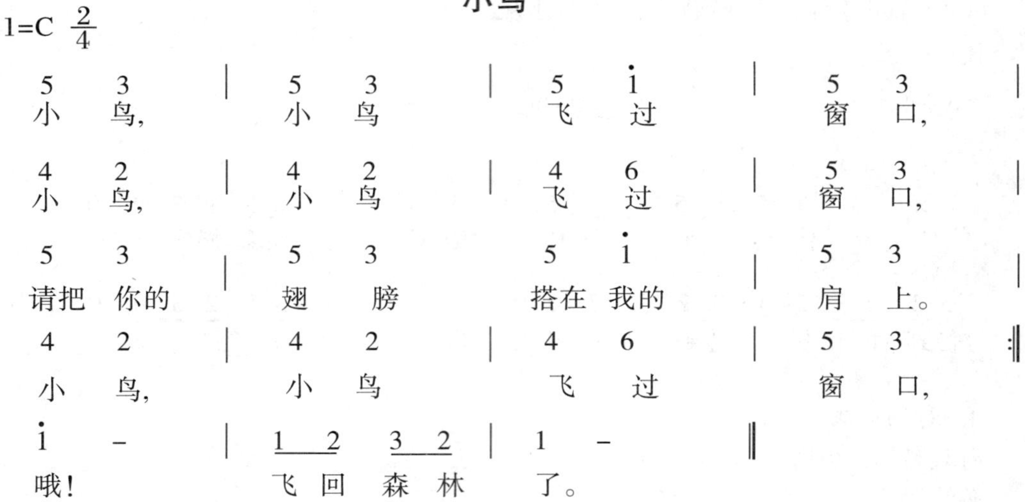

1=C $\frac{2}{4}$

5 3	5 3	5 $\dot{1}$	5 3
小 鸟，	小 鸟	飞 过	窗 口，
4 2	4 2	4 6	5 3
小 鸟，	小 鸟	飞 过	窗 口，
5 3	5 3	5 $\dot{1}$	5 3
请把 你的	翅 膀	搭在 我的	肩 上。
4 2	4 2	4 6	5 3 :‖
小 鸟，	小 鸟	飞 过	窗 口，
$\dot{1}$ –	$\underline{1\ 2}$ $\underline{3\ 2}$	1 – ‖	
哦！	飞 回 森 林	了。	

●思考与练习

1. 什么是音乐游戏？音乐游戏的特点是什么？
2. 音乐游戏的结构是什么？
3. 音乐游戏的分类有哪些？
4. 音乐游戏的作用是什么？
5. 音乐游戏组织的一般流程包括哪些？
6. 音乐游戏创编的原则有哪些？

第四节　音乐游戏技能实训

实践与训练一　传统音乐游戏创编

【实训目标】

（1）培养学生针对幼儿的年龄特点和动作发展水平创编律动的能力。

（2）丰富幼儿音乐游戏的知识储备。

【实训内容与要求】

（1）预先分好小组，各组搜集 10 首儿童歌曲。

（2）从收集的 10 首儿童歌曲中选择一首歌曲进行律动创编。

实践与训练二　音乐游戏的观察与评价

【实训目标】

（1）培养学生观察记录、分析幼儿音乐游戏行为的能力。

（2）培养学生评价与指导幼儿音乐游戏行为的能力。

【实训内容与要求】

（1）到幼儿园有目的地观察幼儿的音乐游戏情况或观看幼儿音乐游戏实况录像。

（2）根据实际观察填写表 8–3。

表 8–3　音乐游戏观察量表

<table>
<tr><th colspan="2">观察维度</th><th>观察要点</th><th>评价维度（优、良、中、差）</th></tr>
<tr><td rowspan="4">学习品质</td><td>参与性</td><td>能参与音乐游戏中，积极使用游戏材料</td><td></td></tr>
<tr><td>兴趣性</td><td>对游戏材料感兴趣，积极参与音乐游戏</td><td></td></tr>
<tr><td>主动性</td><td>主动参与音乐游戏，主动选择感兴趣的材料或乐器开展游戏</td><td></td></tr>
<tr><td>坚持性</td><td>不怕困难，不受他人影响，能长时间参与游戏，坚持反复操作游戏材料</td><td></td></tr>
<tr><td rowspan="4">音乐素养</td><td>感受音乐</td><td>喜欢倾听各种好听的声音，感知声音的高低、长短、强弱的变化</td><td></td></tr>
<tr><td>表现音乐</td><td>经常唱唱跳跳，愿意参与歌唱、律动、舞蹈表演等游戏；能用拍手、踏脚等身体动作或可敲击的物品敲打节拍、节奏</td><td></td></tr>
<tr><td>欣赏音乐</td><td>能专心观看喜欢的演出，有模仿和参与的愿望；欣赏文艺作品时会产生相应联想和情绪反应</td><td></td></tr>
<tr><td>创造音乐</td><td>能用自然适中的声音基本准确地歌唱。通过即兴哼唱、表演，给熟悉的歌曲编词表达心情</td><td></td></tr>
<tr><td rowspan="3">社会能力</td><td>规则意识</td><td>能遵守音乐游戏规则，具有游戏规则意识</td><td></td></tr>
<tr><td>合作精神</td><td>乐意与同伴相互合作，喜欢共同游戏</td><td></td></tr>
<tr><td>互动能力</td><td>遇到问题会请求教师、同伴帮助，能跟同伴进行谦让和协商</td><td></td></tr>
</table>

实践与训练三　设计音乐游戏

【实训目标】

（1）培养学生针对幼儿的年龄特点确定合适的教学目标的能力。

（2）培养学生按规范的格式制定音乐游戏指导方案的能力。

【实训内容与要求】

（1）先分组到幼儿园各年龄班进行幼儿音乐游戏观摩活动，然后自定主题设计一份相应年龄段的音乐游戏教案。

（2）教案要求格式规范，有明确的活动目标、合适的活动内容、活动准备以及具体的活动指导。

实践与训练四　模拟音乐游戏组织与指导

【实训目标】

掌握各年龄班音乐游戏的组织与指导。

【实训内容与要求】

（1）预先分好组，采取小组合作的形式，选择年龄对象与主题，进行音乐游戏模拟教学活动。

（2）预先设计好音乐游戏教案，准备好游戏所需材料或替代品。

（3）模拟游戏组织中，至少模拟 2 个幼儿游戏中可能出现的问题，教师给予指导。

（4）模拟幼儿教师对游戏进行讲评。

实践与训练五　教师资格考试面试场景模拟

【实训目标】

模拟教师资格考试面试，使学生在考试场景中，能运用所掌握的幼儿音乐游戏的基本理论，分析实际案例，形成应用理论于实际解决实践中遇到的问题的能力。

【实训内容与要求】

（1）以小组为单位，每位学生从题库中随机抽取题目。

（2）学生按考试的程序进行当场作答，小组其他成员担任考官，对答题情况打分。

（3）每个同学作答后小组同学进行讨论，教师点评，以使学生能准确理解、掌握音乐游戏的知识和技能。

【题目示例】

题目 1：手指兄弟

内容：一个手指点点点，两个手指敲敲敲，三个手指捏捏捏，四个手指挠挠挠，五个手指拍拍拍，五个兄弟爬上山，叽里咕噜滚下来。

基本要求：

（1）根据儿歌内容创编手指游戏的动作，并模拟演示。演示应清楚明确，便于幼儿模仿。

（2）回答问题：如果想和两个幼儿合作上述游戏，可以怎么做？

（3）请在 10 分钟内完成上述任务。

题目 2：看着容易做着难

内容：示范手指游戏并回答问题。

汤圆这么圆呀（两手合拢抱成拳）

饺子这么长呀（双手捏拳靠拢，掌心向上，大拇指向外伸出）

山有这么高呀（双手掌心相对，五指指头相对靠拢）

路有这么宽呀（双手并拢掌心向上）

看着容易做着难（左手五指伸直，右手捏拳，然后左手捏拳，右手伸直，交替二次）

看着容易做着难（同上）

咕噜咕噜锤（双手握拳从里向外绕圈，右手伸出做拳头）

咕噜咕噜剪（双手握拳从里向外绕圈，右手伸出做剪刀）

咕噜咕噜一个（双手握拳从里向外绕圈，右手伸出食指做 1）

咕噜咕噜两个（双手握拳从里向外绕圈，右手伸出食指、中指做 2）

基本要求：

（1）模拟演示。

①有节奏边念儿歌边做动作，模拟向幼儿示范手指游戏的玩法。

②语速适当，动作与内容相匹配，且易于幼儿模仿。

（2）回答问题：组织这个游戏过程中，如果遇到幼儿手口配合不一致，双手配合不协调等问题，你有什么解决方法？

（3）请在 10 分钟内完成上述任务。

第九章　其他游戏

学习目标

1. 知识目标

（1）理解语言教学游戏、亲子游戏和民间游戏的概念和特点，了解语言教学游戏、亲子游戏和民间游戏对幼儿的教育作用。

（2）掌握语言教学游戏、亲子游戏和民间游戏的组织和指导要点。

2. 技能目标

（1）能根据幼儿年龄特点设计语言教学游戏。

（2）能指导家长设计亲子游戏并有效地开展亲子游戏。

（3）能制订各年龄班幼儿民间游戏计划并实际开展民间游戏指导活动。

3. 素质目标

（1）产生对语言教学游戏、亲子游戏和民间游戏的浓厚兴趣。

（2）形成重视组织幼儿进行语言教学游戏、亲子游戏和民间游戏的意识。

案例导入

在一次《猜动物》的语言游戏中，陈老师要求幼儿根据自己三句话的语言描述猜小动物。陈老师发现平时内向安静的畅畅表现得非常活跃，不仅积极参与问题的回答，还能够发清楚虎、鼠、狐、鹿、驴等平时不能准确表达的音节。于是陈老师尝试着让畅畅来进行三句话语言描述，小朋友们猜。畅畅有一丝犹豫，但还是走到了前面，小声地说："它浑身都是灰色的毛。"小朋友迫不及待地猜说："是大灰熊""是海豹"。畅畅见小朋友们猜不出来，脸上有了笑意地说："它有长长的尾巴。"又有小朋友马上说："孔雀""大水牛"。这时候畅畅脸上笑意更浓了，声音也跟着大了起来："它特别爱偷东西。""是老鼠"，接着小朋友们大笑起来，重复着"它爱偷东西"的话语，气氛非常热烈。陈老师表扬畅畅三句话描述得特别好，畅畅非常开心，整个游戏过程中更加投入和大胆。畅畅由于舌系带偏短，很多发音不准确，说话含糊不清。畅畅妈妈很是着急，每天在家对畅畅进行严格练习，甚至花高价请语言训练师进行纠正。虽然花费大量的时间和精力，但畅畅的发音并没有得到太大的改善，甚至对“说话”产生了恐惧心理，根本不愿意与人交流。所以，畅畅在幼儿园中也是安静少言的孩子，但这次语言游戏中畅畅的表现让陈老师发现，畅畅是有表达欲望的，很多音节是可以清楚发音的。

思考题：畅畅为什么会害怕说话？如果你是畅畅的老师，你会如何与畅畅妈妈进行沟通？你认为语言游戏可以帮助畅畅发展语言吗？教师应该怎么做？妈妈应该怎么做？

第一节　语言教学游戏

一、语言教学游戏概述

（一）语言教学游戏的概念

语言教学游戏是在教师组织指导下以发展幼儿语言为主要目的的一种规则性游戏。这种特殊形式的语言教育活动，不是幼儿自发组织，而是由教师设计组织、幼儿有兴趣自愿参与的教学游戏，旨在发展幼儿倾听与表达的能力，即“听”和“说”的能力。所以语言教学游戏又称为听说游戏。

（二）语言教学游戏的特点

语言教学游戏是智力游戏的一种，都属于规则性游戏。具有以下几个特点：

1. 目的性

语言教学游戏是由教师设计组织的教学游戏，具有明确的教育任务。每一个语言教学游戏都是教师为了达成某一教学目标而设计并实施的。例如，比较常见的“猜谜语”游戏，其目的在于提高幼儿的语言理解能力；幼儿学习的各种儿歌和绕口令，都是为了让幼儿在游戏中练习他们的发音和辨音能力。

2. 规则性

语言教学游戏根据一定的语言发展任务设计，为保证教学任务的有效完成，必须制定相应的游戏规则作为保障。即在游戏中向幼儿提出具体要求，禁止某些行为和动作，或者必有某些行为和动作。它是游戏能够顺利进行的前提，也是增强游戏公平性、刺激性和趣味性的保障。

3. 双重性

语言教学游戏兼有活动和游戏的双重性质。即从活动组织形式上看，语言教学游戏具有从活动入手，逐步扩大游戏成分的特征。语言教学游戏具有明确的教学目标，所以必须以活动为开端，由教师帮助幼儿理解游戏内容、交代游戏规则、示范游戏玩法，带领幼儿开展游戏，在幼儿熟悉游戏规则，逐步掌握游戏玩法后，再逐步扩大游戏成分，直至放手让幼儿独立进行游戏。所以说，语言教学游戏以活动的方式进入，而最后又以游戏的方式结束，兼有活动和游戏的双重性质。

（三）语言教学游戏的分类

语言教学游戏以培养幼儿倾听和表达能力为主要目标，旨在发展幼儿“听”和“说”的能力。按照语言教学游戏对幼儿语言发展作用的侧重点不同，可将其分为以下几个类型：

1. 语音游戏

练习正确的发音和听音，应贯穿于整个语言学习过程中。语音游戏对幼儿听音和发音提出了具体要求，让其在积极愉快地参与游戏中提高自身的听音和发音能力。

（1）听音游戏。在语言发展早期，“听得准”是“说得准”的前提。所以必须注重幼儿听力的发展，让幼儿先“听得准”，能准确区分语音的微小差别，特别是相近、相似的语音。比如 zh、ch、sh 和 z、c、s 的区别，桥、船、床的区别等，为幼儿准确感知语音打好基础。

（2）发音游戏。两三岁的幼儿虽然已经具有了初步的语言能力，但在发音上仍存在一些问题：一是存在丢音现象。由于发音系统尚未完善，幼儿很难清楚地发准舌尖音，从而出现丢音现象。比如叔叔“shu shu”发音成“su su”，丢掉“h”。二是存在换音现象。幼儿学习语言的初期，容易受到方言的影响，而导致一些发音被换。比如奶奶“nai nai”发音成“lai lai”，将“n”替换成了“l”。三是存在错音现象。比如在发“绿色”“自己”等音时，经常出现错误。为此，可以设计一些专门针对幼儿发音的游戏，进行正音练习。

儿歌和绕口令是语音游戏设计中常用的游戏形式，两者因朗朗上口且短小有趣而深受幼儿喜爱。如图 9-1 所示。

儿歌《小花猫》	绕口令《扣纽扣》
小花猫，喵喵叫， 不洗脸，把镜照， 左边照，右边照， 埋怨镜子脏，气得胡子翘。	小牛扣扣使劲揪， 小妞扣扣对准扣眼扣， 小牛和小妞， 谁学会了扣纽扣？

图 9-1

2. 词汇游戏

词汇游戏是以丰富词汇和正确运用词汇为目的的游戏。通过这类游戏可以帮助幼儿学会新词、理解已学词汇，并练习正确地运用词汇。在幼儿园中，根据幼儿语言发展要求，幼儿通过游戏需要丰富的词汇有名次、动词、代词、形容词、量词、数词、方位词、同义词和反义词等。根据幼儿语言发展水平，不同年龄段幼儿的词汇游戏应有所侧重，即 3 ~ 4 岁幼儿应注重名词、动词和代词的累积及运用，4 ~ 6 岁幼儿应注重包括形容词、量词、数词在内的各种词汇的掌握及运用。

词汇游戏常用的设计思路丰富多样，可以用围绕中心字扩展词组的形式进行“滚雪球”游戏；可以用前词连后词的形式进行“接龙”游戏；可以用说出反义词的形式进行“唱反调”游戏；也可以用说出同义词的形式进行“配对”游戏。比如，“接龙”游戏——《什么歌》，要求幼儿顺口说词：“我有一朵花”/“什么花”/“菊花”/“什么菊”/“京剧（菊）”/“什么京”/“北京”。幼儿接龙时，需要词汇丰富，反应灵敏。

3. 句子游戏

句子游戏是以训练幼儿按照语法规则正确组词成句，并运用各种句式、句型的游戏。对幼儿而言，虽然语音逐渐准确、词汇不断丰富、词义理解更加确切，但任何句式和句型的掌握都必须通过练习获得。有目的地开展各类句子游戏，可以促使幼儿进行集中练习，提高其组词成句的能力。此外，教师需根据幼儿的句子发展水平设计相关游戏，让幼儿既能发展语言能力，又能体验游戏和成功的快乐。如图 9–2 所示。

春游（中班）

目标：学会用“一边……一边……”造句

玩法与规则：

1.先让幼儿理解“一边……一边……”表示同时做两件事。

2.根据“春游”的情景用“一边……一边……”说话。

3.说得好的幼儿奖励一朵小红花。

例如：“我一边上车，一边跟妈妈说再见。”

“我们一边唱歌，一边摘野花。”

“我们一边跑，一边捉蝴蝶。”

图 9–2

4. 描述性游戏

描述性游戏主要是以训练幼儿用简单、生动、形象的语言描述事物，发展连贯的口语表达能力为目的的游戏。描述性游戏不仅需要幼儿具有丰富的词汇积累，能够将各类句型连贯成言，还需要幼儿具备较高的概括能力和较好的心理素质，在语言实践中丰富表达经验、提高表达能力，是一种比较综合的语言训练游戏。因此，此类游戏只适合在大班开展。

讲故事、猜谜语、角色游戏、表演游戏是描述性游戏的主要游戏形式。幼儿通过编故事（改编、续编、创编）、评故事（总结和评价）、猜谜语、编谜语以及角色游戏和表演游戏中的语言实践交流，提高幼儿的语言综合能力，培养幼儿语言表达的效能感。如图 9–3 所示。

5. 早期阅读游戏

《纲要》中明确指出，要“利用图书、绘画和其他多种形式，引发幼儿对阅读和

猜猜他是谁（大班）

目标：通过描述同伴的特征发展幼儿的连贯性语言表达能力

玩法：

1.请一位幼儿上台作为描述者。

2.请全班幼儿闭眼，由教师指定被描述者。

3.请描述者对教师指定的幼儿进行连贯性描述。

规则：

1.其他幼儿不能在教师指定幼儿时睁开眼睛。

2.不能说被描述者的姓名。

图 9–3

书写的兴趣，培养前阅读和前书写的技能”。早期阅读游戏则是通过游戏的形式，根据幼儿年龄特点和发展水平，设计和组织丰富生动的阅读活动，激发幼儿的阅读兴趣，提高幼儿的阅读理解能力，即包括对书籍结构和功能的认识，对阅读技巧和方式的把握，对汉字结构和功能的理解，等等。

二、语言教学游戏的组织与指导

语言教学游戏是由教师设计与指导的游戏活动，教师对语言游戏合理的设计与指导是幼儿在语言游戏活动中得到较好发展的关键。如何合理设计并有效实施一个语言教学游戏，必须做好以下两个阶段的工作：

（一）语言教学游戏的组织

完整的语言教学游戏由游戏目标、游戏准备、游戏玩法、游戏规则四个部分组成，教师从其组织结构入手，创编出适合不同年龄段幼儿发展水平的语言教学游戏。

1. 游戏目标

游戏目标是指玩家提出的任务要求或者训练要求。语言教学游戏的主要目标是培养幼儿倾听与表达的能力，结合《指南》中对幼儿语言发展的要求，其教育目标分为以下三个方面：

（1）帮助幼儿按一定规则进行口语表达练习。包括复习巩固发音、扩展练习词汇、尝试运用句子等。

（2）在语言教学游戏中提高幼儿积极倾听的水平。即能够听懂教师对游戏规则的讲解；能够听懂游戏指令，把握游戏进程。

（3）培养幼儿在语言交往中的机智性和灵活性。增强幼儿的规则领悟能力以及在语言交往中的符号转换能力。

根据幼儿的语言发展特点，将语言教学游戏的教育目标分为以下三个阶段：

（1）小班（3 ~ 4 岁阶段）。

情感、态度方面：
1．乐于参与游戏活动，在游戏中大胆地说话；
2．体验与同伴共同游戏的快乐。
认知、习惯方面：
1．发准难发的音，初步掌握方位词及人称代词，正确运用动词；
2．养成在集体活动中倾听别人讲话的习惯。
技能、能力方面：
1．能听懂并理解较简单的语言游戏规则；
2．尝试按照规则运用简单句说话。

（2）中班（4 ~ 5 岁阶段）。

情感、态度方面：
1．能主动参加游戏；
2．提高游戏交往中运用语言的积极性。
认知、习惯方面：
1．进一步练习发音并学习正确运用代词、方位词、副词、连词等；
2．愿意遵守游戏规则，养成集中注意倾听他人说话的习惯；
3．学习迅速理解并执行游戏中的语言规则。
技能、能力方面：
1．能听懂并理解多重游戏规则；
2．能说简单而完整的合成句。

（3）大班（5 ~ 6 岁阶段）。

情感、态度方面：
1．积极参与游戏活动，主动遵守游戏规则；
2．按照规则迅速调动个人已有语言经验进行表达。
认知、习惯方面：
1．学习运用反义词、量词和连词等，并能说完整的合成句；
2．养成认真、耐心倾听他人说话的习惯。
技能、能力方面：
1．迅速地掌握和理解游戏中较复杂的多重指令；
2．不断提高倾听的精确程度。

2. 游戏准备

丰富多样的教玩具，是提升游戏趣味性和生动性的重要保障，也是增加游戏玩法和难度的重要手段。教师作为支持者和合作者，需要根据语言教学游戏的目标和玩法，在设计阶段准备好相应的游戏材料。在投入游戏材料时，教师需要思考以下几个问题：

（1）材料与游戏目标的关系。

游戏中是否需要使用游戏材料，需要哪些游戏材料，要根据游戏的目标和玩法来确定。

（2）游戏材料的数量。

关于游戏材料的数量，过多或过少都会影响幼儿对游戏的兴趣。游戏材料过少，容易导致游戏内容的抽象化，不利于幼儿投入游戏、积极参与；游戏材料过多，可能导致幼儿无法充分使用和掌控材料，让幼儿产生畏难和焦虑情绪。同时太多新颖刺激的材料也不利于幼儿注意力的集中，导致幼儿无法全身心参与教学游戏。

（3）游戏材料的典型特征。

教师应根据游戏的内容选择游戏材料，充分发挥各种游戏材料的典型特征。比如插图卡片，其典型特征在于通过观察进行图片串联，比较适合描述性游戏。

3. 游戏玩法

游戏玩法是对游戏动作和活动的要求。在设计游戏玩法时，教师一定要从幼儿的年龄特点出发，让幼儿在游戏中既玩得好，又能掌握某方面的语言技能。其要求有二：

（1）游戏玩法应具有趣味性。

虽然语言教学游戏是教师设计组织的游戏活动，但却需要幼儿自发参与。吸引幼儿积极参与的重要保障就是具有趣味性，即好玩。教师可以以幼儿熟悉的生活为题材，让游戏贯穿于幼儿生活经验中，提升其参与性。或者在游戏中设计有趣角色，让幼儿在角色扮演中参与游戏，增加其趣味性。

（2）游戏玩法的难度应具有适度性。

语言教学游戏具有具体的语言教育任务。因此，在进行游戏设计时，教师一定要从本班幼儿的实际水平出发，难易适度。一般来说，教师应抓住本班幼儿的最近发展区，游戏难度应以略高于本班幼儿现有水平为宜。

4. 游戏规则

教师在设计阶段，需要拟定好游戏规则，用规则来体现语言学习和训练的重点。规则要力求易懂、易记、易操作。

（二）语言教学游戏的指导

1. 教师创设游戏情境

教师在实施语言教学游戏阶段，首先需要调动幼儿参与的积极性。因此，教师应该恰当导入，创设生动有趣的游戏氛围，激发幼儿参与游戏的兴趣。根据幼儿的年龄特点，教师创设游戏情境的方式有以下几种：

（1）用实物创设游戏情境。

用实物创设游戏情境是指在实施语言教学游戏的开始，利用与游戏内容相关的物品、图片和玩具等，吸引幼儿的关注，并将其快速、有效地带入游戏情境中。如在丰富幼儿对地名认识的“开火车”游戏中，可以运用火车玩具、火车票等实物，问幼儿：“小朋友们，你们坐过火车吗？火车票上面写着什么呀？”引发幼儿参与游戏的兴趣。

（2）用动作创设游戏情境。

用动作创设游戏情境是指教师通过动作，扮演小兔子、大灰狼或者表演开火车、拔萝卜等，旨在让幼儿做出与游戏内容有关的想象，帮助幼儿创设出虚拟的游戏情境，吸引幼儿参与游戏。

（3）用语言创设游戏情境。

用语言创设游戏情境中的“语言”不是指单纯的说话，而是指运用语言交流，在游戏内容和幼儿已有生活经验之间找到一个切合点，让幼儿在回顾生活经验的同时能够激发起参与游戏的兴趣。

然而，在创设游戏情境的过程中，教师往往不会单纯地只用到一种或两种方式，而是将实物与语言和动作结合起来，共同创设出生动有趣、丰富多彩的游戏情境，以激发幼儿游戏的积极性。

如图 9–4 所示。

图 9–4

2. 教师介绍游戏玩法和规则

明确游戏的玩法和规则，是游戏得以顺利开展的基本保障。因此，教师在激发幼儿游戏兴趣之后，需要做的第二步工作是介绍游戏的玩法和规则，让幼儿理解游戏规则、游戏步骤和玩法。教师需要注意的是：

（1）用适当的语速和简洁明了的语言讲解规则。

（2）讲清楚游戏的规则要点和游戏的开展顺序。

规则性游戏以规则为核心，只有让幼儿掌握了规则，游戏才得以顺利开展，以促进幼儿发展。不同年龄段幼儿的规则意识不同，理解能力也不同。因此，在规则介绍中，选择的方式存在着年龄差异（见表 9–1）。

表 9–1

班别	游戏规则介绍
小班	教师语言 + 教师示范 + 幼儿示范
中班	教师语言 + 幼儿示范
大班	教师语言

3. 教师引导幼儿开展游戏

教师带领幼儿开展游戏，其目的是让幼儿在教师的带领下进一步熟悉游戏规则，理解游戏的程序。小班幼儿的语言理解能力较弱，因此教师需要直接参与游戏，担任游戏主要角色，示范游戏玩法，起到引导的作用。而对于中、大班幼儿，教师可以在讲解游戏玩法和规则之后，请部分幼儿试做游戏，教师及时纠正错误，引导其他幼儿开展游戏。

4. 幼儿自主游戏

在幼儿完全理解游戏规则和玩法之后，教师对幼儿的游戏行为不应再做出过多的指令和干涉，而是应该由参与者转变成为观察者，即观察幼儿游戏的兴趣度、参与度和目标达成度。通过观察幼儿的游戏情况，了解幼儿的语言发展水平；也应该由主导者转变成为支持者，即针对幼儿在游戏中出现的问题，积极分析原因，并快速给予解决。比如，对于极度内向的幼儿，需要教师积极干预，给予鼓励。

第二节　亲子游戏

一、亲子游戏的概述

（一）亲子游戏的概念

亲子游戏是家庭内父母（包括血亲关系的亲生父母和拟血亲关系的继父母和养父母）与孩子之间，以亲子情感为基础而进行的一种活动，是亲子之间交往的重要形式。它作为儿童游戏的一种特殊形式，是幼儿出生后最早出现的游戏形式，为幼儿其他游戏形式的发展提供了基础。

根据亲子游戏的内容，可以将其分为体育游戏、结构游戏、角色游戏、表演游戏、音乐游戏和智力游戏。而在我国亲子游戏中，最为常见的是亲子体育游戏和亲子智力游戏，比如家庭成员中开展的捉迷藏、足球赛、拼图、棋类等游戏，而亲子创造性游戏的开展则相对较少。如图 9–5 所示。

图 9-5

（二）亲子游戏的特点

作为儿童游戏的一种形式，亲子游戏除了具有游戏的基本特征外，还具有其“亲子”的特殊属性。如图 9-6。

图 9-6

1. 情感性

亲子游戏是在家庭生活中，为了共同的游戏和娱乐需求，父母与幼儿结成横向的、平等的玩伴关系共同参与的活动。它以亲子情感为基础，是父母与幼儿交往及交流的重要纽带，带有明显的“亲情”性质，表现在游戏过程中即为较多的言语对话、较多的眼神交流和肢体接触等。

2. 发展性

父母作为具有丰富社会经验和文化知识的成熟社会成员，在亲子游戏中往往处于教育者的位置，或者自觉或者不自觉地“寓教育于游戏”之中，用自己的知识、经验、想法去影响幼儿，与幼儿形成一种纵向的、不平等的玩伴关系。正是这种教育者和被教育者的不平等关系，促使亲子游戏具有了明显的发展性，从而促进幼儿的身心发展。

3. 互动性

亲子游戏即为父母与幼儿之间进行交流和互动的活动。它需要双方的参与和投入，通过语言、动作、表情和眼神实现心理的沟通和行为的互动。互动方式有二：一是外在互动，即动作的模仿、言语交流、肢体接触等；二是内在互动，比如眼神的交流、情感的领会、情绪的共鸣等。

4. 随机性

亲子游戏的开展以家庭为单位，在父母与幼儿的互动中自然而发。所以亲子游戏没有时间的约束，也没有场地的限制，更没有次数的规定，具有明显的随机性。

（三）亲子游戏的作用

福禄贝尔曾经指出：“儿童早期的各种游戏，是一切未来生活的胚芽。因为整个人就是在游戏中，在他最柔嫩的性情中，在他最内在的倾向中发展和表现的。”作为幼儿出生后最早出现的游戏形式，亲子游戏对幼儿全面发展的价值不容忽视。

1. 亲子游戏可以促进亲子之间情感联系

亲子游戏是家庭互动，尤其是亲子互动的有效形式。幼儿通过与父母共同游戏，可以了解父母的想法和观念，可以感受父母的爱护与关注，从而更加信任父母，强化与父母之间的情感联系，形成良好的依恋关系。与此同时，亲子游戏还可以帮助父母与幼儿沟通，增进对幼儿的了解。如图 9–7 所示。

图 9–7

2. 亲子游戏可以促进幼儿认知的发展

亲子游戏中包含着丰富的语言结构因素，为幼儿语言的学习提供了有利环境。父母与幼儿的共同参与，能够充分唤起幼儿的注意和兴趣，促使持续活动和探究行为的出现。而父母主导作用的发挥，又能够给幼儿提供适宜的有挑战性的游戏机会，帮助幼儿增长见识、开阔视野，提高其创造能力和问题解决能力。

3. 亲子游戏可以促进幼儿社会性的发展

亲子游戏中父母与幼儿具有充分的互动时间和机会，幼儿在这一互动中获得的对待物体的态度、方式、方法以及人际交往中的态度迁移到自己的现实生活中去，从而形成自己与他人的交往模式。那些在游戏中既尊重幼儿的独立性，又坚持自己合理要求的民主型父母，有助于幼儿形成自信、知足、独立、爱探索、自我控制、自我肯定、喜欢交往的性格特点。

4. 亲子游戏可以促进幼儿良好情感和情绪的发展

幼儿与父母的亲子游戏包含着相互参与、轮流和重复的动作，比如来回推拉玩具、扮鬼脸等。这其实是一种社会互动，并以游戏的方式在进行，不论是语言表达还是非语言表达都处在一种愉快、欢笑的气氛中，因此有一种不带期望的、夸张的或异于寻常的正向情感的交流，有助于幼儿良好情感的发展。

如在图 9–8 这个游戏中，亲子双方共同参与翻绳，一起讨论游戏规则和玩法，这对良好亲子关系的建立意义非凡，也对幼儿协商、合作等亲社会行为的养成作用重大，而轮流动手的方式，可以加强幼儿遵守规则的意识，对其社会性发展十分有利。此外，为了游戏玩法多样，亲子双方既动手又动脑，大小肌肉都得到锻炼，空间知觉、形象思维、数学概念等认知能力都得到提高。

翻绳

材料：一根细绳

玩法：父母和幼儿面对面一起“翻绳”（两百多种玩法）

规则：轮流翻动，变出不同图案和样式

时间：随机

场地：随地

图 9–8

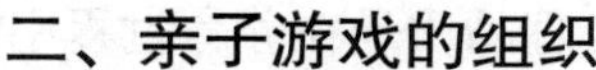

二、亲子游戏的组织

亲子游戏是父母与幼儿建立良好依恋关系的重要方式，也是促进婴幼儿全面发展的重要手段。父母在亲子游戏中发挥的作用，是增加亲子互动、提高亲子游戏质量、体现亲子游戏价值的关键。如何有效地开展亲子游戏，需要把握以下几个指导要点。

（一）转变传统观念，正确认识亲子游戏

从哲学上看，观念影响意识、意识决定行为。家长对亲子游戏的看法，直接影响其参与亲子游戏的频率以及在亲子游戏当中的表现。因此，家长首先需要做的就是正确地认识亲子游戏的价值。游戏是幼儿最为喜爱的活动之一，是他们学习提高的特殊方式。在亲子游戏中，双方的互动就是亲子交流情感、幼儿自主学习的过程。在这个过程中，幼儿一方面巩固了已有经验，另一方面又不断地获得新的经验，促进其身体、语言、认知、社会性等多方面的发展。比如，在“客人来了”这一亲子角色游戏中，幼儿可以通过扮演主人获得有关招待的经验、养成礼貌待人的良好习惯；通过扮演客人习得语言表达的技巧、建立大胆交流的信心；等等。

其次，家长还需要正确认识自身在亲子游戏中的价值。家长的积极参与不仅可以用自身的知识、观念和处事方式去影响幼儿，还能用自身的热情去感染幼儿，让其感受游戏的快乐以及家长的支持。

小案例

畅畅和爸爸在户外玩皮球，他抱起球往地上拍去，但并没有成功，成人版的篮球对于2岁多的他来说太重了。连续几次都失败后畅畅明显泄气了，于是他抱起球在地上滚了起来。这时，爸爸捡起滚过来的篮球拍了起来，并边拍边数“一、二、三”，待数到三后则将球抛向畅畅。畅畅看到爸爸的游戏动作，也捡起球开始学着拍球（没有拍准则捡起来继续拍），然后将球抛向爸爸。就这样，父子俩玩了将近半个小时。

但是，家长的参与不等于过多地干预和纠正。过多的干预和纠正可能会妨碍幼儿的游戏兴趣和自主性的发挥，违背了游戏精神。所以，家长虽然在幼儿游戏的过程中发挥着重要的作用，但并不是强行灌输和绝对指挥，而是根据游戏需要和儿童兴趣，灵活地运用各种策略合理指导和适当参与，为幼儿游戏活动的开展创造一切有利的条件。

（二）了解幼儿需要，设计亲子游戏方案

1. 注重幼儿心理需求

处于生命早期的幼儿，情感需求的满足和发展是其他一切领域发展的基础。幼儿

的生理发育与心理发展是互为依存且不可分割的，许多心理品质是在养育过程中潜移默化形成的。因此，亲子游戏要以养为主，教养融合，在强调幼儿生理发展的同时，也要注重幼儿心理发展需求，让他们在丰富、适宜的环境中实现大脑与环境有效的物质交换和信息交换，以达到“自然发展，和谐发展，充实发展”的目的。

2. 关注幼儿的发展水平和游戏水平

根据皮亚杰的认知发展理论，0～3岁幼儿的游戏特点主要是以感知运动类游戏为主，开始出现象征性游戏行为，3～6岁的幼儿最主要的游戏方式是象征性游戏，而规则性游戏也即将萌芽。根据美国心理学家帕顿的游戏理论，0～3岁幼儿更多的是处于旁观、独自游戏和平行游戏阶段，其社会性参与水平较低。而3～6岁的幼儿则具有较高的语言表达能力和社会性参与水平，开始了联合游戏和合作游戏。由此可见，家长在开展亲子游戏时，需要根据幼儿的游戏水平和兴趣爱好，通过观察和分析，制定适宜的游戏目标、选择合理的游戏内容、采用多样的游戏方式，在顺应的基础上灵活生成具有目标导向的游戏活动，以推动幼儿向更高层次发展。

比如，当家长与3～4岁的孩子交流时，发现他总爱模仿成人，进行这样表达：“因为我觉得好冷，不然我就会生病了”，“我爱妈妈，但妈妈也爱我”，那么家长就可以根据孩子的发展需要设计有关于连词的亲子游戏，帮助幼儿学会运用连词，掌握复杂句的表达。或者家长观察发现，孩子在冬天脱衣服的时候总对“嚓嚓”声很感兴趣，那么家长就可以顺应孩子的兴趣，设计有关于静电的亲子游戏：

小案例

被吸附的小纸屑（杨素琴编）

游戏目标：

1. 了解塑料材质的物品和毛皮摩擦能生电，并能吸住小纸屑。

2. 和父母一起体验科学小实验，增加亲子感情。

游戏材料：

塑料材质的玩具、小纸屑。

游戏过程：

1. “挠痒痒啰”，父母和孩子拿塑料玩具互相挠痒痒，与皮肤进行接触摩擦。

2. 拿摩擦过的塑料玩具快速靠近小纸屑，纸屑粘在玩具上，一会又掉下来。

3. 幼儿探索用同一个玩具去摩擦身上的不同部位及家里的不同的东西，看能不能也把小纸屑吸起来。

4. 幼儿换大小不同（主要看方便接触面的面积）的塑料玩具，看吸附同一堆纸屑的多少是否一样，吸住的时间是否一样。

科学原理：这是一个利用静电原理的小实验，被使劲摩擦后塑料玩具带有静电，接近纸屑时，把纸屑给吸住了，但静电的保持时间很短，所以一会纸屑又掉下来了。

在方案的设计上，应当注意以下问题：

（1）注重游戏内容丰富性。亲子活动选择有较大空间。例如，游戏内容的种类要多，游戏空间要大，以满足幼儿和家长选择的需求。每个游戏区的预设目的都应体现不同的发展方向，让幼儿在同一时段获得多重发展，使每个家庭成员都能找到适合自己的游戏，从一定程度上激发了家长参与亲子游戏的热度。

（2）注重游戏来源的生活化，有利于迁移转换。材料的投放和场地的选择应常见且生活化。父母儿时的游戏或通俗易懂的经典游戏可以照搬回家，在不同的情境下进行熟悉有趣的游戏，则为游戏的转换、创新提供了可能。

（3）注重游戏指导的有效性，努力实现寓教于乐。通过方案的设计及活动的实施，让家长逐渐明白“在游戏中如何观察孩子并给予及时的鼓励和支持”等教育观念在实际中的应用，让家长的指导行为从茫然—尝试—顿悟的状态下逐渐提升。

（三）加强家园合作，提高家长指导策略

幼儿园教育职责有二方面：一是促进幼儿的全面发展，二是提高家长的教育能力。而提高家长教育能力的重要方式则是家园合作。家园合作共同促进亲子游戏开展的途径多种多样，对 0 ~ 3 岁幼儿的家长，可以通过亲子教育中心或新闻媒体，通过举办家长讲坛，向家长讲解亲子游戏对幼儿发展的意义，对改善亲子关系的作用，调动家长参与亲子游戏的兴趣和主动性。对 3 ~ 6 岁幼儿可以利用幼儿园的家庭联系栏开设亲子游戏专题板块，介绍各种亲子游戏内容，帮助家长了解丰富的游戏内容资源；可以制作“亲子游戏单”进行分阶段发放，回家参照玩法和孩子试着玩；也可以通过举办家教讲座和现场研讨活动，以亲子问题为素材展开讨论，帮助家长研究亲子活动中的问题，寻找解决方法，使家长认识幼儿年龄特点和游戏需要。还可以邀请家长来园与幼儿共同开展丰富多彩的亲子游戏，在游戏过程中给予家长具体的指导策略：

（1）平行介入幼儿游戏，即当幼儿游戏出现情节单一、兴趣不佳等问题时，成人在不干扰幼儿游戏进程的情况下，用暗示的方式在幼儿的旁边用相同的游戏材料跟幼儿玩相同的游戏。比如，当幼儿在穿珠游戏中只知道按照颜色进行串联，家长可以在旁边一起穿珠，进行不同规律的串联，吸引幼儿模仿自己尝试不同游戏行为。其指导要点有两方面：一是不能与幼儿直接交流，二是只能引导不能干涉。

（2）共同参与幼儿游戏，即成人作为游戏成员参与游戏，与幼儿一起协商游戏内容、玩法和规则，其目的在于激发幼儿的游戏兴趣、提高幼儿的游戏持续力、增强幼儿的游戏品质。其指导要点有两方面：一是幼儿作为游戏主宰，掌控游戏节奏和进程；二是家长作为配角，利用时机给幼儿提供建议和帮助。

第三节　民间游戏

一、民间游戏的概述

（一）民间游戏的概念

民间游戏是产生流传于人民群众，主要在青少年儿童日常生活中，具有一定形式、规则、内容，又可以因时因地发展变化的、随时随地可以进行的、以玩耍为目的的小型嬉戏娱乐活动。它产生于民间、流传于民间，受某一地区群众生活、生产的影响，也反映着该地区的世态人情、风俗习惯和文化意识。

（二）民间游戏的特点

民间游戏具有游戏的一般特点，但因其自身独特的形成方式和与众不同的玩耍方式，民间游戏与其他形式的游戏相比，又具有以下特点：

1. 民族性和地方性

民间游戏是在民族文化的基础上不断加工形成的，颇具地方特色和民族信息，反映体现着某一地区的世态人情、风俗习惯和文化意识，是我国优秀传统文化的重要组成部分。同时，在产生和流传过程中，民间游戏会或多或少地留下地域的烙印。不同的民族，不同的地方都有各自的幼儿民间游戏。因此民间游戏具有一定的民族性和地方性。

2. 丰富性和趣味性

民间游戏一般都具有生动活泼的形式和朗朗上口的儿歌，比较符合幼儿的年龄特点和发展需要，因此深受幼儿的喜爱。比如，盘脚莲：盘盘盘脚莲，脚莲花二百八，公鸡、母鸡、小小母鸡，咱看谁是个臭脚丫；系系铃：系系铃，跑马城，马城开，芝麻街，干草垛，水里摸，问问红旗要哪个？

3. 灵活性与随机性

民间游戏取材于人们的日常生活，比如，“捉迷藏”“翻花绳”“老鹰捉小鸡”，没有过多时间、材料和场地等条件的限制，只要幼儿想玩、喜欢玩，则可以随时随地地进行。如图 9–9 所示。

图 9–9

二、民间游戏的价值

游戏是幼儿成长和精神生发的动力和源泉，游戏精神赋予幼儿完整而和谐的童年生活。

（一）民间游戏在幼儿全面发展中的价值

1. 民间游戏有助于培养幼儿的文化认同感

民间游戏作为民间文化的主要形式，具有文化传承和文化适应的功能，是幼儿社会化的主要文化动因。在游戏过程中，幼儿认识和学习了本民族的历史和文化传统，在潜移默化中受到自身民族文化的感染和熏陶，有利于培养幼儿的文化认同感和民族精神。

2. 民间游戏有利于幼儿身体的发展

民间游戏，尤其是户外体育游戏（如图 9–10），可以促使幼儿接触充足的阳光、新鲜的空气，增强幼儿对外界环境变化的适应能力。例如，在户外进行的“踩影子”、玩沙玩水的游戏等都是利用了阳光、空气等自然因素来促进幼儿的身体健康。

图 9–10

而且，在游戏过程中幼儿可以自由变化动作和姿势，适合其骨骼肌肉和神经系统发育的特点，有利于幼儿身体技能协调的发展，促进其基本动作的提高。如“老猫睡觉醒不了”游戏，幼儿练习轻轻跑、轻轻走。在“捞鱼”游戏中，幼儿练习躲闪能力和动作的灵活性……

3. 民间游戏有利于幼儿智力的发展

民间游戏使幼儿直接接触各种物体和操作材料，从而获得了丰富的知识和经验，皮亚杰称之为物理知识和逻辑数理知识。虽然获得的是一般的零散的知识，但这些琐碎的知识为其系统的知识的获得奠定了坚实的基础。

民间游戏中角色的安排、内容的协商、儿歌的使用等，无形中增进了同伴间的交流，为幼儿提供了丰富的语言环境，促进其语言能力的发展。如玩“织手巾”的游戏中，必须要学会儿歌：“织织织手巾，谁会织，娘会织，花花绿绿倒回去织”，并通过协商安排角色。

此外，民间游戏还有利于幼儿思维能力和想象能力的发展。如幼儿可把树枝当骑士的大马或将军的大刀等，这就给幼儿提供了充分想象的自由和空间。幼儿在游戏中不仅可以一物代多物还可以多物代一物，不仅能自己扮演他人还可以串演角色，这都有利于幼儿想象力尤其是创造性想象的发展。如图 9–11 所示。

图 9–11

4. 民间游戏有利于幼儿社会性的发展

学前儿童正处于自然人向社会人转变的关键时期，是其社会化的重要阶段。民间游戏作为学前儿童最喜爱的活动之一，它使幼儿获得了更多的社会知识和交往技能，发展了幼儿明辨是非的能力。因此，民间游戏的开展过程也是幼儿逐步形成良好个性和积极情感的过程。如“捕鱼”游戏，幼儿把自己变成“小鱼”，体会小鱼逃亡的紧迫感。这种角色扮演让幼儿发现自我与他人的区别，克服自我中心化，学会理解他人。又如玩“老狼老狼几点了”，当老狼未说12点时，其他幼儿绝不能回头看。这种“游戏式”的等待让幼儿把自我约束转变成自我需求。这一转变对其规则意识的养成和自我控制力的增强有着无与伦比的重要作用。

（二）民间游戏在幼儿园教育中的价值

在幼儿园中开展民间游戏教育教学活动，不仅有利于幼儿的发展，还助于幼儿园的管理，主要体现在以下几个方面：

1. 民间游戏有利于勤俭办园

民间游戏来源于日常生活，对材料和场地等没有太高的要求，可就地取材，随时随地想玩就玩。尤其对于郊区和农村的幼儿园来说，“勤俭办园”十分需要。因此开展幼儿民间游戏，有助于缓解目前园舍、场地窄小及幼教经费紧缺不足的矛盾。

2. 民间游戏有助于解决幼儿园中消极等待

幼儿园的一日活动环节过渡多而烦琐，处理不当会造成幼儿消极等待问题，形成不愉快的班级气氛。若在其中穿插一些民间游戏，不仅能调动幼儿的积极性和主动性，减少幼儿的消极等待，同时还能形成一种轻松愉快的班级心理气氛。

3. 民间游戏有助于幼儿园与家庭、社区的多向交流

民间游戏来源于日常生活，家长对于民间游戏或多或少都有一定的了解。因此教师可以充分利用家长资源，使其参与到幼儿园活动中，促进家园合作。总的来说，民间游戏既可以支持幼儿的全面发展，又能刺激家长的积极参与，成为幼儿园教育与家庭教育相互沟通的一座桥梁。

三、民间游戏的组织

（一）在幼儿园一日生活中渗透民间游戏

1. 在教学活动中渗透民间游戏

教学活动是教师根据幼儿发展要求，有计划、有组织、循序渐进地引导幼儿获得有益学习经验的一种教育途径。为了强化其效果，可以在教学活动中充分利用形式多样、充满趣味性的民间游戏，这可以极大地调动幼儿的积极性和兴趣，获得事半功倍的效果。比如“拍手歌”“跳绳歌”游戏，可大量丰富幼儿的社会知识。而像“对角棋”“金木水火土”棋以及猜拳游戏，对幼儿的反应能力、思维能力也是极好的锻炼。

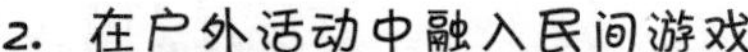

2. 在户外活动中融入民间游戏

户外锻炼的目的在于增强幼儿体质，发展幼儿的身体协调性。很多民间游戏会有“爬”“钻”“跑”“跳”等动作。因此户外锻炼时可以根据活动目的选择相应的民间游戏。比如用“跳房子”发展幼儿平衡能力和跳跃动作、用“丢沙包”提高幼儿的投掷技能等。

3. 在过渡环节中贯穿民间游戏

一日活动中有许多零散的时间和过渡环节，如幼儿课间、饭前饭后、来园后离园前、排队等待等各环节过渡，我们可选择一些不受时间、场地、材料限制，同时又易于收拾的民间游戏穿插其中。如“翻花绳”“找东西南北”“木头人”“石头剪子布”等。这不仅达到了“管而不死、活而不乱”的基本要求，也遵守了动静交替的基本原则。

4. 在区角活动中丰富民间游戏

区角活动是幼儿最喜爱的活动之一。在区角活动中，幼儿常常因喜爱而表现出极强的自主性和极高的专注度。因此，教师可以选择适当的民间游戏，比如玩沙包、挑棒、打弹珠、立壁角、绣花、织毛线、井字游戏等，以发展幼儿的小肌肉动作、手眼协调等各方面能力。

（二）充分挖掘民间游戏资源，并根据需求大胆改编

民间游戏由劳动人民在日常生活中创编而成，很多都代表了成人的生活和成人的审美取向，体现了成人的思维和成人的兴趣，甚至还有小部分民间游戏带有不文明现象。而且，时代在变化，民间游戏的内容、形式等也需要随之变化才能适合当今的幼儿。因此，充分发挥民间游戏的教育价值，不能仅仅只是“拿来主义”，需要在教学中合理地、辩证地“扬弃”，选择适合幼儿年龄特点的、更富有生命力的民间游戏。

首先，民间游戏要适合幼儿的年龄特点。“适合”是符合幼儿需要、促进幼儿发展的重要保障。因此，民间游戏要想真正为幼儿的全面发展服务，就一定要适合幼儿的年龄特点。在选择的过程中，教师等不能一味地局限于游戏的形式、操作材料这些表面的东西，要结合幼儿的年龄特点和需要兴趣等深入了解游戏的意义，然后有目的性地选择。

其次，民间游戏要具有可行性和时代性。在对民间游戏的选择创编过程中要考虑本幼儿园、本班幼儿的实际状况，具有一定的可行性。比如对于农村的幼儿园来说，经费和玩具有限，那么就可以多选择“丢手绢”“老鹰捉小鸡”等这类简单易行的民间游戏。此外，游戏的玩法还需要考虑时代的变迁和幼儿的需要。比如：以前的“老鹰”没有任何的装扮，现在可以用头饰、服饰进行角色扮演；以前跳房子需要临时画线，现在可用建筑材料和玩具材料专门绘制；等等。

最后，根据需求大胆改编。民间游戏的改编方式丰富多样，可以运用组合法，将两个或两个以上的游戏或两个不同的动作技能，组合或重组设计出一个新的游戏并加以运用。比如“木头人和揪尾巴”游戏，教师把“木头人”的玩法和“揪尾巴”的动作巧妙地组合在一起，游戏的内容丰富了，幼儿感兴趣了，玩得也就很开心；可以运用延伸法，

通过变化民间游戏的玩法和形式进行改编。此方法可以引导幼儿在已有的经验上触类旁通地领悟知识，提高幼儿的认知能力。比如“切西瓜”游戏，这个游戏的拓展延伸可以从两方面进行：一是改变游戏的行进方式，即切西瓜时由“跑”改为“跳”，避免了重复和单一。二是改变西瓜的形状，不一定是切西瓜，可以改成切水果，改变水果的组合形式，幼儿可以按照水果的形状，围成一个圆形、椭圆形、梨形或者草莓形。如图 9–12 所示。

图 9–12

第四节　其他游戏指导案例与评析

【案例一】

幼儿语言游戏活动案例分析：买菜

《幼儿语言游戏的本质特点、指导原则及策略》一文中有一段是这样写的：“在语言游戏中，教师是幼儿游戏的组织者、引导者和帮助者，其显性指导具体表现为：1．基于游戏的组织策略，讲清语言游戏的规则和玩法，以指导幼儿的游戏行为；2．基于游戏的引导策略，引导幼儿利用多种感官、多种途径来理解和表达语言信息，以指导幼儿实现游戏的主体性；3．基于游戏的帮助策略，帮助幼儿解决游戏活动中遇到的纠纷和困难，以指导幼儿实现言语能力和思维能力的发展。”因此，我针对开展的语言游戏活动“买菜”进行了分析：

一、活动背景

对幼儿来说，幼儿的语言游戏应该是与幼儿的生活密切相关的，是能以经验的形式呈现的。语言游戏“买菜”就是让幼儿熟悉周围的环境，认识了解一些常见的蔬菜，建立相关的概念，并在游戏中有礼貌地求助和感谢他人的帮助，体验生活和乐趣是符合幼儿学习特点的。在设计这个活动时，我把整个活动放在一个幼儿感兴趣的、比较熟悉的特定环境中来进行，幼儿参与性强，学习的积极性高，特别是提高了幼儿的口语表达能力，体现了促进幼儿全面和谐发展的价值观。

二、活动实录

（一）第一环节：简单谈话引出主题

师：小乖乖，妈妈去买菜，你们愿意和妈妈一起去吗？（幼：愿意）

（评析：教师以妈妈的身份出现，亲切地称呼幼儿为小乖乖，一句简短的话语拉近了彼此的距离，建立了感情，为下一环节的展开奠定了基础。）

（二）第二环节：学习有礼貌地求助和感谢他人的帮助

（1）教师带领幼儿骑着小车上路。

师：小朋友，我们怎么去？

幼：开火车，开汽车，骑自行车。

师：走。我们骑着自行车出发了。

（2）出示鸡妈妈头饰，引导幼儿有礼貌地向“鸡妈妈”问路，并感谢她的帮助。

师幼：鸡妈妈，请问菜场往哪里走？

鸡妈妈：往右转，就到了。

师幼：谢谢鸡妈妈。

（3）出示狗妈妈头饰，引导幼儿有礼貌地向“狗妈妈”求助。

师幼：狗妈妈，请问菜场往哪里走？

狗妈妈：往左转，就到了。

师幼：谢谢你。

（评析：鸡妈妈和狗妈妈这两个角色是幼儿所熟悉的，让小班幼儿从学说简单的话开始，激发了幼儿想说、敢说、愿意说的欲望。并通过问路这一环节，表演和语言的启发，增强了活动的趣味性。使幼儿乐意参加游戏，在学习中有礼貌地求助和感谢他人的帮助。）

（4）买菜。

引导幼儿有礼貌地和阿姨打招呼，大胆地说出自己想买的菜。

学习短句：阿姨，我想买 ×× 菜。

（评析：幼儿当顾客，教师当营业员阿姨，用这样的身份来处理问题，能激发幼儿思考的积极性。在这买菜的过程中，与营业员阿姨的交流中，学会了使用礼貌用语，礼貌地与人交往，也提供了全体幼儿表达自己想法的机会，从而激发了幼儿积极交流的愿望。）

（三）第三环节：买菜回家。

师：小乖乖们，你们都买了什么菜呀？

幼 1：萝卜、大白菜、鸡蛋。

幼 2：妈妈，我都肚子饿了。

师：好，妈妈带小乖乖去烧菜吃，好吗？

师幼：（我们边念儿歌，边回家）。小乖乖，去街街。陪妈妈，去买菜。猪肉、鸡蛋、大白菜，嘿哟嘿哟抬回来。

（评析：本环节的目的是使幼儿的语言能力得到了进一步的提高，也使活动进一步得到升华。）

三、活动分析

在本次活动中充分考虑了幼儿的主体地位，注意发挥幼儿学习的主动性和积极性，遵循了幼儿的年龄特点及认识事物的特点，紧紧抓住了一个“买”字，让幼儿在游戏情境中学习，整个活动生动自然，效果明显。

（1）活动环境和谐，把活动室布置成菜场，让幼儿置身于有趣的情景境中积极地学习活动。

（2）师生关系和谐，教师以妈妈的身份一下子缩短了师生之间的距离，和谐的气氛油然而生，使幼儿无拘无束地投入活动中。

（3）活动过程自然，巧妙地运用游戏的形式，让幼儿听着欢乐的音乐进入活动室（菜场），自然地向鸡妈妈、狗妈妈问路，玩买菜的游戏，在轻松愉快的气氛中不知不觉地获得了体验。

（4）值得注意的地方：当幼儿称阿姨是买菜阿姨时，教师应纠正为：营业员阿姨。这样可以使幼儿的语言更规范一点。

（5）游戏对幼儿的语言发展有极重要的影响。这是由于在游戏中，幼儿始终处于积极主动的状态，探索各种事物的性质、作用和关系，从而能细致深入地理解事物。同时，在游戏中也培育了幼儿的言语、注意、感知、记忆和思维，尤其发展了他们的想象力和创造力。在游戏活动中，也发展了愉快的情感和坚毅的意志性格等。作为一名教师必须妥善组织幼儿的游戏活动，充分发挥它对幼儿心理发展的积极作用。

（资料来源：https：//max.book118.com/html/2020/0929/6020124121003002.shtm）

【案例二】

中班亲子体育游戏：我和爸爸做游戏

李　娟

目前，越来越多的幼儿园开始重视发挥家长的教育作用，鼓励亲子间进行有效互动从而促进幼儿的社会性发展。在幼儿园，教师通常组织亲子游戏来发挥家长的教育作用。应该说，幼儿园组织开展亲子游戏有助于增进亲子感情，可以让幼儿树立积极的亲情观。然而，在组织活动的过程中，幼儿园若没有协调好师幼之间、亲子之间的关系，若没有定位好教师、家长在游戏中所扮演的角色，则无法取得很好的效果。对此，本人以中班亲子体育游戏“我和爸爸做游戏”进行案例诊断，希望可以给大家开展此类活动提供一些参考。

一、活动实录

1. 活动目标

（1）能大胆地在爸爸用身体创造的“运动器械”中自由地玩耍，发展钻、爬、跳、平衡等基本动作。

（2）在与爸爸的身体接触、情感交流中体验亲子活动的乐趣。

2. 活动准备

《爸爸去哪儿》《宝贝我的宝》音乐以及口哨等辅助材料。

3．活动过程

（1）教师带领爸爸们背着各自的孩子听音乐入场。

（2）教师引导幼儿及爸爸们一起做简单的热身运动。在热身运动中，教师做示范，爸爸们和幼儿跟着热身。热身过程中，一些慢热型的爸爸不怎么放得开。

（3）教师引导幼儿在爸爸用身体创造的“运动器械”中自由地玩耍，促进幼儿钻、爬、跳、平衡等基本动作的发展。

①谈话引题，激发幼儿参与活动的兴趣。

师：小朋友都喜欢在游乐场玩，你们玩过游乐场里哪些好玩的运动器械？

（幼儿自由回答。）

师：你们有玩过用身体变成的运动器械吗？今天老师就带领你们玩用身体变成的运动器械吧。

师：在游戏前，提两个要求：一是注意安全，不做危险动作；二是听到哨声，回到现在的位置。

②鼓励幼儿和爸爸自由探索游戏方式。

a．幼儿自由地在爸爸用身体创造的“运动器械”上自由玩耍，体验与爸爸共同活动的乐趣。爸爸们事先不知道整个活动流程，一开始显得有些不知所措，而教师严格按照预定的时间组织活动，爸爸们刚进入状态，哨声就响起，游戏暂停。

b．分享交流，幼儿与爸爸共同展示运用身体创造的“运动器械”及其玩法。

师：谁愿意来分享一下，你和爸爸玩的是什么器械？怎么玩的？

（幼儿和爸爸自由地展示运动“器械”并分享玩法。）

③引导幼儿再次探索游戏方式——鼓励爸爸们合作创造“器械”。爸爸们相互合作，用身体创造出适合幼儿玩的各种“运动器械”。

师：刚才是小朋友跟自己的爸爸玩，现在几个爸爸互相合作用身体变出更好玩的“运动器械”。

（爸爸们相互配合，设计出各种“运动器械”，幼儿饶有兴趣地玩着，而教师严格按照预设的时间组织活动，哨声响起，游戏就暂停。）

（分享交流，教师和亲子交流玩的各种“运动器械”样式及心得体会。）

④引导幼儿体验大型“运动器械”。

a．教师引导全体爸爸们组合成大型“运动器械”，引导幼儿体验爸爸们带给他们的温馨、安全、愉悦。

师：现在全部的爸爸一起来合作变成更好玩的“运动器械”，小朋友想不想来玩？

幼：（齐声）想！

师：老师变魔术了，小朋友的小眼睛闭起来。数 1、2、3 再睁开眼睛。教师引导全体爸爸们组合成大型运动器械，如“时光隧道”“翻山越岭”“旋转木马”等。教师引导幼儿自由说一说可以怎么玩这些“运动器械”。

b．幼儿自由游戏。

（4）教师引导亲子做放松运动，自然结束活动。

师：小朋友们给爸爸捏捏肩膀、捶捶背吧。和爸爸在一起玩开心吗，我们下次还请爸爸们来玩好吗？

二、活动诊断

（1）教师高度控制活动，影响了幼儿的主体性发挥。

仔细推敲该活动的组织过程，我们会发现，整个活动其实是“幼儿和爸爸在教师的引导下做游戏”。在整个活动中，幼儿和家长都在教师的引导之下进行游戏，教师高度控制活动，如：一开始教师就引导家长背幼儿进场，然后谈话引题，激发幼儿参与活动的兴趣，接着让亲子进行游戏的初次自由探索、再次探索等。此外，笔者在活动中观察到，初次自由探索和再次探索的时候，教师严格按照预设的时间吹哨子，有些幼儿和家长刚进入游戏状态就被要求集中分享交流。当然在幼儿园中，没有教师引导的活动是绝对不存在的，教师适度的引导，对幼儿开展游戏具有积极的意义。该活动是教师组织的教学活动，必然离不开教师对活动的引导、组织。但是，如果教师对活动进行过度地引导，就容易导致高度控制活动，从而影响幼儿主体性的发挥。

“衡量幼儿园课程的实施成效，关键不在于教师做了什么，而在于幼儿获得了什么。教师的作用就在于让幼儿处于积极、主动的状态，创设一个有行动的机会。富有刺激的环境是教师重要的教学行为之一。”其实，在各个游戏环节，教师的关键在于注意调动幼儿的游戏积极性且适时地给予引导、组织，使活动有序地进行。然而，教师在整个过程中都高度控制活动，教师的高控制必然影响幼儿和家长在游戏中的专注度和主体性的发挥。因此，笔者建议适当弱化教师的引导，教师可以根据亲子游戏的活动状况进行有针对性的指导，而不用太过严格按照预设的时间组织活动，要让幼儿慢慢地融入与爸爸的互动中。

（2）教师与家长沟通不足，无法较好地发挥家长的教育作用。

《纲要》中指出：“家长是幼儿教育的重要合作伙伴，要求教师在与家长关系中应处于主动、积极的位置。教师应本着尊重、平等、合作、支持的原则，积极争取广大家长对幼儿园工作、对儿童教育的理解、支持与主动参与，并积极支持和帮助家长提高教育的能力。”亲子体育游戏，是由家长和幼儿一起参与的游戏。本次的亲子体育游戏是在教师指导下开展，但教师不直接参与游戏，属于第三方介入者，可见该游戏主体不是教师，而是幼儿和爸爸们。从活动过程中我们知道爸爸们事先并不了解该活动的整个流程。教师预设的环节很有层次却由于缺乏积极主动地和家长沟通，使得家长对游戏过程不清楚，一些幼儿的爸爸在游戏初期显得有些不知所措，也有些放不开，这就直接影响了整个活动的推进和活动的效果。此外，随着亲子体育游戏的展开，亲子间的互动增多，我们会看到在短时间内亲子间的感情升温，幼儿体验了和爸爸做游戏的快乐，感受了爸爸的爱，但由于家长事先不了解活动流程，更多地在探索如何设计“运动器械”，亲子互动的时间有限。因此，笔者建议在活动准备阶段应增加教师与家长沟通这一准备过程，告知家长大致的活动过程。如此，爸爸们就能很好地掌控活动的进展，较好地与幼儿互动，发挥家长的教育作用，同时教师可以集中精力进行观察并适时地提供有针对性的指导。

（3）亲子情感交流的时间有限，不利于活动目标的实现。

幼儿在亲子游戏中获得的人际交往的态度、方式、方法也会迁移到幼儿的实际生活中去，有益于幼儿的发展。亲子游戏有益于亲子之间的情感交流，但是一个良好习惯的养成需要持续的、长时间的努力，仅通过一两次这样的活动并不能使家长养成常与幼儿进行良好互动、交流的好习惯。因此，在活动过程中，为深化亲子间的情感交流，教师应该尽量营造亲子配合或互动的机会。然而，在本活动中，笔者观察到幼儿和爸爸之间的交流互动并不充分。如热身运动环节，亲子更多的是追随教师进行热身，在分享交流环节，教师更多的是提问幼儿。因此，笔者建议在一开始的热身运动环节，由家长来主导，家长带领幼儿自由热身。如此，可较好地将爸爸的教育作用发挥出来，同时亲子之间的互动会更加充分。另外，在活动的分享环节，笔者建议教师可以不仅请幼儿回答，让幼儿的家长看到幼儿勇敢大胆的表现，也可以请家长回答，让幼儿感受到家长的智慧，还可以让家长和幼儿一起回答，增进亲子间的默契。这样增进了亲子间的合作，突出了本次活动的主题，本次活动目标的达成也就水到渠成了。

为了让亲子间形成良好的情感交流与互动的习惯，笔者还建议将该活动进行适当延伸，建议每周或每月有一个固定的时间鼓励家长来园和幼儿互动，长此以往，家长间更加熟悉，亲子间互动更加频繁，亲子间的情感交流更加顺畅，幼儿可以更多地体验亲子活动的乐趣。

三、活动方案修订

1. 活动目标

（1）能大胆地在爸爸用身体创造的“运动器械”中自由地玩耍，发展钻、爬、跳、平衡等基本动作。

（2）在与爸爸的身体接触、情感交流中体验亲子活动的乐趣。

2. 活动准备

经验准备：教师同爸爸们沟通，告知爸爸们本次活动的大致流程。

材料准备：《爸爸去哪儿》《宝贝我的宝》音乐以及口哨等辅助材料。

3. 活动过程

（1）教师带领爸爸们背着各自的孩子听音乐入场。

（2）教师引导幼儿及爸爸们一起做简单的热身游戏。教师鼓励爸爸们带领自己的孩子自由地做一些热身活动。

（3）教师引导幼儿在爸爸用身体创造的“运动器械”中自由地玩耍，促进幼儿钻、爬、跳、平衡等基本动作的发展。

①谈话引题，激发幼儿参与活动的兴趣。

师：小朋友都喜欢在游乐场玩，你们玩过游乐场里的哪些好玩的运动器械？

师：你们有玩过用身体变成的运动器械吗？

（幼儿自由回答。）

师：在游戏前，提两个要求：一是要注意安全，不做危险动作；二是听到哨声，回到现在的位置。

②引导幼儿与爸爸们进行初次游戏。

幼儿在爸爸创造的“运动器械”上自由玩要，体验与爸爸共同活动的乐趣。在亲子游戏的过程中，教师要注意观察幼儿的表现，予以适当的鼓励或帮助。

（分享交流，幼儿与爸爸共同展示与众不同的“运动器械”及其玩法。）

师：谁愿意来分享一下，你和爸爸玩的是什么器械，怎么玩？

（教师可以邀请爸爸或者幼儿个体进行分享，也可以一起分享。）

③引导幼儿再次游戏——鼓励爸爸们合作创造“器械”。

a．爸爸们相互合作，用身体创造出适合幼儿玩的各种“运动器械”。

师：刚才是小朋友跟自己的爸爸玩，现在几个爸爸可以互相合作用身体变出更好玩的“运动器械”。

（亲子自由游戏，教师留心观察幼儿的表现。）

b．教师引导大家相互交流，爸爸们通过如何合作创造出了好玩的“运动器械”。教师可以邀请爸爸或者幼儿个体进行分享，也可以一起分享。

④引导幼儿体验大型“运动器械”。

a．教师引导全体爸爸们组合成大型“运动器械”，引导幼儿体验爸爸们带给他们的温馨、安全、愉悦。

师：现在所有的爸爸一起来合作变成更好玩的“运动器械”，小朋友想不想来玩？

师：老师要变魔术了，小朋友的小眼睛闭起来。数 1、2、3 再睁开眼睛。

（教师引导全体爸爸们组合成大型“运动器械”，如“时光隧道”“翻山越岭”“旋转木马”等。教师引导幼儿自由说一说可以怎么玩这些运动“器械”。）

b．幼儿自由游戏。

（4）教师引导亲子做放松运动，自然结束活动。

师：小朋友们给爸爸捏捏肩膀、捶捶背吧。和爸爸在一起玩开心吗？我们下次还请爸爸们来玩好吗？

［**活动延伸**］

活动结束后，教师可邀请部分家长每周或者每月一次来园不以集中活动的模式自由地进行亲子游戏。

［资料来源：李娟．中班亲子体育游戏“我和爸爸做游戏”案例诊断分析［J］．福建教育，2015（3）］

【案例三】

民间体育游戏“老狼老狼几点钟”

民间体育游戏一直备受幼儿喜欢，不同的角色和游戏规则让幼儿对每个游戏都充满期待。因为，游戏在幼儿的不断创意改编中，挑战升级，趣味横生，他们个个都是游戏小创客。下面请随我们的镜头，看看幼儿将民间体育游戏“老狼老狼几点钟”玩出什么新花样吧！

一、游戏缘起：游戏不好玩

“老狼老狼几点钟”的游戏上线两周之余，幼儿非常喜欢，只要有空，走廊上、草地上、跑道上都能看到三五成群的幼儿在游戏，可带劲儿了。一次餐前谈话时，提出了自己不同的想法：

幼 1：我觉得一直这样玩，没难度。

幼 2：小羊很可怜，总是被老狼抓住了！

幼 3：是的，是的，只要当老狼就会赢。

幼 4：我们可以给老狼制造一些麻烦事，让老狼抓不到我们，哈哈！

二、创玩游戏——有麻烦的“狼”

（一）设计麻烦

幼儿一边讨论一边设计“麻烦”（见图 9–13）。

麻烦一：陷阱。老狼太可恶了，我要在路上设置一个陷阱，让老狼掉进去，就抓不到我们了。我要放一排抓狼的夹子，老狼一不注意就夹住脚，疼得不能来抓。

麻烦二：电网。我要在小羊家门口弄个电网，让老狼碰到就触电。

（1）设计陷阱

（2）设计狼夹

（3）设计电网 a

（4）设计电网 b

图 9–13

（二）制作“麻烦”

“麻烦”都设计好了，那么用什么材料制作“麻烦”？游戏规则是怎么样的呢？

A 组：呼啦圈——做陷阱。

选择理由：圆圆的像陷阱。

游戏规则图示（如图 9–14）：

（1）陷阱分散设置在老狼追羊的路上。

（2）老狼在抓羊时遇到陷阱要绕着走。

（3）踩到呼啦圈里老狼就掉进陷阱，输掉。

图 9–14

B 组：跨栏——当电网。

选择理由：跨栏高高的，像幼儿园上面的围栏。

游戏规则图示（见图 9–15）：

（1）电网设置在小羊家的门口附近。

（2）老狼在抓羊时遇到电网要高高跳过。

图 9–15

C 组：陷阱和电网（呼啦圈和跨栏）。

选择理由：让老狼掉到陷阱里去，再挡住它，让它来不及抓小羊。

游戏规则图示（见图 9–16）：

（1）电网设置在小羊家的门口附近。陷阱就分散铺在老狼抓羊的路上。

（2）老狼在抓羊时发现陷阱要绕过去，到达小羊家门口附近还要高高跳过电网。

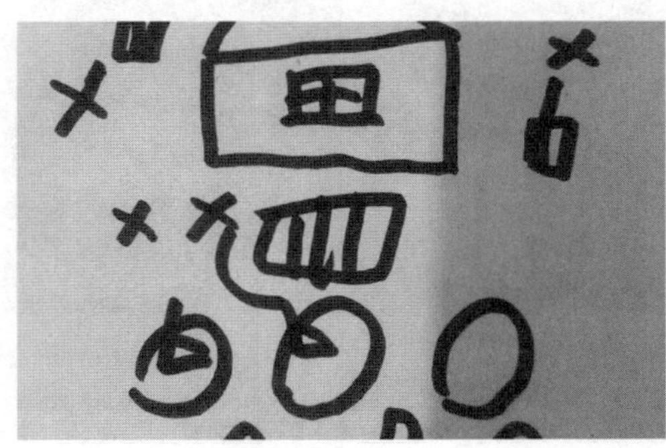

图 9–16

三、试玩游戏

这样的设计是不是很合理呢？幼儿开始了各小组试玩。

A 组试玩效果：圈圈摆放要有一定的距离，才能更好地绕过去（见图 9–17）。

图 9–17

B 组试玩效果：电网要尽量放在家门口，还要并排摆放（见图 9–18）。

图 9–18

C 组试玩效果：双重电网距离太近了，小羊们容易挤在一起，老狼还会偷偷地不跨过，陷阱也可以再分散一点（见图 9–19）。

图 9–19

四、商定营救规则

（1）趁狼去抓羊的时候。

（2）速度快的去救。

五、正式游戏

游戏开始：小羊被抓→小羊被同伴营救。

幼儿商量好后就开始营救行动，几只小羊看到老狼在抓其他小羊时，赶紧跑过去救，小羊被顺利救出来了。

民间体育游戏“老狼老狼几点钟”在不断调整中火热开展着。幼儿的动作发展从简单的单一动作慢慢变成了几种动作组合发展；游戏内容从重复单一到每一次调整越来越丰富；游戏也更加灵动了，幼儿会自主组合开展游戏。

而作为教师也有了更多思考：

（1）更多放手了——从固定预设到随时调整；

（2）深入关注了——从关注会不会到关注怎么会；

（3）走进共情了——从需要提醒到激动跟随。

●思考与练习

1. 什么是语言教学游戏？语言教学游戏有哪些类型？如何合理设计与组织语言教学游戏？

2. 什么是亲子游戏，其特点是什么？

3. 如何针对幼儿年龄特点和家长的特点指导家长设计和组织亲子游戏？

4. 什么是民间游戏？其特点是什么？

5. 民间游戏在幼儿教育中具有哪些价值？

6. 幼儿园教育中应如何指导民间游戏？

参考文献

[1] 任捷，莫云娟．幼儿园游戏活动指导［M］．长沙：湖南师范大学出版社，2021.
[2] 刘焱．幼儿园游戏与指导［M］．北京：高等教育出版社，2012.
[3] 李珊泽等．幼儿园游戏设计与指导［M］．重庆：西南师范大学出版社，2019.
[4] 董旭花．幼儿园游戏［M］．北京：科学出版社，2017.
[5] 丁海东，周桂勋，王丽芳．幼儿园游戏组织与指导［M］．长沙：湖南大学出版社，2019.
[6] 黄瑾，田方．学前儿童数学学习与发展核心经验［M］．南京：南京师范大学出版社，2015.
[7] 李季湄，冯晓霞．《3—6岁儿童学习与发展指南》解读［M］．北京：人民教育出版社，2013.
[8] 卞娟娟．幼儿益智游戏评价模式的构建与运用［J］．教育导刊（下半月），2018（5）：68-70.
[9] 郭佩华．自主体育游戏中促进幼儿运动能力的观察评价［J］．山西教育·幼教，2020（2）：7-8.
[10] 缪裴言，缪力，林能杰．日本学校音乐教育概况［M］．上海：上海教育出版社，2011.
[11] 杨枫．学前儿童游戏［M］．北京：高等教育出版社，2006.
[12] 翟理红．学前儿童游戏教程［M］．上海：复旦大学出版社，2013.
[13] 许政涛．幼儿园游戏与玩具［M］．北京：北京师范大学出版社，2001.
[14] 郑晶．武汉市幼儿园户外游戏现状与对策的研究［D］．上海：华中师范大学论文，2010.
[15] 计苏燕．美加儿童户外游戏场安全标准的比较研究［D］．金华：浙江师范大学，2019.
[16] 张蕖．广州幼儿园户外游戏场地设计研究［D］．广州：华南理工大学论，2016.
[17] 卢伟．学前儿童语言教育活动指导［M］．上海：复旦大学出版社，2015.
[18] 姜晓燕，郭咏梅．学前儿童语言教育．［M］．3版．北京：高等教育出版社，2016．8.
[19] 田腾．0～3岁婴幼儿游戏及其有效性指导［D］．济南：山东师范大学，2014.

[20] 巩玉娜. 传统民间游戏与幼儿园课程建构 [D]. 济南：山东师范大学，2012.
[21] 邱学青. 开放性游戏环境创设的研究 [J]. 幼儿教育，1999 (9)：8-9.
[22] 刘立明. 倡导亲子游戏的意义与策略 [J]. 鞍山师范学院学报，2009 (1)：99-102.
[23] 刘婧. 民间游戏在幼儿园教育活动中的应用研究：以重庆市 A 幼儿园大班为例 [D]. 重庆：西南大学 2011.
[24] 黄人颂. 学前教育学 [M]. 北京：人民教育出版社，1988.
[25] 李淑贤，姚伟. 幼儿游戏理论与指导 [M]. 长春：东北师范大学出版社，1995.
[26] 浙江省《幼儿园课程指导》编写委员会. 教师资料手册：游戏 [M]. 北京：新时代出版社，2007.
[27] 刘建霞. 新编幼儿户外体育游戏 [M]. 北京：金盾出版社，2006.
[28] 徐云. 有效的音乐游戏让幼儿快乐成长 [J]. 新课程学习（基础教育），2011 (2)：256.
[29] 巫蓉. 音乐游戏的创编及指导 [J]. 幼儿教育，2007 (3)：16-17.
[30] 任七英. 浅谈如何开展幼儿体育游戏 [J]. 新课程（教育学术），2010 (9)：154.
[31] 董建军，万卫东. 浅谈体育游戏的创编与运用 [J]. 科技资讯，2011 (6)：211.
[32] 张建忠，朱良. 幼儿体育游戏教学中存在的问题与建议 [J]. 教育导刊，2005 (4)：19-20.
[33] 姜彦更. 幼儿体育游戏教学法 [J]. 辽宁师专学报（自然科学版），2000 (2)：58-59.
[34] 雷湘竹. 学前儿童游戏 [M]. 上海：华东师范大学出版社，2012.
[35] 李季湄. 幼儿教育学基础 [M]. 北京：北京师范大学出版社，1999.
[36] 梁志燊. 学前教育学 [M]. 北京：北京师范大学出版社，1999.
[37] 人民教育出版社幼儿教育室. 幼儿教育学 [M]. 北京：人民教育出版社，1987.